U0499221

生态产品
价值实现的
理论与实践

刘瀚斌 李哲 ◎ 著

中国财经出版传媒集团

经济科学出版社
Economic Science Press

·北 京·

图书在版编目（CIP）数据

生态产品价值实现的理论与实践 / 刘瀚斌，李哲著 .
北京 ：经济科学出版社，2025.3. -- ISBN 978 - 7 -5218-
6444-1

Ⅰ. F124. 5

中国国家版本馆 CIP 数据核字第 2024UN3293 号

责任编辑：王　娟　李艳红　徐汇宽
责任校对：王苗苗
责任印制：张佳裕

生态产品价值实现的理论与实践
SHENGTAI CHANPIN JIAZHI SHIXIAN DE LILUN YU SHIJIAN
刘瀚斌　李　哲　著
经济科学出版社出版、发行　新华书店经销
社址：北京市海淀区阜成路甲 28 号　邮编：100142
总编部电话：010 - 88191217　发行部电话：010 - 88191522
网址：www. esp. com. cn
电子邮箱：esp@ esp. com. cn
天猫网店：经济科学出版社旗舰店
网址：http://jjkxcbs. tmall. com
北京季蜂印刷有限公司印装
710 × 1000　16 开　18. 25 印张　290000 字
2025 年 3 月第 1 版　2025 年 3 月第 1 次印刷
ISBN 978 - 7 - 5218 - 6444 - 1　定价：75. 00 元
（图书出现印装问题，本社负责调换。电话：010 - 88191545）
（版权所有　侵权必究　打击盗版　举报热线：010 - 88191661
QQ：2242791300　营销中心电话：010 - 88191537
电子邮箱：dbts@ esp. com. cn）

目　　录

导言 ……………………………………………………………… 1

第一章　生态产品价值的缘起、内涵与分类 …………… 6

　　第一节　生态产品价值的来源和背景 ……………… 7

　　第二节　生态产品价值相关概念辨析 ……………… 18

　　第三节　生态产品价值的分类 ……………………… 30

第二章　生态产品价值实现的理论依据与机理 ………… 46

　　第一节　生态产品价值实现的相关理论评述 ……… 47

　　第二节　生态产品价值实现的经济学理论阐释 …… 58

　　第三节　生态产品价值实现的经济学机理 ………… 65

第三章　生态产品价值的评价体系和核算工具：比较与评析 …… 79

　　第一节　生态产品价值的评价指标体系评析 ……… 80

　　第二节　生态产品价值的评价体系和核算工具归纳及比较 …… 84

　　第三节　生态产品价值核算的会计应用 …………… 99

第四章　生态产品价值实现中的公共政策与政府治理 ………… 120

　　第一节　生态产品价值实现的制度与相关政策比较分析 …… 121

　　第二节　生态产品价值实现中的政府治理功能 ……… 134

第三节　政府导向下的生态产品价值实现"三链"评析
与实践思考 ………………………………………………… 144

第五章　生态产品价值实现中的市场机制与商业模式 ……… 152

　　第一节　生态产品价值实现的市场路径选择 ……………… 152

　　第二节　生态产品价值实现中的商业模式创新 …………… 158

　　第三节　生态产品价值实现与绿色金融 …………………… 181

第六章　生态产品价值实现中的社会参与机制 ……………… 184

　　第一节　生态产品价值实现中的社会参与角色与机制 …… 184

　　第二节　国际实践中的生态产品价值社会参与模式 ……… 191

第七章　生态产品价值实现的社会效益和经济效率评估 …… 201

　　第一节　一般产品的经济效率评估理论框架 ……………… 201

　　第二节　生态产品价值实现的经济效率核算体系构建 …… 203

　　第三节　生态产品价值实现的社会效益评估 ……………… 209

第八章　生态产品价值实现中的科技应用和风险管理 ……… 215

　　第一节　生态产品价值实现实践中的主要科技工具 ……… 215

　　第二节　生态产品价值实现中的科技应用案例 …………… 219

　　第三节　生态产品价值实现中的风险分析与应对 ………… 236

第九章　生态产品价值实现的应用场景和典型实践 ………… 246

　　第一节　生态产品价值实现现实应用场景梳理和比较 …… 247

　　第二节　生态产品价值实现与"双碳"战略的融合 ……… 251

　　第三节　国内典型实践案例评析 …………………………… 257

第十章　结论和展望 …………………………………………… 261

　　第一节　生态产品价值实现的理论创新和实践结论 ……… 261

　　第二节　未来的展望 ……………………………………………… 263

附录 ……………………………………………………………… 266

参考文献 ………………………………………………………… 275

后记 ……………………………………………………………… 282

导　言

随着生态文明建设的不断深入，生态产品的价值实现成为了"绿水青山"向"金山银山"转化的重要路径。自 2021 年 4 月，中共中央办公厅、国务院办公厅印发《关于建立健全生态产品价值实现机制的意见》以来，各地因地制宜开展了一系列具有地方特色的探索，形成了形式多样、各具特色的生态产品价值实现模式，呈现出景村共生、城乡共富的新图景。与此同时，各地在实践探索中也出现了许多共同的困难，如存在地方生态产品目录不全面、经营开发的产业化手段不成熟、生态产品溢价效应难测算等问题。

与一般产品不同，如何识别、度量、经营，甚至交易生态产品，始终成为政策研究和实践操作的难点。特别是当生态产品价值概念逐渐融入实践后，许多人会有这样的疑问：如何理解生态产品和自然生态要素间的关系？如何理解生态产品价值和传统商品价值的区别？这些也成为了近年学术研究的热点话题。在"绿水青山就是金山银山"理念提出二十周年之际，有必要梳理生态产品价值概念出现的历史背景，分析生态产品价值蕴含的经济学理论，比较已有的价值核算方式，评估带来的社会效益和经济效率，并归纳各地探索的生态产品价值实现路径和生态产品价值实现的一般规律，预判未来的发展趋势，这些成为了本书形成的动机。为此，近年来我们结合工作和研究安排，赴浙江省、安徽省、江苏省、北京市、天津市、深圳市、上海市、贵州省、海南省、广东省、福建省、山东省、内蒙古自治区等相关地区进行现场调研和实地观摩，与谋划、推进和参与地方生态产品价值实现的政府人员、企业管理者、业态创新者、当地市民村民等交流沟通，了解各地生态产品价值实现的进展和困惑，共同讨论生态产品内涵和价值实现的可行之道。

通过一线的调研和沟通，地方各类政府在推进生态产品价值实现机制工作中，可谓"形态各异""脑洞大开"，有些地区编制了地方生态产品清单和价值核算方法，有些地区结合地方生态资源和自然资源创新发展业态，有些地区将生态产品价值实现和乡村振兴、美丽家园建设等结合推动社会共治，这些现实案例都突破原有经济学视角下的操作模式，创新找出符合生态系统独有特点的价值实现路径。基于调研中获取的感性认识，我们积极组织或参加相关学术会议、撰写学术论文，与从事生态环境、经济金融、社会学等领域的学者交流学习，进入"理论的王国"，以期提炼出生态产品价值实现背后的理论规律。

上述的实践感知和理论学习，奠定了本书撰写的基础。我和李哲博士充分结合各自的学科背景和研究内容，在本书中从生态学、经济学、管理学等多重视角尝试梳理和分析当前生态产品价值实现探索中的经验，构建相关理论框架。本书的第一章主要介绍生态产品价值的相关背景、内涵与分类，辨析与生态产品价值实现相近的概念。第二章主要分析了生态产品价值实现的经济学原理和机理，试图在经济学和环境学的综合语境下阐释生态产品的机理。第三章主要分析比较了生态产品价值的评价体系和核算工具。第四章至第六章从政府、市场和社会三个角度，对生态产品价值实现中各部门的定位和功能进行了分析。第七章主要分析了生态产品价值实现对社会的贡献效益，构建了生态产品价值实现的经济效率核算体系。第八章针对当前的科技工具特征，结合生态产品价值实现的特点进行了科技应用案例介绍和风险防范的分析。第九章结合国家发展改革委和自然资源部近年公布的一系列生态产品价值实现案例进行了分析和介绍，归纳相关价值实现的一般规律。第十章对本书内容进行了总结，并对未来发展趋势进行了展望。刘瀚斌博士负责第一、二、三、四、六、九、十章的写作，李哲博士负责第五、七、八章的写作。本书讨论的内容主要包括以下要点。

第一，如何分析区域范围内的生态产品目录清单。推进生态产品价值实现，首先还是要摸清"生态家底"，才能进一步筛选生态产品，挖掘其中蕴含的生态价值。从调查监测到价值评价，从经营开发到保障机制，生态产品价值的实现，一方面是对原有生态经营模式进行再归纳，另一方面是鼓励各地识别之前忽视的、科技手段暂时无法明确的生态产品，形成地方的目录清单。国家发展改革委和国家统计局 2022 年出台的《生态产品总值核算规范》，主要针对"森林、草地、农田、湿地、荒漠、城市、海洋"等实物量和价值量明确了核算方法。但自然界中的生态系统形态丰富、功能多样，按类型可分为水域的淡水生态系统、河口生态系统、海洋生态系统等，陆地的沙漠生态系统、草甸生态系统、森林生态系统等，仅从学术研究层面来看就达上百种。因地制宜地梳理和分析所在地区的生态系统类型，是实现生态产品价值的基础。例如大兴安岭地区编制了全国首个开放式寒温带陆域生态系统生态产品目录清单，对"冻土""冰雪"等特有的自然生态进行了核算。由于生态系统与人类活动相互制约、相互影响，厘清区域内的生态系统类型，有利于分析生态系统的复合价值，例如北京门头沟、浙江湖州安吉等地选取特定区域开展价值开发模式，围绕农业农村、水利设施、交通设施、生态林业、绿色能源、工业生产、生态旅游、生态修复等项目类型，综合评估特定地域单元的生态效益。

第二，如何认识生态产品价值实现的先后顺序。根据国家对生态产品的分类，主要分为物质供给、调节服务和文化服务。其中，调节服务主要反映自然生态系统的自身恢复、生态调节能力，包括水源涵养、土壤保持、洪水调蓄、固碳释氧等，是表征生态系统功能最为根本的要求。物质供给、文化服务等价值实现，均是在生态系统发展良好的基础上衍生的，如果说调节服务是生态系统的保值部分，物质供给和文化服务则是增值部分。例如大兴安岭广袤的山体和浩瀚的森林，是抵御西伯利亚寒流和蒙古高原寒风的重要屏障，维护了东北和华北的生态安全，这种维护地区安全的价值便是生态调节服务的直接体现。再如江西赣州上犹县的森林覆盖率超过 80%，为优化当地的空气质量、地表水净化、湿地养护提供了重要支撑，加上拥有多座海拔千米以上的山峰，促使当地形成了茶园、油茶林、毛竹林等资源家底，形成了物质供给的资源基础，茂密的森林催生了"森系"主题旅游产品，形成了登峰览胜赏野趣的文化服务价值。

第三，如何寻找生态产品价值实现的多元化应用场景。从自然资源部相继发布的生态产品价值实现典型案例来看，许多应用场景集中在生态禀赋丰富的郊区或农村，无论是林下经济、农产品开发还是旅游经济，这类生态价值实现促进了乡村经济的发展，一定程度上形成了城市经济对乡村经济的带动。即使常见的流域横向生态补偿，也是发达地区向欠发达地区的转移支付。针对行政区域内人类活动集中的城市区域，如何更广泛地释放其生态产品价值？目前，这样的案例还相对较少。从江西、浙江、安徽、内蒙古等地的实践案例来看，城市化地区的生态产品价值实现，很多是从当地历史文化中寻找到了灵感。如黄山、建德、淳安等地，就以流经皖浙两省的新安江、千岛湖为载体，开发出"全域生态""花园城市""山水城市"的生态品牌，将新安江千年文化传承的瑰宝与地方山水深度结合，城市中新安画派、新安医学、新安理学、竹马茶道等随处可见，再加上流经城市的江湖山色美景，让每一个泛舟新安江上的人，都深感青绿满目、山岚点翠、绮丽静谧。这种自然风光和文化底蕴带来的美感拓宽了生态产品的价值释放路径，也是生态产品最有获得感的体现。

第四，如何寻求生态产品价值与金融工具的对接。编制自然产品目录、探索核算方法、建立统计报表制度，都是试图用现实世界中运行成熟的市场定价工具，来量化生态产品的价值。当前，一些地区通过划定特定地域单元生态产品，分析其市场价值，核算生态环境保护修复和生态产品合理化利用的成本以及相关生态产业经营开发未来可预期市场收益，作为经营开发、担保信贷、权益交易的依据。以项目为载体评估资源开发后的收益权价值，实现金融机构的担保信贷，这便是通过金融市场的认证反映生态产品的价值。例如，安徽黄山的祁门红茶产业链开发，银行评估其生态价值和收益权，形成全国首单 VEP 绿色金融贷款项目，并已投放 1.83 亿元。再如，福建三明市推出林业资源资产票证化，通过评估森林资源资产价值，转化为具有收益权的资产票据，实现林票可流通、可交易、可变现；同时，将林木的生长增量换算为碳减排量，进一步开发了林业碳票，带动碳汇交易近 3000 万元。

当然，创新生态产品价值实现的方式不应仅停留在发掘存量，更要探索那些原有经济市场无法解释的新经济模式。对外部性价值进行更加精确的测量，使增量的价值发现模式成为生态产品独有的价值体系，是新时代绿色发展最值得深入改革的方向。

　　本书撰写过程中得到了国家发展改革委、自然资源部、生态环境部、清华大学、复旦大学、上海交通大学、中央财经大学相关单位和专家的指导，同时也征求了相关调研地区一线工作领导的意见，在此一并表示深深的感谢。限于理论知识和认知理解的不足，本书的观点或分析难免存在不当之处，还请各位读者、专家和老师予以批评指正。

　　青山行不尽，绿水去何长。希望本书能够成为推动我国生态文明建设，助力人与自然和谐共生的绵薄力量。

刘瀚斌

2025 年 1 月

第一章

生态产品价值的缘起、内涵与分类

本章导读： 2021 年 4 月，中共中央办公厅、国务院办公厅印发了《关于建立健全生态产品价值实现机制的意见》，该意见认为"建立健全生态产品价值实现机制，是贯彻落实习近平生态文明思想的重要举措，是践行绿水青山就是金山银山理念的关键路径，是从源头上推动生态环境领域国家治理体系和治理能力现代化的必然要求，对推动经济社会发展全面绿色转型具有重要意义"。该意见对生态产品价值实现中的监测机制、核算机制、评价机制、实现机制、保障机制等进行了指引说明，正式将"生态产品价值"作为"绿水青山"向"金山银山"转化工作中的重要概念。由于"生态产品价值"涉及环境科学、经济学、公共管理学等多学科领域，属于交叉概念，具有综合内涵，许多学科都开展了相关研究。为什么提出生态产品价值的概念，如何认识这类价值，如何与传统商品价值等概念区别，这些问题成为生态文明建设中全新的课题。为此，本章主要分析了生态产品价值的相关背景，对生态产品价值的内涵、范围和分类等进行了阐释，重点讨论了"生态产品""生态产品价值""生态产品价值实现"等几组概念的区别，尝试回答了当前学术界、实践中对一些概念的困惑，为深入分析生态产品价值实现的机理、路径和应用场景奠定了背景基础。

第一节　生态产品价值的来源和背景

一、生态产品价值的来源

实现生态产品中蕴含的价值，首先需要明确生态产品价值实现的内涵和范围，了解"生态产品"出现的独特背景。通过梳理查阅国外相关文献或研究报告，国际社会尚无关于"生态产品"的表述，与之相近的概念包括"生态系统服务"（ecosystem services）（Ehrlich and Mooney，1983）和"生态标签产品"（eco-label products）（Costanza，1997），前述一系列概念的共同点为"生态系统与生态过程所形成的，维持人类生存的自然环境条件及其效用"。1997 年，罗伯特·科斯坦萨（Robert Costanza）等在《自然》杂志上发表了一篇影响深远的文章——《全球生态系统服务与自然资本的价值》（The Value of World's Ecosystem Service and Natural Capital），核算了全球生态系统的自然资本价值，被誉为生态系统价值核算的开山之作；同年，美国学者格雷琴·C. 戴利（Gretchen C. Daily）出版了《自然服务：人类社会对自然生态系统的依赖性》（Nature's Services：Societal Dependence on Natural Ecosystems）一书，对自然生态系统的类型、功能和价值及与人类生活关系进行了详细的介绍。这两项成果的面世极大地推动了生态系统服务的研究，为生态系统服务分类体系的制定和价值量核算方法的使用提供了重要依据。20 世纪初期，全球掀起了核算生态系统服务价值量的热潮，关于生态系统的价值核算研究大多引用罗伯特·科斯坦萨、鲁道夫·德·格鲁特（Rudolf De Groot）和谢高地等提出的单位生态价值量进行核算，即用价值当量乘以某一类生态系统的面积，从而得出某一类生态系统服务的价值量，最后经过加和计算出整个区域的价值量。这种方法虽然计算简便，但忽视了生态系统服务供给的时空异质性和外部性价值。此外，还有一些学者运用直接市场法、替代市场法和模拟市场法等来计算区域内某一类生态系统的服务价值，但都存在主观性太强、计算方法不够客观等问题。整体上，这个阶段可以称为生态系统服务的价值量核算阶段，也可认为是生态产品价值概念的起源。

随着 2001~2005 年联合国千年生态系统评估（MA）计划的实施，生态系统服务的研究转向了生态系统服务的形成机理、流动、权衡与协同等方面，尤其关注其与人类福祉及区域可持续发展之间的关系。2003 年联合国首次公布了世界自然资源使用和生态退化的现状，联合国环境规划署主导的生态系统与生物多样性经济学研究将生态系统服务定义为"生态系统对人类效益的直接或间接贡献"。总体来看，国外对于"生态系统服务"的相关研究，一方面是聚焦环境保护和可持续发展的需求，另一方面是对其生态效益和经济效益的测算。2005 年后，国际上与之最接近的一个概念是联合国等国际组织最新制定的《环境经济核算体系——生态系统核算》（SEEA EA）中的"生态系统最终服务"，指生态系统为经济活动和其他人类活动提供且被使用的最终产品，包括物质供给、调节服务、文化服务。2012 年，《生态系统服务》（Ecosystem Services）一书问世，这也是全球第一本刊发生态系统服务相关研究成果及政策应用的刊物，其中对生态系统类服务进行了阐释。该书认为，生态系统服务是指人类从生态系统获得的所有惠益，既有物质供给，也有生态调节、文化服务；该书认为自然生态系统维持了地球的生命支持系统，形成了人类生存所必需的环境条件。而在 Cell 出版社出版的名为《一个地球》（One Earth）的刊物中，生态系统服务也成为一个重要议题。中国自然科学基金委员会地球科学部的重点项目"地表环境变化过程及其效应"也包含了对生态系统过程与生态系统服务研究的资助。由此可见，生态系统服务研究在国内外学术领域中占据着越来越重要的地位。这也为生态产品价值核算和演变提供了十分重要的学术研究基础。

基于国外相关研究，我国学者在"生态系统服务"的研究基础上，指出生态系统调节服务是狭义上的生态产品，而广义上的生态产品则是具有正外部性的生态系统服务，包括生态有机产品、调节服务、文化服务等，这类研究成果为全国的生态产品价值定义了核算的范围。我国关于"生态产品"的论述最早可追溯到 1985 年，当时洪子燕和杨再在《豫西农专学报》中首次提出"生态产品"一词，认为生态产品是生态系统的初级产品，通过光合作用进一步提高生态转化效率，从而提升黄土高原生态农畜产品的经济收益，在这里，生态产品被视为生态系统中借助太阳进行光合作用的最初产品。自1990 年以来，随着人类对人地关系的认识上升到人地和谐共生的阶段，人类的生态意识由最初的掠夺式发展向以顺应生态安全为主的社会经济发展方式逐步转变。1992 年，任耀武和袁国宝在《生态学杂志》中提出生态产品是凭借自然加工而不存在生态滞竭的产品，这类产品对人类是安全、可靠、无伤害的高端产品。1994 年，徐阳和郭辉从维护人类身体健康和降低生态环境破坏的角度提出，生态产品是不会对人类产生伤害并保护生态环境的绿色、环保产品。20 世纪 90 年代末，国内以欧阳志云、赵景柱为代表的学者围绕"生态产品"，以生态系统服务为主题开展了大量的研究。欧阳志云等指出，生态系统服务功能是指生态系统与生态过程所形成及所维持的人类赖以生存的自然环境条件与效用，并且梳理了生态系统服务功能的价值分类和对应的评估方法，以及生态系统服务功能与可持续发展研究的关系。2000 年，王寿兵和胡聃对生态产品的定义延伸到从生产到消费的全过程，是从自然领域到生产领域的延伸，认为生态产品是一种从产生到消亡对生态环境影响最小的产品。2001 年，方子节和李东升提出按照特定的生产方式，经过特定机构认证的畜禽产品，使用生态产品标志与其他产品进行区分，以此方式实现可持续发展。2005 年，杨筠从产品属性角度分析，将生态产品的定义范围限定在生态公共产品，并提出生态产品不仅单纯来自自然环境，同时凝聚了人类劳动。2006 年，曹清尧提出将洁净的水资源、清新的大气、舒适的生态环境纳入生态产品概念。2007 年高建中、2008 年朱久兴从人地关系角度入手对生态产品进行了界定，将生态产品定义为人类通过有意识的活动，在人与自然持续互动发展的过程中，产出有形或无形的产品。2015 年以后，学术研究主要集中在生态产品价值的测算及量化研究。2021 年，王金南等提出了生态产品第四产业的概念，指以生态资源为核心要素，与生态产品价值实现相关的产业形态，从事生态产品生产、开发、经营、交易等经济活动的集合，包括围绕传统产业资源减量、环境减排、生态减占，即产业生态化形成的产业集群等。2022 年，国家统计局发布了《生态产品总值核算规范（试行）》，对物质供给、调节服务和文化服务三类产品的核算方法进行了规范。

在实践层面，我国首次提出"生态产品"一词，最早见于2010年国务院印发的《全国主体功能区规划》，将生态产品定义为维系生态安全、保障生态调节功能、提供良好人居环境的自然要素，其中主要包括清新的空气、洁净的水源、清洁的土壤和宜人的气候等产品。该规划提出后，国内学者对生态产品的分类和特点又进行了研究。2012年，葛剑平和孙晓鹏将生态产品分为生态享受产品、生态支持产品和生态调节产品。2013年，昌龙然在生态产品基础上衍生出生态资本的概念，认为生态产品具有保值和增值的功能，是指一种能够自身运作或与外部资本融合后，可以综合体现区域经济、社会、自然效益的一类产品。生态产品具有稀缺性、收益性和投入性等一般属性，同时具有阈值性、产权有限性、包容性等特殊属性。2012年11月，党的十八大报告提出"增强生态产品生产能力"，将生态产品生产能力看作是提高生产力的重要组成部分。2015年5月，中共中央、国务院出台《关于加快推进生态文明建设的意见》，首次将绿水青山就是金山银山写入中央文件。提出要"深化自然资源及其产品价格改革，凡是能由市场形成价格的都交给市场"，生态产品成为绿水青山的代名词和实践中可操作的有形抓手。生态产品就是绿水青山在市场中的产品形式，生态产品所具有的价值就是绿水青山的价值，保护绿水青山就是提高生态产品的供给能力。2015年9月，中共中央、国务院发布《生态文明体制改革总体方案》，指出自然生态是有价值的，要使用经济手段解决外部环境不经济性。2021年，中共中央办公厅、国务院办公厅印发《关于建立健全生态产品价值实现机制的意见》，正式提出建立生态产品调查监测机制、价值评价机制、经营开发机制、保护补偿机制、价值实现保障机制和价值实现推进机制。2022年，党的二十大报告明确提出要建立生态产品价值实现机制，完善生态保护补偿制度。2024年，二十届三中全会进一步提出"健全生态环境治理体系"，其中包括健全生态产品价值实现机制。表1-1梳理了我国关于生态产品价值相关政策的演进过程。

表 1 - 1　　　　　　　　国内生态产品价值相关政策发展历程

时间	主要事件	意义
2010 年 12 月	《全国主体功能区规划》	首次提出生态产品的概念
2012 年 11 月	党的十八大报告	提出"增强生态产品生产能力"的任务
2013 年 11 月	关于《中共中央关于全面深化改革若干重大问题的决定》的说明	提出"山水林田湖"生命共同体理念
2015 年 5 月	《关于加快推进生态文明建设的意见》	"绿水青山就是金山银山"首次写入中央文件
2015 年 9 月	《生态文明体制改革总体方案》	提出"自然生态是有价值的"
2016 年 5 月	《关于健全生态保护补偿机制的意见》	将生态补偿作为生态产品价值实现的重要方式
2016 年 8 月	《国家生态文明试验区（福建）实施方案》	首次提出生态产品价值实现的理念
2017 年 8 月	《关于完善主体功能区战略和制度的若干意见》	开始探索将生态产品价值理念转化为实际行动
2017 年 10 月	党的十九大报告、党章修改	将"增强绿水青山就是金山银山"的意识写入了党章
2018 年 4 月	习近平总书记在深入推动长江经济带发展座谈会上的讲话	为生态产品价值实现指明了发展方向和具体要求
2018 年 5 月	第八次全国生态环境保护大会	进一步强调"良好生态环境是最普惠的民生福祉"理念
2018 年 12 月	《建立市场化、多元化生态保护补偿机制行动计划》	提出用市场化、多元化的生态补偿方式实现生态产品价值
2019 年 3 月	《关于全面推动生态环境保护与经济高质量发展融合发展的指导意见》	提出要建立健全生态补偿机制，探索生态产品价值实现的路径
2019 年 10 月	《关于构建市场导向的绿色技术创新体系的指导意见》	强调要完善绿色技术市场机制，促进绿色技术的转化和推广
2020 年 1 月	《关于支持国家生态文明试验区（海南）实施方案》	鼓励海南在生态补偿、生态产业开发等方面先行先试，形成可复制、可推广的经验

续表

时间	主要事件	意义
2020 年 7 月	《关于加快建立健全绿色低碳循环发展经济体系的指导意见》	提出要探索生态产品价值实现的多元化路径，包括生态补偿、生态产品市场化交易、生态产业开发等
2021 年 4 月	《关于建立健全生态产品价值实现机制的意见》	对建立生态产品价值实现的机制，包括生态产品调查监测、实现保障和推进机制提出相关建议
2021 年 9 月	《关于深化生态保护补偿制度改革的意见》	强调要建立多元化的生态补偿机制，包括纵向补偿、横向补偿、市场化补偿等
2022 年 3 月	《关于建立健全生态产品价值实现机制的实施方案》	提出要建立健全生态产品价值实现机制，推动生态产品价值核算和评估，促进生态产品市场化交易
2023 年 2 月	《关于推动生态产品价值实现的指导意见》	进一步强调要完善生态产品价值实现的政策体系，促进生态产品市场化交易
2024 年 1 月	《关于支持国家生态文明试验区高质量发展的若干措施》	提出要支持国家生态文明试验区高质量发展，探索生态产品价值实现的路径和模式

资料来源：笔者自绘。

表 1-1 总结了我国生态产品概念自提出至后续发展的历程，可以看出，自党的十八大以来，生态文明建设被提到战略高度，生态产品的内涵和相关研究也逐渐丰富起来。十八大报告中提出，将"增强生态产品生产能力"作为生态文明建设的一项重要任务。2021 年，中共中央办公厅、国务院办公厅印发的《关于建立健全生态产品价值实现机制的意见》将生态产品价值实现作为培育经济高质量发展新动力、塑造城乡区域协调发展新格局、引领保护修复生态环境新风尚、打造人与自然和谐共生新方案的重要力量。二十大报告就"推动绿色发展，促进人与自然和谐共生"作出具体部署，并再次明确强调"必须牢固树立和践行绿水青山就是金山银山的理念"，为建设人与自然和谐共生的现代化指明了发展方向：提出进一步提升生态系统多样性、稳定性、持续性，要求"建立生态产品价值实现机制"。2024 年，国家发展改革委启动全国首批国家生态产品价值实现机制试点工作。自此，我国对生态

产品的认识不断深入，对生态产品价值实现的相关政策指引和试点工作也逐渐落实，生态产品从一个学术概念变成可实施操作的行动，由最初用于国土功能区规划的分类名词转变为生态文明建设的核心理论与实施办法之一。同时，我们也可以发现自2010年提出生态产品概念以来，生态产品的概念发展及相关理论的完善是与我国生态文明建设的战略演进高度统一的，即我国学术领域讨论生态产品的原因主要是配合生态文明建设的顶层设计要求，试图通过学术研究和实践探索摸索出生态产品价值实现的路径，以支持生态文明建设。在实践层面，我国将生态产品的价值实现作为新的产品形态，视其与农产品、工业品、服务产品同等重要，并探索将其培育为新兴产业。

二、生态产品价值实现的相关背景

基于上一节关于"生态产品"的概念介绍，"生态产品价值实现"是将"生态产品"所具有的生态价值、经济价值和社会价值，通过生态保护补偿、市场经营开发等手段体现出来，建立生态环境保护者受益、使用者付费、破坏者赔偿的利益导向机制，这是一种将"绿水青山转化为金山银山"的路径，其根源在于"生态产品"具有潜在的价值性，其内涵在于将蕴含的价值性进行使用和交换。

我国生态资源极具多样性，土地辽阔，物种丰富，但随着工业开发的需要，生态环境遭到一定程度的破坏，大量森林资源被砍伐，水土流失程度日益加剧，生态产品价值实现面临挑战。1979年3月新华社的一篇著名新闻稿《风沙紧逼北京城》震惊中华大地，让首都北京遇到的生态危机，展现在全国人民面前。当时中国北方地区森林滥伐，生态危机十分严重，以至于影响到北京的气候环境。在肯尼亚首都内罗毕召开的联合国世界沙漠化会议，将中国北方地区多省市列入沙漠化威胁的范围之内，其中甚至包括中国首都北京。此时，新华社的文章开始唤醒人们的环境保护意识，引起社会强烈反响。

为了改善生态环境，保护生态资源，维系自然生态系统的功能，20世纪80年代以来，我国陆续开展了包括荒漠化防治、防护林体系建设、水土流失治理、"三江源"生态保护等一系列大规模的生态建设工程。这些生态工程均投入了大量的资金，根据国家林业和草原局公布的数据，"十三五"以来，我国荒漠化治理总投入达到137.34亿元人民币，退耕还林工程投入已超4500亿元。

在这一时期，我国对于生态产品价值的关注集中于各类生态产品所能带来的环境价值以及生态效益。生态保护补偿是这一时期生态产品价值实现的主要手段。通过地区间生态保护补偿资金转移支付，对生态环境破坏较严重地区开展资金投入，成为生态产品价值最原始的体现。生态环境保护为生态产品价值实现提供了基础，生态保护治理包括保护自然资源、生物多样性、生态系统等方面，对生态产品的生产具有重要影响。保护好生态环境，也是为生态产品价值后续实现打下基础。生态产品通常源于自然环境中的可再生资源，例如农产品、林木产品、水产品等。生态系统提供了这些资源的生态功能，如土壤肥力、水源供应、气候调节等，保护好生态系统也能保障生态产品的质量和数量。通过生态保护治理，可以减少环境污染、防止土地退化、降低农药残留等，从而提高生态产品的品质和安全。良好的生态保护措施还可以增加消费者对生态产品价值的信任度和认可度。生态产品的生产和销售可以带动相关产业的发展，提供经济利益和就业机会。这种经济效益可以激励更多人参与生态保护行动，推动生态保护治理的落实和加强。

20世纪90年代，随着各地生态修复的开展，我国学者对于生态环境改善所能带来的生态效益和经济价值进行了量化评估和价值分类。其中，王建民等（1997）提出生态服务系统总价值应包括直接使用价值、间接价值、潜在使用价值和存在价值四个方面，其中潜在使用价值包括潜在选择价值和潜在保留价值。马中（1999）将生态服务系统价值和环境资源的总经济价值分为使用价值和非使用价值两部分，使用价值又分为直接使用价值、间接使用价值和选择价值，非使用价值则包括保留价值和存在价值。

对于生态产品价值实现这一概念的深入实践，最生动的体现是在森林生态系统中。早在1994年，王永安提出一些林业保护的先进国家不仅重视森林生态功能，还承认生态产品的价值，把生态列入护林、营林成本，列入经营、保护森林所有者的日常收入，不少国家还研究出了概算生态功能的经验公式或模型，这样就赋予了生态功能以商品属性，可以计算生态功能的价值大小，向享用者收取补偿费。生态产品能够带来的经济价值和社会价值也逐渐受到大众关注，生态产品价值实现的手段路径也不仅集中于生态保护补偿，开始探索价值实现的多元路径。

这一时期，以森林为主的生态产品的生态功能和生态产品价值受到我国学者广泛的关注和研究，新的生态价值实现路径不断产生。孙树中（1998）将森林所带来的生态效益分为直接功能和生态功能。其中，森林的直接功能——提供木材及林副产品，由于其"有形"、易于计量，已进入市场，通过交易体现价值。而森林的生态功能，因为其产品"无形"、计量困难没有进入市场，一直为社会无偿享用，森林经营者不能得到应有的经济补偿。从政治经济学的角度看，森林生态功能具有以下特性：森林生态功能是森林经营者通过经营管理，投资保护森林生态成果的一部分，同木材及林副产品一样，为劳动产品的一部分，是劳动的结晶，因此具有价值。森林生态功能可以满足人类社会的多种需要，具有实用性，如涵养水源的功能，可以增加蓄水，为人类提供生产、生活用水；净化空气、改善环境的功能可以为人类提供空气新鲜、优美宜人的环境条件，为人类生活、休闲娱乐、疗养、旅游提供良好的场所等，具有使用价值。因此提出森林的生态功能具有商品属性，这为后续对生态产品以及生态产品价值实现这一概念的发展打下基础。总之，一方面，森林作为自然界的重要组成部分，林木被视为维护生态平衡、保护生物多样性和水资源的重要手段。另一方面，在生态产品价值实现的同时，森林被视为可再生资源，对国民经济的可持续发展也有重要意义。

由此可见，人们对于生态产品价值具体的核算和经济效益转化的关注起源于森林这一生态产品。随着对森林生态产品的不断挖掘和开发，其价值极具丰富性和独特性，公益林能够作为公共性生态产品发挥环境效益；商品林和经济林发挥生态环境效益的同时，随着森林的成长和成熟出产木材等林业商品，作为经营性生态产品产出经济价值。随着对生态产品价值实现的多路径探索，更是衍生出林下经济，碳权交易等方法，形成了更加丰富完整的价值实现路径。

当我们把目光移至"两山"理念发源地时，也可以发现森林这一生态产品的影子。早年的浙江省安吉县天荒坪镇余村，那时的乡亲们"靠山吃山"，依靠矿石开采为生，村民们靠着开山采矿致富。可山体遭到破坏，水和空气受到污染，灰尘常年漫天，村民生活苦不堪言。2005年8月15日，习近平到此地考察，当听说余村关停了污染环境的矿山，复绿矿山，抚育森林、植被，开始搞生态旅游，打算让村民借景生财时，肯定了他们的做法，并提出了"绿水青山就是金山银山"的科学论断。经过多年的生态发展，余村通过对矿山复垦还绿、培育竹林，发展白茶、民宿，打造田园观光区，村子逐渐富裕了起来。统计数据显示，余村村集体经济总收入由2015年的91万元增加至2023年的2247万元，村民人均收入达到7.1万元。从余村的实践可以发现，资源变资产、资金变股金、农民变股东，脱贫攻坚、乡村振兴、产业更新等一系列"大文章"都在"绿水青山"向"金山银山"的转变中逐一实现。2021年3月30日，习近平再访余村，看到余村的历史蜕变和可喜成绩，强调绿色发展理念在现实中摸索出了一条可行路径。余村的巨大变化，就是"两山"理念内涵的外化表现，其本质就是正确处理了人与自然、经济发展与生态环境保护的关系，打破了"大力保护'绿水青山'只有投入没有回报"的短视理解，丰富了生产力和生产关系的"生态化"内涵，对实现"美丽中国"具有重要的指导价值。2023年6月28日，全国人大常委会将8月15日设立为全国生态日，以更好提高全社会生态文明意识，增强全民生态环境保护的思想自觉和行动自觉。

从余村的实践可以看出，作为全新的发展理念，"两山"理念对生态产品价值的实现提出了三个阶段的阐释：绿水青山去换金山银山，代价是不考虑资源环境的可承受力；既要绿水青山也要金山银山，寻求生产发展和生态保护的和谐；绿水青山引来金山银山，生态优势就是经济优势，保护环境就是保护生产力，改善环境就是发展生产力。"两山"理念改变了工业文明传统模式下价值观的局限，将生态文明作为工业文明发展至一定阶段的演化，充分体现了马克思主义自然辩证法在新时代的理论光辉。

但生态产品价值的实现，最关键还是能够形成"交换价值"，马克思主义经济学认为，交换价值是商品的社会属性，反映的是商品生产者之间的社会关系。交换价值是指物物交换过程中两种使用价值进行交换的关系或者比例。一般来说，在简单的或个别的相对价值形式中，一种商品可以使另一种商品成为个别的等价物；在扩大的相对价值形式中，一种商品的价值可以在其他一切商品上获得表现，并赋予其他商品以等价物的形式。在一般等价形式中，一种特殊的商品可以成为商品世界中一般的价值形式的表现材料。例如，酒店住宿按每晚每间计算其价值，大巴、火车和飞机等交通工具按每班次每个座位计算其价值。依托于自然资源创造的场所、活动及相应的服务，也需要有相对明确的等价交换价值，即计费形式。又如，丽江泸沽湖的划船活动是由当地村民提供的。泸沽湖地处云川交界处，为保护生态，泸沽湖面禁止使用机动船，但支持由村集体经济组织发起的湖面划船服务。当地村民人工划船，每条船上坐 8～10 位客人，绕湖一圈，按人次收费。此时，村民付出划船的劳动，按照每人每次 50 元的价格，获得游客体验项目的交换价值。

而良好生态环境下的文旅休憩价值则应重新测算。例如，云南怒江州兰坪县通甸镇的普米族居住于深山中，那里群山环绕、美不胜收，且森林负氧离子含量非常高。随着人们对森林康养的需求日益增长，为保护性利用这片宝地，兰坪县国投、文旅集团出资与村集体经济组织合作租赁了普米族村民的宅院，将其打造为民宿，并向村民支付稳定的租金。由此，村民出租宅院，获得了租金收益作为交换价值。为提升民宿的经营品质，兰坪县引进了"墅家"高端民宿品牌，由"墅家"提供设计及运营，由兰坪县国投集团负责建设。"墅家"按照一定的百分比从营业额中提成获得收入。此时，兰坪县国投集团获得的宅院经营权通过"墅家"的品牌运营实现了明确的交换价值。原本普米族所在的村落是村民自住的，"山＋林＋高原草甸"等自然资源只是老百姓的日常生活环境，没有交换价值，村落把宅院改造升级为民宿后，这些自然资源成了游客到乡村旅游的活动场所，进而产生了交换价值。

除上述案例外，长江大保护、黄河流域生态保护和高质量发展、浙江富阳、山东威海、吉林梨树、陕西秦岭等，一系列案例生动实践着"两山"理念。通过"两山"理念，各地因地制宜，将生态要素通过加工、包装、流通转化为生态产品，这种"产品化"的过程就是对自然资源"稀缺性"的价值化过程。通过生态产品的产权界定，所有权、使用权的厘清和分离，使其具备了"资产"的属性，进而通过交易、流通市场中的价格机制，实现生态产品价值的定位，所有权地或所有权人获得了财产性收入，促进地区的高质量发展，这对于我国往往处于全国重要生态功能区的深度贫困地区解决脱贫问题，提供了可操作性。生态产品价值实现，本质就是将良好的生态蕴含的经济价值通过适当的方式进行释放。山水林田湖草沙，这些大自然给予人类的馈赠，将会带来经济发展的又一次升华。

第二节　生态产品价值相关概念辨析

一、"一般产品"与"生态产品"的价值辨析

为更好理解"生态产品"的内涵，我们可以从一般产品的价值内涵理论基础入手，区分生态产品与一般市场上交易的传统产品价值的区别，表1-2汇总了对一般产品价值评价的不同分类体系。

表1-2　　　　　　　　　关于一般产品价值的内涵相关研究汇总

学者代表	商品价值分类	具体阐述
吴金明与吴双，2017	基本价值	产品物质或功能上的使用价值。基本价值 = 车间成本 + 销售费用
	延伸价值	产品从经销商或代理商将产品卖给最终消费者所提供的全部服务带来的支出和形成的价值，亦即包含销售环节在内的产品后市场的全部活动带来的价值，包括市场策划、广告营销、物流配送、售后服务、回收处理（或再制造）等
	附加价值	有高科技附加、文化附加和营销附加等多个方面，是企业的利润之源和提高资源配置效率的主战场；附加价值的功能主要是增加顾客对平台的"黏性"。附加价值 = 品牌价值（包含商标、商誉、标准、专利权等知识产权在内）
	分享价值	互联网时代，主要是网络平台带来的流量价值的分享。流量价值 = 用户的浏览量 × 由浏览引发的其他行为价值
孙文清，2015	内在价值、形式价值、品牌价值	用"产品功能"等共3个题项来衡量商品的内在价值，用"产品包装"等共4个题项来衡量形式价值，用"产品品牌"等共3个题项来衡量品牌价值

续表

学者代表	商品价值分类	具体阐述
黄河，2009	实用价值	事物本身所固有、由其物理属性所决定的，不以人的意志为转移，是人类社会存在和发展的物质基础
	伦理价值	人们在享受和利用某种物品时，这个过程本身也是主体传达信息的过程。它不仅反映主体自身的好恶和价值取向，同时也体现了主体在社会中的地位和关系
	美学价值	物品的美是在人的社会活动中产生的。人们通过对物品属性的认识，对它进行充分了解，看它是否符合主体的某种特殊目的，美感就是在这个过程中产生的。它是主体从物品那里体验到的生活中积极的内容和形式
文化产品价值（李东华，2006）	显性价值	体力劳动形成了一般意义的价值
	隐性价值	脑力劳动形成了特殊的价值，包括思想价值、艺术价值、职能价值、愉悦价值和审美价值

　　由上述研究可以看出，商品是用来交换、能满足人们某种需要的劳动产品，它具有使用价值和价值两种属性。使用价值是能够满足人们某种需要的属性，价值是凝结在商品中的一般人类劳动。著名的商品价值公式如下：商品价值＝生产资料的价值（不变资本价值 C）＋直接生产者劳动力的价值（可变资本的价值 V）＋剩余价值(M)＝C＋V＋M。不同类型的产品的价值分类不同，但都是基于商品的价值和使用价值分类所做出的延伸和拓展。

　　由于在商品社会中，产品的价值和使用价值是每一类产品都具有的价值属性，只是根据产品的特点不同，具体内涵有所差异。例如工业产品的使用价值表现在能被人类使用，农产品的使用价值是能被人类食用，而艺术品的使用价值则更多表现在其美学价值上，是给人类带来的无形的精神享受，这些都是不同产品的使用价值的不同实现方式。同理，生态产品的价值也有其特殊的表现形式，但生态产品的外部性是区别于一般传统意义商品的根本特征，生态价值是生态产品维持生态安全、促进生态平衡的特殊属性，因此当我们探讨生态产品的价值时，就必须考虑生态产品区别于其他产品的特殊属性，即生态价值。图 1－1 描述了一般产品和生态产品价值内涵的联系与区别。

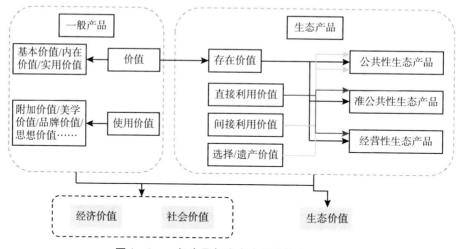

图1-1 一般产品与生态产品价值内涵辨析

从图1-1可以看出，公共性生态产品价值实现更多体现为其存在价值。公共性生态产品的价值并没有人类活动的参与，大多为自然界存在的各类生态系统，这些系统的自然生态服务本身就具有价值，如生态系统中的物种多样性与涵养水源能力，水资源、空气、林木、湿地等自然资源的存在所带来的生态价值，较少地体现其使用价值。但由于公共性生态产品的产权等难以明晰，属于大自然的演化，其价值实现缺少合理的货币化计量方法，因此其市场价值未被完全挖掘出来，其表现出的非市场化的生态价值较难衡量，并未纳入一般概念下的经济框架中。其价值实现主要以保护为主，由政府主导进行生态补偿等。例如鄂州市梁子湖，就是在实际测算的生态服务价值基础上，先期按照20%的权重进行沿湖三区间的横向生态补偿，逐年增大权重比例，直至体现全部生态服务价值。对需要补偿的生态价值部分，试行阶段先由鄂州市财政给予70%的补贴，剩余30%由接受生态服务的区向供给区支付，再逐年降低市级补贴比例，直至完全退出。

而准公共性生态产品具有公共特征，同时具有比较明确的产权或权属关系，也具有明确的使用受益人群或企业机构，但需要通过政府管控来创造交易需求、开展市场，例如碳排放权、排污权、碳汇交易、水权交易等。在政府管理和把控下，通过产权赋能、赋利，使其成为可抵押、可融资的生态资产，将生态产品的非市场价值转化成市场价值，准公共性产品的价值和使用价值均得到了更深程度的挖掘。例如，福建省南平市借鉴商业银行"分散化输入、整体化输出"的模式，构建"森林生态银行"这一自然资源管理、开发和运营的平台，对碎片化的森林资源进行集中收储和整合优化，转换成连片优质的"资产包"，引入社会资本和专业运营商具体管理，打通了资源变资产、资产变资本的通道，提高了资源价值和生态产品的供给能力，促进了生态产品价值向经济发展优势的转化。

经营性生态产品主要指产权明确、能直接进行市场交易的私人物品，如生态农产品、旅游产品等，具有丰富多样的经营利用模式，可以通过市场路径实现价值交换。其价值是指凝结在商品中的一般人类劳动，因为其凝结了一般人类劳动，可以在市场上进行货币性交易，与一般产品的价值概念相同。生态产业开发是经营性生态产品通过市场机制实现交换价值的模式，是生态资源产业化的过程，是市场化程度最高的生态产品价值的实现方式，其实质是经营性生态产品由具有使用价值的产品转变为商品的过程，所实现的生态产品价值基本纳入国民经济统计体系的第一产业和第三产业之中。经营性生态产品的价值实现更多地以市场价值为主，使用价值得到了最大程度的挖掘。例如，宁夏贺兰县四十里店村，因地制宜开发了多位一体的"稻渔空间"生态农工旅项目，通过实行"公司+合作社+基地+农户+服务"的产业经营模式，在提高水资源利用效率、重塑农田生态系统的同时，增加了大米、稻田鱼、稻田蟹、稻田鸭等生态产品的产出，促进了村集体和农户的持续收益，使当地生态产品的市场价值得到了更好的发挥。图1-2显示了三类生态产品的价值与使用价值的具体内涵。

一般产品和生态产品的价值分类、价值内涵范围不尽相同，且不是一一对应的关系，二者都具有经济价值和社会价值，生态产品具有的个性价值就是生态价值，且该生态价值更多地体现在公共性生态产品上。在生态产品概念框架下，基于不同价值实现途径所分类的三类生态产品的价值属性也不同，其价值和使用价值的实现途径和实现程度也不同，因此在测算生态产品价值实现的经济效率时，所使用的方法和所需的指标也不尽相同，具体经济效率的测算方法将在后文进行详细说明。

	价值	使用价值	
公共性生态产品	存在价值（生态价值）	遗产价值、间接利用价值	
准公共性生态产品	存在价值（非市场价值）	权属、指标交易价值（市场价值）	
经营性生态产品	凝结在商品中的一般人类劳动	满足人们某种需要（市场价值）	

图 1-2   生态产品价值内涵示意图

二、"生态产品"与"生态产品价值"的辨析

前文提到"生态产品"这一概念在国内的官方文件中首次定义，是在 2010 年的《全国主体功能区规划》。该文件指出：生态产品是指维系生态安全、保障生态调节功能、提供良好人居环境的自然要素，包括清新的空气、清洁的水源、宜人的气候等。文件中还提到：人类需求既包括对农产品、工业品和服务产品的需求，也包括对清新空气、清洁水源、宜人气候等生态产品的需求。从需求角度来看，这些自然要素在某种意义上也具有产品的性质。随着官方明确生态产品的概念，对于生态产品概念的研究主要分为广义与狭义两类。秦国伟、董玮等（2014）总结相关研究定义，表示狭义的生态产品是指作为生态系统的重要组成部分，是能够维护生态安全、保障生态功能、提供良好人居环境的自然要素，能够提供供给、调节、文化等生态服务，并产生生态效益；广义的生态产品是指人类付出一定劳动且参与生产的产品，如采取清洁生产、循环利用、节能减排等方式生产的生态农产品、生态工业品等。张林波、虞慧怡等（2019）提出二者的差异在于广义的生态产品不仅包括纯自然生产的服务还包括人类的参与和生产。他们总结了生态产品的概念差异，将生态产品定义为生态系统通过生物生产和与人类生产共同作用为人类福祉提供的最终产品或服务，是与农产品和工业产品并列的、满足人类美好生活需要的生活必需品。

相对于生态产品这一较为中国化的概念，在前文关于国内外学者的研究

中，生态系统服务这一研究主题与生态产品概念非常相近，张林波、虞慧怡等（2019）梳理了相关研究，分析得出"生态产品"和"生态系统服务"是相近概念在不同情景和语境下的不同表述。但在定义内涵方面，目前学界普遍认可的是科斯坦萨等（1997）的定义，认为生态系统服务是指人类从生态系统中直接和间接获得的各种惠益；以及戴利（2000）提出的生态系统服务功能概念，即自然生态系统及其物种所提供的能够满足和维持人类生活需要的条件和过程。而生态产品只是指生态系统为人类福祉提供的终端产品，并且广义生态产品不仅将自然生态系统看作生产者，也把人类看作生态产品的生产供给者。由于生态产品与生态系统服务研究领域之间存在较大范围重合，且国外学者对于生态系统服务的研究十分丰富，因此生态系统服务的研究也被视为生态产品的理论源泉。

在针对生态产品的分类研究中，学者通过不同的角度确定相应的分类标准对生态产品进行分类。潘家华（2020）基于生态产品的供给角度，以生态产品的供给属性作为分类标准，将生态产品分为自然要素类、自然属性类、生态衍生类以及生态标识类四种类型。这一分类方式以产品供给为基础，考虑了生态产品的生产主体的性质以及产品的稀缺性，不仅考虑生态产品产生所需的自然资本，还结合了人力资本和人造资本对生态产品形成的资源投入。除了供给角度，还可以利用消费属性作为生态产品的分类标准。廖茂林等（2014）通过产品的需求视角，以生态产品的消费属性作为划分标准将生态产品分为生态公共产品、生态私人产品以及生态准公共产品，其中生态准公共产品通过排他性和竞争性还可细分为生态共有资源型产品以及生态俱乐部产品两类。生态共有资源型产品具有非排他性和竞争性，具有典型的公共资源属性，如碳排放权等生态产权市场。生态俱乐部产品具有排他性和非竞争性，主要是指所有权明确，但其他用益物权需要进一步界定的产品，如集体林权等。这种划分方式因其以消费属性和经济学原理常运用于对生态产品的价值实现的研究当中。前文提到的"开山文献"（科斯坦萨等，1997）在估算生态系统服务价值时划分出17种项目，其中将生态系统服务分为提供性、调节性、支持性和信息性四类。在相关研究逐渐发展后，联合国《千年生态系统评估报告》将生态系统服务分为4大类：供给服务、调节服务、文化服务和支持服务。由此发展出另一种对于生态产品的分类视角，即将生态产品的功能属性和表现形态作为分类标准，欧阳志云（2013）通过此分类标准将生态产品划分为生态物质产品、生态文化产品、生态调节产品三类。

在2010年我国发布的对生态产品进行定义的文件中，生态产品被定义为具有为人类带来美好的居住环境的特点。也就是说，生态产品的定义变得更加宽广了，已经不再是人们传统意义上认为的大自然的产品。我们通常习惯性地认为，生态产品就是我们看到的绿色的草地、成林的树木、蓝色的大海以及新鲜的空气等大自然"生产"出来的产品。国家发布的文件创建了关于生态产品的一个更加科学化的概念界定，这使更多我们看不到摸不着，但是却能在生活中慢慢感受到的东西也被归为生态产品，比如洁净的水资源、冬暖夏凉的天气气候、吹动窗帘的微风，凡是能够起到调节生态环境作用，带给全体生命优良的生活环境的，都可以被称为生态产品。这个概念的表述来自当前学者对生态产品的生态调节服务的研究认识，而此概念的意义又丰富了生态产品更多的服务功能。王金南（2021）将生态产品产业首次作为"第四产业"，提出生态产品价值实现过程的本质就是将生态环境与土地、劳动力、技术等要素一样作为现代经济体系的核心生产要素纳入生产和流通（分配、交换和消费）等社会生产全过程。张林波等（2021）学者根据生态产品价值形成的不同路径和实现模式，把生态产品分为三类，分别为公共型、经营型和准公共型生态产品。公共型生态产品是指政府主导下具有非竞争性和非排他性的纯公共产品，包括水资源、土地资源、海洋资源、林草资源；经营型公共产品是在市场路径下可交易的物质原料产品和精神文化产品，如生态农业、生态旅游、生态康养、生态产业；准公共型生态产品是在政府与市场混合路径下能减少环境负荷的生态产品，如政府设计形成的排污权、碳排放权交易、生态补偿市场等。蒋凡、秦涛（2022）认为生态产品概念应界定为人类劳动通过保护或修复生态系统，使生态系统能够维持人类赖以生存的自然环境条件和生态服务功能，最终通过生态系统的功能提供给人类社会消费或使用的终端产品，这些终端产品主要包括清洁的空气、干净的水源和舒适的气候等。而生态产品的价值是生态系统转移的价值和人类劳动创造的新价值之和，这些价值均是由保护或修复生态系统过程中消耗的人类抽象劳动决定的。由此发现生态产品的范围主要聚焦能够产生经济价值、具有稀缺性和收益性的自然资源，既包括从自然系统中产出的纯自然功能的生态产品，同时也包含经人类劳动进行产业化开发加工后衍生形成的、能够满足人类使用需要的生态产品。可以说，"生态产品价值"是基于"生态产品"自身价值释放或有效实现的概念，两者是紧密相连的概念，其主要经历了以下三个过程。

（一）国外研究与国内探索（1997 年开始，以生态系统服务价值为主）

国外对生态系统服务价值的核算开始较早，最初是美国生态经济学家科斯坦萨等于 1997 年对全球生态系统服务价值进行量化；随后联合国等组织实施了以千年生态系统评估和环境经济核算体系为代表的一系列研究，从理论内涵、指标体系、政策应用等方面对生态系统服务开展了进一步探索。国外对生态系统服务价值的研究目的主要是探究人类活动对生态系统的影响，并在一定程度上为生态环境保护和生态系统的经济效益、社会效益实现提供方向。不过最根本的研究目的还是通过对生态系统服务价值的研究及核算，量化生态要素的价值，进而提高公众生态环境保护意识。在这一阶段，我国学者在借鉴国外研究的基础上开展自主探索，研究范围逐渐覆盖不同尺度和不同生态系统类型，研究的主要目的与国外研究者相似。燕守广（2009）提出生态系统具有自我恢复和自我调节能力，生态系统的平衡需要维持和补偿，这是自然生态补偿概念的内容，而作为生态系统成员的人类有义务维持生态系统的平衡和发展，因此，生态补偿逐渐演变为人类维持生态系统平衡的环境保护手段，而这一手段主要依靠的是经济手段。20 世纪 90 年代中期之前主要是对生态环境的破坏者征收补偿费，认为因损害生态环境承担费用是一种责任，这种收费的作用在于它提供了一种减少对生态环境损害的经济刺激手段。而 90 年代后期以来，随着生态建设实践的需求和经济发展的需要，经济学意义的生态补偿内涵发生了拓展，由单纯针对生态环境破坏者的收费，拓展到对生态环境的保护者进行补偿。生态补偿的概念将资源环境的保护行为与资源环境的破坏行为一并纳入进来。

（二）实践推进与落实（2012 年开始，落实"两山"理念的途径）

参考前述对生态产品概念演进的过程分析，我国生态产品价值的研究自 2012 年党的十八大开始进入实践推进阶段。在我国生态文明建设战略的指导下，"两山"理念的重要性凸显，而此时生态产品价值问题研究作为"两山"理念转化的重要实践途径，受到决策者的主要关注，也正是在这样的背景下，生态产品价值问题成为热点。2013 年，欧阳志云等提出 GEP 的概念，国家发展和改革委员会、国家统计局、自然资源部等先后部署实施了一系列核算试点，探索为生态补偿标准和政府绩效考核提供技术参考。马国霞等（2017）对 2015 年我国陆调蓄洪水、调节气候、土壤保护、养分循环、净化环境、维持生地生态系统提供的产品和服务价值进行核算，结果显示，2015 年森林、湿地、草地、荒漠、农田、城市等生态系统生产总值（GEP）为 72.81 万亿元，是 2015 年 GDP 的 1.01 倍。周宏春（2015）还提到，"两山"理念付诸实践，需要可行的转化途径，需要各地从实际出发，积极探索，发展形成自己的特色和发展模式。尊重自然、顺应自然、保护自然是生态文明建设的原则。随着我国人口和经济规模的不断扩大、工业化和城镇化快速推进，自然资源和环境容量变得越来越稀缺，"绿水青山"价值凸显。对于相对发达的地方而言，周围城乡居民吃穿无忧，有剩余时间和资金，愿意花钱到"绿水青山"的地方去旅游、去养生，从而构成实现"金山银山"的外部因素。实现"绿水青山就是金山银山"的现实转化，外因还需要通过内因的变化起作用，需要创新思路和发展模式，吸引周边的群众来养生、来消费。将"两山"理念付诸实践，使生态环境保护者得到相应的收益，应发挥企业家的积极性和主观能动性，需要企业承担社会责任。由此可见，我国开展生态产品价值研究的主要原因是为"两山"理念转化的实践提供理论基础和实践支撑，进而为我国生态文明建设的战略服务。

（三）深化探索阶段（2021 年开始，中央文件明确生态产品价值实现的重要性）

如果说 2012 年开始，生态产品价值问题的研究是在实践中摸索推进，那么自 2021 年起，相关研究更规范化、体系化并形成明确的机制以更好地指导实践。2021 年中共中央办公厅、国务院办公厅印发《关于建立健全生态产品价值实现机制的意见》，将生态产品价值核算提升到新的高度，旨在建立科学的生态产品价值核算体系，建立生态保护补偿和生态环境损害赔偿政策制度以及相关政府考核评估机制等。2022 年党的二十大报告指出："大自然是人类赖以生存发展的基本条件。尊重自然、顺应自然、保护自然，是全面建设社会主义现代化国家的内在要求。"党的二十大同时从四个方面为我国未来绿色产业发展指明方向：一是加快发展方式绿色转型。推动经济社会发展绿色化、低碳化。加快推动产业结构、能源结构、交通运输结构等调整优化。二是深入推进环境污染防治。坚持精准治污、科学治污、依法治污，持续深入打好蓝天、碧水、净土保卫战。提升环境基础设施建设水平，推进城乡人居环境整治。全面实行排污许可制，健全现代环境治理体系。严密防控环境风险。深入推进中央生态环境保护督察。三是提升生态系统多样性、稳定性、持续性。以国家重点生态功能区、生态保护红线、自然保护地等为重点，加快实施重要生态系统保护和修复重大工程。建立生态产品价值实现机制，完善生态保护补偿制度。加强生物安全管理，防治外来物种侵害。四是积极稳妥推进碳达峰碳中和。立足我国能源资源禀赋，坚持先立后破，有计划分步骤实施碳达峰行动。完善能源消耗总量和强度调控，重点控制化石能源消费，逐步转向碳排放总量和强度"双控"制度。推动能源清洁低碳高效利用，推进工业、建筑、交通等领域清洁低碳转型。深入推进能源革命，完善碳排放统计核算制度，健全碳排放权市场交易制度。提升生态系统碳汇能力。积极参与应对气候变化全球治理。王承武、董靖雯（2023）认为生态产品指的是在自然系统中所产生的供给、调节、文化、支持等各类服务基础上，加以对生态环境不产生破坏影响的、高质量可持续的人类活动，将原始的自然要素生产或加工成能够为人类社会所使用和消费的，生态性强的物质和服务产品。根据人类活动的参与程度，将生态产品分为公共生态产品与经营生态产品。生态产品价值指的是区域内生态产品所有价值的总和。生态产品的价值具有多元化特征，能够满足人们对美好生活的需求，主要表现在生态价值、经济价值与社会价值三个方面。可以看出，生态产品价值研究开始关注更多的维度，而不仅仅局限于经济价值。除了直接使用价值和间接使用价值，还考虑到生态价值、存在价值、遗产价值、社会文化价值等方面。这种多维度的评估有助于更全面地认识和评估生态产品的价值。政府、企业和社会组织逐渐意识到生态产品的商业潜力，并积极探索生态产品的市场化运作模式，对生态产品的保护和管理投入更多资源，进一步推动生态产品价值研究的深化。随着对生态产品价值认知的深入，生态产品的市场化进程正在加速，生态产品将成为绿色经济的重要组成部分。

三、"生态产品价值转化"与"生态产品价值实现"的辨析

　　在学术研究或相关政策文件中，我们还会常常见到"生态产品价值转化"和"生态产品价值实现"两种表达，给初次接触该项工作的人们带来一定的困惑，初步来看，前者是价值转化的过程，后者强调的是价值转化后的效果。通过文献梳理，本书认为学术界对"生态产品价值实现"和"生态产品价值转化"的概念并未做明确区分，不过"实现"一般对应的是路径和机制的探索，而"转化"一般是对应不同的价值类型的实现。例如王金南等在2020年的一篇文章中分别提到了"生态产品价值实现"和"生态产品价值转化"，提到前者是讲"生态产品价值实现的通道还未打开"，并且分析了价值实现的机制；提到后者是讲"生态产品价值转化不充分"，并且指出价值评估的代偿价值、外部补偿价值往往被忽略，以此说明生态产品价值转化的不足。

　　关于"生态产品价值"与"生态产品价值实现"，前者从狭义上理解是一定区域范围内、在一定时期内生态系统提供的生态产品的经济价值量。作为产品，生态产品存在经济价值，保护生态就是生态价值和生态资本增值的过程，就是保护和发展生产力。这种经济价值主要体现为使用价值，能够满足人类对生态环境的特定需求，直接或间接凝结着人类的一般劳动。从广义上理解，生态产品价值还包括生态价值和社会价值。生态价值是生态环境作为生态资本存量的价值体现，生态产品不仅是财富的自然体现，而且可以增值。社会价值是生态产品带来的人民福祉和公共福利。承认和

确立生态产品价值，可以为资源环境定价、生态产权交易、生态补偿、环境污染赔偿等提供基础性理论依据。生态产品价值的转化，就是将前述这些价值通过合理途径予以释放的过程，更多体现的是价值转化的路径和方式。

生态产品价值实现则是通过市场机制或政府行为促使生态环境资源和生态系统服务体现出经济价值、生态价值和社会价值的效果。生态产品价值实现过程是发挥"看得见的手"和"看不见的手"的共同作用，提高生态产品供给能力和生态系统服务能力，从而实现从资源到资产的转化。生态产品价值实现可以通过建立"政策工具—生态系统格局—生态系统过程—生态产品"关联，使生态产品价值内化于决策过程和行为过程，实现更多优质生态产品的有效供给（高晓龙，2019）。

图1-3的基础来源于海恩斯-杨和波特申（Haines-Young and Potschin）构建的生态系统服务级联模型，模型描述了生态系统服务价值形成过程，能细致地展现从生态系统结构与过程到生态产品价值实现的整个过程。在此以效用价值论为基础，结合生态系统服务级联模型来讨论生态产品价值的形成与实现的过程。如图1-3所示，生态系统的生物、物理结构和物质流、能量流、信息流过程形成了生态系统功能单元，各功能单元保证了生态系统物质产品和非物质服务的供给。在一定条件下，生态系统物质产品和非物质服务具备了满足人类需求的能力，就可以对其进行货币化价值评估，之后，再设计合理的交易机制，生态产品价值得以实现（李宇亮，2021）。综上所述，生态产品价值是通过合理的市场交易机制、政府政策工具实现的。

图1-3 生态产品价值的形成与实现过程

第三节 生态产品价值的分类

一、关于生态产品的分类

通过前述相关学术研究，我国生态产品主要分为三类，或者也可以说是三种形态。其中如果是与政府主要相关的产品，一般归为公共型；如果是政府以及社会上的交易市场共同涉及的，则被归为经营型；如果是通过其他不常见的路径来实现价值的产品，一般称为准公共型。

（一）公共型生态产品

公共型生态产品主要指产权难以明晰，生产、消费和受益关系难以明确的公共物品，如清新的空气、宜人的气候等。它的价值实现主要采取政府路径，依靠财政转移支付、财政补贴等方式进行"购买"和生态补偿。公共型生态产品是狭义的生态产品概念，与上文中提到的生态服务的有关概念类似，表示大自然生产空气、水、土壤、树林，并创造出了各种不同的生态气候、生态环境，是具有很大包容性、和谐性、纯净的公共产品。一般来说，此种生态产品不能像其他生态产品或者商品一样进行交易从而实现经济价值，因为他们具有区域上的协同性。我们几乎不能把此类生态产品的生产归为一个地区或者要素所有，比如我们碧蓝的大海不可能属于我国任意一个沿海城市生产或者所有。所以在此定义下的生态产品是具有地区共同性的，其产权不归任意一方所有。常见的公共型生态产品包括三大类：第一类是物质产品，包括食物、水资源、木材、棉花、医药、生态能源及生物原材料；第二类是生态调节服务产品，主要有涵养水源、调节气候、固碳、生产氧气、保持土壤、净化环境、调蓄洪水、防风固沙、授粉等；第三类是文化服务产品，主要有自然体验、生态旅游、自然教育与精神健康等。具体可见下述案例。

案例 1 – 1 构建城市"绿心",促进生态产品价值实现[*]

案例背景:城市绿心森林公园(以下简称"绿心公园")是北京城市副中心重点功能区之一,也是现代化都市发展过程中具有极高生态价值的公共型生态产品。目前我国城市化发展速度极快,城市中也因为工业的发展而带来了不少生态污染,城市森林公园的建设正是通过在城市中打造绿色生态场景,发挥公共型生态产品的绿色效益,为城市环境改善实现生态价值。绿心公园规划总面积达11.2平方公里,近年来由于城市化进程加快,周边工厂污染等原因,片区内部生态环境遭到恶性影响。《北京城市总体规划(2016年—2035年)》提出"形成'两带、一环、一心'的绿色空间结构",通过对原东方化工厂国有土地及周边村集体土地的区域生态修复与治理,改善森林公园生态环境,打造集生态、休闲、文化于一体的特色城市森林公园,吸引优质生态产品及新兴产业入驻,带动区域发展,促进生态价值实现。

实现机制:对于绿心公园的建设,首先通过"森林入城"建设城市绿心,全面提升区域生态效益及碳汇能力。其次利用城市绿心对于城市生态空间的辐射效应,从规划层面确立以生态空间建设为主,带动周边建设行政办公区,文化旅游区等功能组团,实现区域产业绿色发展总体格局。

绿心公园的建设采取公益性服务和社会化运营并进,开展多元化价值路径探索。不同于以往的化工污染修复办法,绿心公园坚持"生态保育核"理念,采取创新式自然衰减、阻隔覆土、生态恢复等方式促进原化工厂区域生态修复治理,并采取环境监测、数字模拟等技术手段进行风险管控。坚持自然恢复为主,构建不同类型植物生境。在保留原有6000余株大乔木的基础上,新植与生态本底相契合的乔木及亚乔木114种、13万株,促进生物多样性,完善生态保育核心区。坚持资源循环利用,建设"零碳城市组团",推进区域内可再生能源利用,储能系统应用,拓宽生态产品价值实现路径。坚持自然生态修复与历史文化深度融合,厚植城市文化根基。通过建设剧院、图书馆、博物馆三大公共设施,沿森林游憩路线种植相应植被,保留原工厂

---

[*] 本章案例均来源于自然资源部办公厅印发的《生态产品价值实现典型案例》。

特色建筑并加以改造，促进体现生态环境与人文历史融合。

北京城市副中心投资建设集团作为运营主体，其开展经营活动所取得收益反哺绿心公园日常维护，集团专门成立了负责项目经营的北京绿心园林有限公司，引入企业开展特色餐饮，亲子乐园等多元化服务，开展生态景观与城市功能的深度融合。充分利用城市绿心优良的生态环境优势建设大型活动热门选址地，彰显社会效益。创新政企协同联动机制，形成"政府主导，企业管理，公众参与"的新型运行模式。

实施效果：绿心公园的规划建设改善了以往化工集聚区对环境的污染和对城市景观的破坏，将其转变为具备生态效益和可带动周边产业发展的城市森林公园。促进了区域空气净化，二氧化碳排放减少，生物多样性日益丰富，水源利用率提升，带来了显著的生态效益。通过成功引入经营项目49个，承办特色活动200余次等带来经营性收入，部分弥补了绿心公园养护运营成本，更推动了周边运河商务区、文化旅游区等园区产业的发展。绿心公园的建设为疏解非首都功能，安置搬迁人口6600余人，创造就业岗位1600余个，不仅实现了人民生活环境的进一步美化和生态环境的改善，也有效推动了城市副中心绿色低碳高质量发展。

除了城市中改善环境的生态公园，由于自然地理因素形成的，需要通过大量生态治理来完成生态产品价值实现的公共型生态产品仍占据主要位置。例如云南省文山州西畴县由于自然气候变化对生态环境造成了破坏，部分地区石漠化严重，在进行生态修复与治理过程中采取综合治理模式，将因地制宜的修复计划结合生态产业开发，在环境恢复过程中提升当地经济价值。

案例1-2　云南省文山州西畴县石漠化综合治理促进生态产品价值实现

案例背景：西畴县位于云南省东南部地区，该地裸露、半裸露的岩溶面积占当地区域总面积达到75.4%，石漠化现象严重，生态环境遭到极大破坏。石漠化土地本身不仅不具备生态价值，反而容易影响当地的生态环境和人民居住环境，但通过生态修复和治理，将石漠化地区因地制宜改造为具备生态效益的种植地区，就能将其作为公共性生态产品，发挥更大的价值。1985年起，西畴人民坚持开展石漠化治理，孕育发扬"西畴精神"，政府作为主要治理主体，将原本石漠化严重的地区改造为具备生态效益和经济效益的公共型生态产品。

实现机制： 西畴县主要采取"石漠化治理＋生态修复＋生态产业开发"的综合治理模式，通过生态保护补偿资金促进村民作为保护主体开展森林植被修复、土地整治、扩大耕地等环境保护措施。通过生态保护修复以及生态产业开发促进当地石漠化综合治理，有效提升生态产品供给能力。针对不同区域进行因地制宜的保护和治理。山顶区域采取封山育林、公益林保护等措施，以森林植被恢复为主要目的；山腰区域对于耕作环境收益较差区域实施退耕还林，开展绿色植被修复，在可耕种区域大力发展八角、核桃、油茶等特色经济生态产品；山脚区域通过坡改梯，修建灌溉沟渠、拦沙坝等措施扩大耕地面积；原耕地周围采取改善种植所需水资源条件，改造中低产田等措施促进农业进一步发展；环境恶劣且生存条件极差地区实施村民搬迁、农户异地迁移，改善当地村民生活条件，提升居住幸福指数，一定程度上也减少了人口对环境造成的进一步破坏。

西畴县通过"五小水利"工程实现"散水集用，小水大用，丰水枯用，远水近用，低水高用"。对于石漠化地区、重旱区、老旱区优先建设，促进水利设施布局合理性，保障当地安全用水，有效用水。同时促进当地畴阳河、鸡街河河道治理工程，重金属污染治理工程等改善当地环境。当地开展特色"5分钱"工程，每名村民每日缴纳5分钱，一年每人18元，用于卫生维护，县级财政对村民维护环境整洁进行奖励。对于石漠化综合治理实现生态保护与产业开发共同推进，在治理基础上注重生态修复、基础设施建设、土地整治与农业发展等项目建设，投入资金达3.1亿元，有效整治土地2.2万亩。针对森林、耕地等重点生态领域和功能区实施生态补偿，推动林业与其他产业的产业融合，大力发展鸟禽养殖业、水果种植业等具备经济效益的生态产品，促进地区收入，改善人民生活。

实施效果： 西畴县通过对土地石漠化的综合治理，将贫瘠破碎的土地发展为如今的特色美丽旅游景区，累计改良土地42.64万亩，新增耕地1.64万亩，治理小流域面积230.82平方公里，有效提升了土地利用率，改善农业用地条件、用水条件，促进农业发展，遏制了石漠化的蔓延。森林覆盖率从20

世纪 90 年代初的 25% 提高到 54.83%，绿色经济绿色生态持续发展，提升当地环境质量、空气质量，促进居民健康用水，为当地带来良好的生态效益。2022 年西畴县被命名为"云南省美丽县城"。

西畴县通过生态产业融合与发展实现农业产业增加值 11.5 亿元、林草总产值 6.3 亿元，成功打造"绿色银行"使当地农民在保护林木生态环境的同时获得一定程度的经济收益。同时农业种植的生态产品，如优质水稻、甘蔗、八角、古树茶等特色产品也通过经济渠道为当地创造收益。通过土地综合整治和环境修复，有效改善了西畴县的生态环境和人民的居住环境，2022 年，城镇常住居民人均可支配收入 35250 元，农村常住居民人均可支配收入 13770 元，完成地区生产总值 67.5 亿元，带来了显著的绿色经济效益。

（二）经营型生态产品

经营型生态产品主要指产权明确、能直接进行市场交易的私人物品，如生态农产品、旅游产品等。它的价值实现主要采取市场路径，通过生态产业化、产业生态化和直接市场交易实现价值。经营型生态产品通过交易市场和政府的政策指导，已经是我们的社会当中涉及人数参与度非常高的一项生态产品。此类产品无论是在古代还是现代都有出现，但是毫无疑问现代包含的范围更广。举个例子来说，古代就有的经营型生态产品，包括制作成产品的原料：树木、竹子、稻草以及各种生物原料，这些是看得见摸得着的实物类生态产品。而现代发展出来的经营型生态产品，是看不见摸不着的，具体包括了依托生态环境开发出来的文化产业以及旅游产业。例如当今各地乡村振兴的形式之一农家乐就是一种现代化的经营型生态产品。现在经营型的生态产品已经是国民经济分类中的一部分了，是一种更加被正确对待、被更多人认可的生态产品。具体可见下述案例。

案例 1-3 "茶卡盐湖"发挥自然资源多重价值促进生态产业化

案例背景：茶卡盐湖位于青海省海西蒙古族藏族自治州乌兰县茶卡镇，湖面海拔 3059 米，总面积 112 平方公里。茶卡盐湖储盐量约 4.53 亿吨，盐层厚度约 8 米，氯化钠浓度高达 94% 以上，年产量达到 100 万吨，拥有约

3000年采盐历史，是中国首家绿色食用盐生产基地。绿色食用盐以及各类盐的衍生商品则是茶卡盐湖最主要的经营型生态产品，这里生产的盐产品不仅作为主要经济商品销售带来经济收入，还能有效带动当地文旅产业发展，促进产业融合，实现经营型生态产品的生态价值。茶卡盐湖管理企业利用盐湖的经营权，成立文旅公司并推动"文化＋旅游＋工业"融合发展和项目运营；打造"大茶卡"旅游综合体，将优质生态产品的综合效益转化为高质量发展的动力。

实现机制：近年来，茶卡盐湖以绿色食用盐开发为核心，建成全国湖盐行业首批绿色食品（食用盐）生产基地。合理规划矿区开采，开挖后的卤沟二次结晶形成日晒盐后再次人工挖采，保证盐矿的原始状况基本不变；采用盐湖可再生式酌量开采等措施，开发营养盐、调味盐、盐浴、盐泥系列产品，高效利用盐湖资源，积极推进工业盐生产、金属钠就地转化升值的路径，促进湖盐价值最大化。

茶卡盐湖除了自身特色的盐产品外，也提供了镜面湖水、盐湖雪山等青藏高原的独特风光，为当地旅游业发展提供了良好条件。在海西州和乌兰县政府主导下，由原管理企业牵头成立文旅公司，负责茶卡盐湖景区的全面建设和运营，累计投入近7亿元，打造工业生产与文化旅游兼顾的旅游产业发展格局，提升"茶卡盐湖·天空之镜"品牌知名度，深挖品牌文化底蕴、开辟文旅融合发展渠道。同时，积极发展绿色能源产业，依托茶卡盐湖地理位置优势、太阳辐射强等自然条件，建立新能源产业体系。一方面建立扶贫产业园，帮助当地脱贫群众持续增收，依托茶卡盐湖发展餐饮、住宿服务等产业，按固定收益分红，并用于村集体经济发展和公益性岗位设置。另一方面依托盐湖景区需求带动村集体经济发展，公司建成集装箱商铺市场对外租赁，收入的60%分给当地6个牧业村作为村集体建设费用，利用茶卡地区旅游资源，鼓励当地脱贫群众开设家庭宾馆、餐饮等实现增收。

实施效果：茶卡镇形成了采制盐、生态旅游、生态畜牧业等互相融合的产业形式，通过资源环境的保护、基础设施的完善、旅游品牌的打造促使茶卡盐湖从单一工业区向旅游景区转变，被誉为"中国天空之镜"。茶卡盐湖的治理与产业融合发展不仅为当地带来了丰富的生态效益，更是发展了绿色盐产品、旅游产品等丰富的经营型生态产品，为当地创造了良好的经济效益，自 2015 年景区开园以来，共接待游客 1651.25 万人次，实现旅游收入 12.4 亿元。茶卡盐湖在发展自身建设的同时带动周边牧区发展，形成良性发展机制，每年拉动周边经济收益近 4 亿元，搭建"茶卡羊"养殖、农畜产品加工、餐饮住宿服务、电子商务为一体的综合性旅游扶贫产业。2022 年，茶卡镇实现旅游收入 6638.49 万元，人均可支配收入 2.09 万元。

与西部拥有大量的自然景区不同，东部地区经营型生态产品的发展则更需要因地制宜地挖掘当地生态环境能够产出的特色生态产品，引入社会资本，融合当地具有经济规模的产业形成具有较高经济价值的生态产品，山东省东营市的盐碱地正式通过融合林业、农业以及建立资助的特色品牌实现了生态产品价值。

案例 1-4　山东省东营市盐碱地生态修复及生态产品开发经营

案例背景：山东省东营市是黄河三角洲地区的中心城市，盐碱地面积达 340 余万亩，是滨海盐碱地的典型代表。区域内盐渍化严重，导致部分生态区域和农耕区退化为寸草不生的盐碱地斑块。当地以盐碱地修复为首要任务，将生态养殖产业作为商品开发主链，自营开发了"小欢猪"系列猪肉、熟食、肉酱等产品；通过林粮模式、林药模式、林菌模式、林禽模式、林草模式等建立的林下复合绿色生态产业都作为经营型生态产品，为当地带来了极高的生态效益和经济效益。

实现机制：东营市积极探索"生态修复＋生态产品开发经营"的模式，因地制宜恢复当地林草植被，发展生态循环林下经济；将企业作为生态治理主体，引导社会资本在生态修复的同时，开展生态产品开发经营并获得稳定收入并反哺生态保护。当地建设垦利区胜坨林场、西宋红旗滩林场、河口区义和林场和东营胜利林场四处生态林场。建设过程中，尽力保留当地原本地形地貌，并进行自然植被恢复区域"留白"，因地制宜选择耐盐树种构建盐碱地森林生态系统。同时合理进行林地区域分割，畜禽养殖按照"林地生态承载量、经济管理规模、基础设施合理配套"的原则穿插分布在林地之间，打造"种、养、加"配套、一二三产业融合的盐碱地立体循环的绿色产业体系。以黄河口生态特色品牌为引领，促进产业发展，打造特色品牌。当地开发"小欢猪"系列猪肉、熟食、肉酱等产品。同时因当地开展畜禽养殖业和中药材种植业，通过将中药材融入饲料喂养，开发出特色"板蓝根鸡""板蓝根鸡蛋"等热销产品。同时发展文旅产业，探索林下经济产业模式。企业与周边农村积极开展合作，建立健全"订单农业＋社会化服务＋五统一"的生产、销售合作机制，建立利益共同体。同时企业与各高校、科研院所紧密联系，推动人才培养，创新产品研发，注入科技活力，促进产学研一体化发展。

实施效果：盐碱地持续的生态修复使当地变为特色生态区，带来丰富的生态效益，植被覆盖率显著增加，吸引鸟群停憩，生物多样性提升。林下经济产业模式使得资源得到高效循环利用，打通了经营型生态产品价值实现的渠道，建设当地特色品牌，促进生态产品创收，各类农产品、中药材产品也实现经济效益提升，文化服务类和物质供给类生态产品共同发展。通过对林下生态产业产品的发展，有效将周边盐碱地转化为可带来经济收益的耕地，促进当地人民收入增加，带动周边15个村增收致富。

我国的经营型生态产品种类丰富，其中一个原因是各地传承的历史文化不同，加上地理环境的特殊性而衍生出了当地特色的生态产品，在这种背景下，诸如广西壮族自治区六堡茶这类极具文化特色的经营型生态产品也随着"企业投入＋集体经济"等模式促进了生态产品的环境价值与经济价值的共同实现。

案例1-5 "六堡茶"产业赋能增值，助推生态产品价值实现

案例背景：广西壮族自治区梧州市苍梧县六堡镇依托当地特色的六堡茶，形成了当地历史悠久的"茶船古道"文化。六堡茶不仅是我国"三大黑茶"之一，也是当地最主要的经营型生态产品，更在科技与交通运输的日益发展下远销海外，闻名世界。六堡茶产业的发展不仅带动了当地茶园产业的发展，更作为商品为当地茶农创造了良好的经济收益。近年来，为深入贯彻习近平总书记关于做大做强六堡茶的嘱托，当地将"六堡茶特色茶产业"积极纳入梧州市生态产品价值实现试点重点任务。按照"龙头企业＋合作社＋农户"和"企业＋集体经济＋大户"等模式，通过转让、出租、入股等形式积极引导当地各产权主体共同推动六堡茶特色种植与经营。

实现机制：梧州市有效利用苍梧县"茶船古道"的文化优势，打造生态茶园核心建设区；利用岑溪县和藤县的古茶树资源优势，打造生态茶园优势建设区；利用蒙山县重点生态功能区优势，延伸生态茶园建设拓展区，构建"一核两优四拓展"的茶园种植规划总体布局。《梧州市六堡茶文化保护条例》从政策上对当地发展茶文化进行大力支持，在国土空间规划指导和约束下制定保护规划，要求各类建设活动须体现民族特色和六堡茶文化特点。《梧州市自然资源服务苍梧县六堡茶产业和乡村振兴措施》中更是提出规划"一茶园、一村庄、一基地、一条河"布局，通过国土空间规划制作梧州市宜种茶园示意图，筛选适宜茶产业发展区域，保障茶园节约集约用地需求。同时出台《梧州市支持六堡茶茶园建设政策》，在全村整体用地规划中优先预留发展六堡茶种植业用地，为落实用地指标、资金补助提供全链条服务。

当地通过加大对六堡茶产业的科技研发投入，延长六堡茶产业链，打造特色区域公共品牌并带动区域相关优秀企业品牌，打造品牌矩阵；制定相关标准，保证六堡茶产品质量；植入 NFC 溯源技术，对于茶产业进行仓储管理；打造以茶叶交易中心为核心、以六堡茶合规仓储体系为基础的茶叶交易一级市场，提升梧州六堡茶整体价值。同时还引导社会资本参与产业投资，促进茶企业间合作融资、兼并重组，扩大当地茶产业规模，创新合作和利益分配机制，带动村集体经济发展，促进茶农增收。开发茶文化绿色金融产品，促进金融支持乡村建设，解决茶农茶企资金需求。

实施效果：六堡茶产业在当地的发展不仅促进了茶园的规范化、产业化，提升茶园改造所带来的生态效益，更作为经济商品为当地创造了经济价值，通过茶园基地规模化经营，合理引入资金、基础设施等发展茶乡民宿，建设"茶船古道·西江风情之旅"茶文化旅游路线，推动特色六堡茶旅游小镇建设，也推动了茶文化旅游产业发展。

（三）准公共型生态产品

准公共型生态产品，是现代新出现的生态产品，既不像公共型也不像经营型，是具备更多限制条件的生态产品。该类产品主要指具有公共特征，但通过法律或政府规则的管控，能够创造交易需求、开展市场交易的产品，如碳排放权、排污权等。它的价值实现主要采取政府与市场相结合的路径，政府通过法律或行政管控等方式创造出生态产品的交易需求，市场通过自由交易实现其价值。准公共型生态产品可以像经营型一样能够通过一些制度在市场上进行规范交易。而这些产品一般是人类通过发展而创造出来的全新的生态产品，并不是通过改造已有的某项资源而推出的。举个例子来说，碳排放权和排污权是典型的准公共型生态产品，在当前的市场机制下，政府设立的合理的交易市场让它们能够被公允交易。碳排放权由于具有可交易的经济价值，被众多企业看作一个减少排放提升社会形象以及实现经济价值的一石二鸟的存在。此外还有许多新形式的准公共型生态产品，它们的特点是可以为我们沉重的环境方面的负担进行一些缓解。对于生态俱乐部产品，如集体林权、用能权、排污权等，实现其生态价值的前提是进一步明确生态产权，建立由许可证、配额等多种形式构成的市场化交易体系，通过生态产品权利转让实现生态产品价值。通过设立多种生态银行，如湿地缓解银行、森林银行（碳汇交易）、土壤银行（土地保护性储备计划）、水银行（水权交易）等推动自然资源产权交易，以市场化手段促进生态产权的价值实现。具体可见下述案例。

案例1-6　广东省广州市花都区公益林碳普惠项目

案例背景： 花都区地处广东省广州市北部，拥有丰富的林业资源。在广东省碳排放权交易市场和碳普惠制试点的支持下，在梯面林场开发公益林碳普惠项目。公益林以及依托公益林所产生的碳排放权交易都是我国典型的准公共型生态产品。通过保护森林资源，提高森林生态系统储碳固碳能力，并引入第三方机构核算减排量、网上公开竞价等措施，将森林生态系统服务价值转化为经济效益。构建了政府市场双向发力、多方参与共赢的生态产品价值实现机制。

实现机制： 针对花都区的公益林资源，首先，由政府采取对资源的统筹管理，提供政策支持。2017年，广东省公布与公益林项目相关测算标准，广州碳排放权交易中心出台了《广东省碳普惠制核证减排量交易规则》，对交易的具体标准和后续交易处理做出明确规定，建成了广州碳排放权交易中心碳普惠制核证减排量竞价交易系统，为林业碳普惠项目实践奠定了基础。据《广东省森林保护碳普惠方法学》，对其权属范围内1800多公顷生态公益林三年间产生的林业碳普惠核证减排量进行了第三方核算，着重核算碳汇量优于省平均值的情况，经主管部门审核发放至梯面林场碳排放权登记账户。其次，针对林场实施严格的林地和林木资源管理制度，停止商业性林木砍伐，做好防火准备以及人员培训，积极推动梯面林场生态区域建设以及广州市首个林业碳普惠项目。最后，通过市场路径，每年设定碳排放配额总量，并将其分配给纳入控制范围的企业，实现生态效益转化经济效益。超过配额的企业将面临处罚。企业可以通过购买碳排放权配额或自愿减排核证减排量等方式抵消碳排放量。其中，自愿减排核证减排量不能超过全年碳排放配额的10%，并形成一个基于碳排放权交易市场的碳汇交易机制。梯面林场委托广州碳排放权交易中心于 2018 年 8 月举行林业碳普惠项目的竞价，最终成交价格为 17.06 元/吨，成为广州市首个成功交易的林业碳普惠项目。

实施效果：通过政府与市场共同作用促进生态产品价值实现。政府作为监管方，有效促进林业资源的保护和质量提升，增强生态产品供给能力；企业作为购买方，降低了自身减排成本，同时彰显企业社会责任和品牌价值；森林经管部门借助碳排放交易市场进一步促进各方主体对公益林的保护，实现生态价值与经济价值共同收益。花都区梯面林场开发了公益林碳普惠项目，以森林资源提供的公共性生态产品价值为基础，利用碳排放权交易市场和碳普惠机制，将其转换为经济效益。这一做法有效地盘活了自然资源资产，同时保证了不影响公益林的正常管护，实现了森林生态系统的生态价值。花都区梯面林场项目的成功实施促进了广东碳普惠项目交易的发展，同时为各地起到良好示范作用，截至 2020 年 8 月，广州碳排放权交易所林业碳普惠项目成交总量超过 300 万吨，总成交额超过 2000 万元，促进生态产品价值实现的良性循环。

二、关于生态产品价值的分类

正如上文所述，由于生态产品具有不同类型，导致其价值实现的方式也不尽相同，例如公共型生态产品具有较强的存在价值，在价值实现过程中聚焦于生态产品本身带来的生态环境价值和公益性价值，生态环境治理属于公益性事业，在生态治理下产出的生态产品本身具有一定公益性价值，这种公益性价值也体现在生态产品作为自然资产的价值以及享受环境和人文美学的间接使用价值。而准公共型生态产品的价值除了能够带来公益性价值和环境价值外，也能够带来一定的经营性价值，通过碳排放权交易市场、碳汇等手段使生态产品价值通过经济市场实现。经营型生态产品则更加强调生态产品的直接使用价值以及经营性价值，通过产出能够为人们生活所用的生态产品，使人们直接享受到生态产品所带来的使用价值，在经济市场上作为商品发挥经济价值。如表 1 - 3 及图 1 - 4 所示。

表 1 - 3　　　　　　　　　　　生态产品价值分类梳理

学者代表	价值分类	价值内涵
欧阳志云与王如松等，1999	直接利用价值	生态系统产品所产生的价值，包括食品、医药及其他工农业生产原料、景观娱乐等带来的直接价值。直接使用价值可用产品的市场价格来估计
	间接利用价值	无法商品化的生态系统服务功能，如维持生命物质的生物地化循环与水文循环、维持生物物种与遗传多样性、保护土壤肥力、净化环境、维持大气化学的平衡与稳定等支撑与维持地球生命支持系统的功能。间接利用价值的评估常常需要根据生态系统功能的类型来确定，通常有防护费用法、恢复费用法、替代市场法等
	选择价值	人们为了将来能直接利用与间接利用某种生态系统服务功能的支付意愿。例如人们为将来能利用生态系统的涵养水源、净化大气以及游憩娱乐等功能的支付意愿，即人们为自己确保将来能利用某种资源或效益而愿意支付的一笔保险金。选择价值又可分为 3 类：自己将来利用；子孙后代将来利用，又称之为遗产价值；别人将来利用，也称之为替代消费
	存在价值	亦称内在价值，是人们为确保生态系统服务功能能继续存在的支付意愿。存在价值是生态系统本身具有的价值，是一种与人类利用无关的经济价值。即使人类不存在，存在价值仍然有，如生态系统中的物种多样性与涵养水源能力等。存在价值是介于经济价值与生态价值之间的一种过渡性价值，它可为经济学家和生态学家提供共同的价值观
王伟与陆健健，2005	自然资产价值	物质价值：生态系统为人类提供的产品，包括食物生产、原材料、水分供给、基因资源等。 过程价值：生态系统过程所产生的功能价值，包括气体调节、气候调节、水分调节、干扰调节、水质净化、侵蚀控制和沉积物保持、土壤形成、养分循环、授粉、生物控制等价值。 适栖地价值：生物多样性价值（徐嵩龄，2001）
	人文价值	科研、教育、文化、旅游等

续表

学者代表	价值分类	价值内涵
《中国生物多样性国情研究报告》（1998）生物多样性价值分类	直接使用价值	直接消费输出，食品、生物量、娱乐、健康
	间接使用价值	功能效益，水灾控制、减少暴风雨影响、营养物质循环
	潜在使用价值	潜在选择价值：未来直接和间接价值，生物多样性、保存栖息地
		潜在保留价值：利用和非利用环境遗产价值，栖息地、预防不可逆转的变化
	存在价值	知识继续存在价值，栖息地、种、发展、生态系统
戴君虎与王焕炯等，2012，李金昌（2002）	使用价值	直接使用价值、间接使用价值、选择价值
	非使用价值	遗产价值（文化遗产及其环境可成为各类文字、图片、音像出版物的主题，为影视、广告提供现场和外景显示出极大的商业价值），存在价值

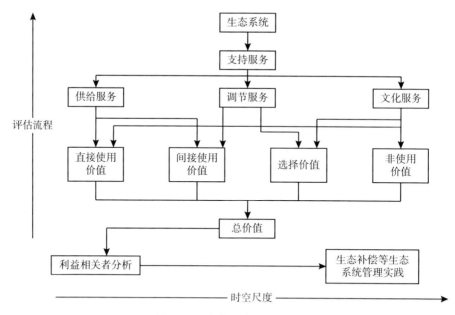

图1-4 生态系统价值分布

针对生态产品的公益价值和经济价值，日本的森林自然生态明确了相关内容。和爱军（2002）提到，日本根据国民对林业要求的变化和森林公益机能方面取得的研究成果，不断探索追加评价项目并重新审视过去的评价方法，2000 年 9 月林野厅在充分听取专家学者意见的基础上对全日本的森林公益机能的价值分项目做了重新评价，将森林的公益机能进行分类，并进行相应的经济价值评价与计算，如表 1 - 4 所示。

表 1 - 4　　　　　　　2000 年日本森林公益机能经济价值分项评价

机能的种类	评价额（日元/年）	备注
水源涵养机能	贮留降水：8 兆 7400 亿 防止洪水：5 兆 5700 亿 水质净化：12 兆 8100 亿 小计：27 兆 1200 亿	对流向河川的水量进行平均化，从而起到防止洪水或干旱的作用。而且在这个过程中水质也同时得到了净化
防止水土流失机能	28 兆 2600 亿	森林的下层植被和枯落叶具有抑制地表侵蚀的作用
防止崩壤、滑坡和泥石流的机能	8 兆 4400 亿	由于森林根系扩张、紧罗密布，森林有防崩壤、滑坡泥石流的作用
保健游憩机能	2 兆 2500 亿	森林作为给人度假带来心情舒畅的场所，有保健游憩的作用
野生鸟兽保护机能	3 兆 7800 亿	森林起着为野生鸟兽提供栖息场所的作用
大气保全机能	吸收 CO_2：1 兆 2400 亿 小计：5 兆 1400 亿	森林在其生长过程中具有吸收 CO_2，放出 O_2 的作用
合计	小计：5 兆 1400 亿	如按 15：1 的比价折算，约合人民币 5 兆元

注：1 兆日元换算成人民币约为 679.6 亿元。

　　生态产品的公益价值分类包括作为商品的价值和作为生态功能的价值，由自然资本积累产生的物质流、能量流和信息流组成了生态系统的公益价值。方精云（1999）提到生态系统的公益价值与生态功能之间并不需要呈现一一对应关系。在某些情况下，一种公益价值是两种或多种生态系统功能的产物；而在另外一些情况下，一种生态系统的功能可以具有两种或两种以上的公益价值。同样，强调多种生态系统功能之间的相互依赖性也是很重要的。表1-5显示了生态系统功能类型的相关分类。

表1-5 生态系统功能类型分类

序号	生态系统的公益类型	生态系统的功能	举例
1	调节大气	调节大气的化学成分	CO_2/O_2 平衡，对臭氧层的保护，SO_x 水平
2	调节气候	调节全球气温、降水和其他全球或区域范围内的气候过程	温室气体调节，影响云形成的颗粒物
3	干扰调节	生态系统的容量、抗干扰性和完整性对各种环境变化的反应	防御风暴、控制洪水、干旱恢复和其他的生物对环境变化的反应。这些反应主要由植被结构决定
4	调节水分	调节水的流动	农业（如灌溉）或工业（如采矿）过程或运输的水供应
5	供应水资源	存储和保持水分	流域，水库和地下含水层的水供给
6	控制侵蚀与沉积物滞留	生态系统中的土壤保持	防止土壤因风径流和其他移动过理而流失，湖泊或湿地中的淤泥储积
7	土壤形成	土壤形成过程	岩石风化和有机物积累
8	养分循环	养分的贮藏、循环及获取	氮的固定，氮、磷及其他一些元素或养分的循环
9	废物处理	流动养分的补充、去除或破坏次生养分和成分	废物处理，污杂控制，解毒作用
10	授粉	花配子的运动	为植物繁殖提供花粉
11	生物控制	人口的营养-动态调节	主要捕食者对被捕食种的控制，顶级捕食者对食草动物的控制
12	避难所	永久居住者和暂时人口的栖息地	育婴室，迁徙物种的停留地，本地丰盛种的区域性栖息地或越冬场所
13	食物生产	总第一生产力中可作为食物提取的部分	通过狩猎、采集、农业生产或捕捞而生产的水产、野味、庄稼、野果和水果
14	原材料	总第一生产力中可作原材料提取的部分	木材、燃料或食料生产

续表

序号	生态系统的公益类型	生态系统的功能	举例
15	基因资源	特有生物材料和产品资源	药品、材料产品、抗植物病原体和庄稼害虫的基因、宠物及各种园艺植物
16	娱乐	提供娱乐活动的机会	生态旅游、垂钓和其他户外活动
17	文化	提供非商业用途的机会	生态系统的美学、艺术及文教价值

我国在当前研究中普遍将生态产品价值等同于生态系统生产总值（GEP）和生态系统服务价值。但国家相关政策意见指出生态产品价值核算不仅体现了"生态产品数量和质量"的生产价值核算，也反映了"体现市场供需关系的生态产品价格形成"和基于"市场交易、经济补偿等手段"的经济价值核算，不能简单地将生产价值等同于交换价格或经济价值，要以纳入国民经济核算体系为导向，探索制定反映生态产品经济价值的技术规范，逐步推进核算标准化。在核算流程上，鼓励"先行开展以生态产品实物量为重点"的价值核算，也进一步表明实物量核算是价值量核算的前提和基础。

第二章

生态产品价值实现的
理论依据与机理

本章导读：建立健全生态产品价值实现机制，已日益成为绿水青山转化为金山银山的重要路径。但传统经济学语境下并没有生态产品价值的相关阐释，现实实践对于生态产品价值实现路径也始终存在困惑，这主要归因于对该类价值的理论机制缺乏认知，或对该类价值背后的经济学原理并没有清晰的理解。因此，准确理解该类价值的理论机制将对探索合适的价值实现路径具有十分重要的指导意义。由于生态产品价值实现需要综合考虑"生态"与"产品"两个关键，其价值实现理论既有一般商品价值的特点，也有生态要素的特征。本章基于"外部性"理论的演变和特点，结合生态产品的内涵和分类，初步分析了环境经济学语境中关于生态产品的界定和分类，认为生态产品的价值应该具有"双重性"，重点结合科斯定理，探讨了不同类型生态产品价值实现中不同形式的产权分配，并进一步分析了外部性效应下生态产品价值实现是否实现了帕累托最优。最后阐释了生态产品价值实现中的"市场失灵"问题与解决方法。本章从外部性理论出发对生态产品的分类、价值内涵、产权分配、市场效率等提供了新的解释视角。

第一节 生态产品价值实现的相关理论评述

一、生态学理论

前文已经谈到,生态产品主要来自自然生态系统中的自然要素或资源品种,包括大自然"馈赠"的产品,也包括生态系统提供的各类服务。因此,从物理意义层面而言,生态学(ecology)理论是生态产品价值重要的科学基础。回溯历史,"生态"是德国生物学家恩斯特·海克尔于1866年创造的一个概念。生态学是研究有机体与其周围环境(包括非生物环境和生物环境)相互关系的科学,已经发展为"研究生物与其环境之间的相互关系的科学",是有自己的研究对象、任务和方法的比较完整和独立的学科。环境包括生物环境和非生物环境,生物环境是指生物物种之间和物种内部各个体之间的关系;非生物环境包括自然环境,如土壤、岩石、水、空气、温度、湿度等。生态学是向生物学研究宏观方向发展的分支,是以生物个体、种群、群落、生态系统直到整个生物圈作为它的研究对象,将生物群落和其生活的环境作为一个互相之间不断地进行物质循环和能量流动的整体来进行研究。

1935年英国的坦斯利(Tansley)提出了生态系统的概念,而后,美国的年轻学者林德曼(Lindeman)在对蒙多塔湖生态系统详细考察之后提出了生态金字塔能量转换的"十分之一定律",也就是同一条食物链上各营养级之间能量的转化效率平均大约为10%。这个定律对于我们后面谈到的生态产品价值实现也有着重要的影响和关联,我们当前获取的生态产品价值,是最终呈现的价值,但形成这些价值则是通过初级生产力不断转化积累而形成,即生态产品价值与生态金字塔中的能量转化过程密切相关。

具体而言,在生态系统中,植物通过光合作用将太阳能转化为化学能,并作为食物提供给草食性动物。草食性动物又被捕食者所捕食,能量逐渐转化到更高层次,形成完整的生态循环系统,生态产品正是由生态系统中各部分元素转化而来。生态系统中存在着能量和物质的损失和过程,例如能量转化、生物死亡等，这些都会导致生态产品的产量和品质的降低。因此，生态金字塔的能量转化过程是生态产品形成的基础，生态金字塔形成的价值积累最终形成了生态产品的物理形态。"林德曼定律"① 反映了生态系统中资源转换的损失以及生态资源完整的食物链，生态系统中的生物通过食物链相互依赖，能量从一个层次传递到另一个层次。这种能量转化是生态系统中能量流动的基础，也是维持生态平衡和生物多样性的关键。生态产品的价值与能量转化的效率以及能量的数量有关，如果能量转化效率高且能量丰富，那么生态产品价值也会更高。

由于生态学中揭示的上述原理与生态产品价值之间存在着密切的关系，我们可以认为生态金字塔的物质和能量转化为形成生态产品提供了第一性的价值，可称之为"元价值"②。同时，生态产品作为生态系统中的物理化表现，其生态价值是在传统市场价值（例如价格）之外的另一种考量，体现了产品或服务对环境的积极影响和可持续发展的重要意义。而生态学理论是研究生物与环境相互作用关系的学科，它强调了生物多样性、物种间相互依赖关系和生态系统的稳定性，生态产品的来源依托良好的生态环境，又在生态产品日益发展的影响下以各种各样的形式回馈自然。生态学理论还提供了解析和预测生态系统的方法和工具，从而提高人们对生态系统价值的关注，这为研究生态系统以及生态产品价值实现提供了学理依据。通过运用生态学原理，可以更好地刻画生态系统的功能和特点，进而核算、评估和管理生态产品的价值。此外，生态学理论也提供了评估生态产品价值的方法，例如生物多样性指数、生态系统服务评估等。这些方法可以帮助我们了解生态系统的价值和脆弱性，从而制订合理的保护和管理策略，确保生态产品的可持续利用和人类社会的可持续发展。通过运用生态学研究方法和有效的生态系统管理能够更好地保护和利用生态产品的价值。

---

① "林德曼定律"即十分之一定律，指在一个生态系统中，从绿色植物开始的能量流动过程中，后一营养级获得的能量约为前一营养级的10%，其余90%的能量因呼吸作用或分解作用而以热能的形式散失，还有小部分未被利用。
② "元价值"一词在中国哲学和文化中有特定的含义，通常指的是超越物质层面的、精神上的或抽象的价值，强调的是事物背后的内在意义、哲学思考或道德追求，而不仅仅是表面的经济或实用性的价值。

目前，受到我国学者广泛关注的主要是恢复生态学理论。恢复生态学这个科学术语是由英国学者艾伯（J. D. Aber）和乔丹（W. Jordan）于 1985 年提出的，它是一门关于生态恢复的学科，属于应用生态学的一个分支。主要观点是通过建立合理的生态组分、结构、格局、异质性、功能来恢复退化的生态，其空间格局的释义功能无疑与城市规划有共同之处。从理论、实践两方面研究生态系统逆化、恢复、开发和保护机理。由于恢复生态学具有理论性和实践性，从不同的角度看会有不同的理解，因此关于恢复生态学的定义有很多，其中具代表性的如下：美国自然资源委员会认为使一个生态系统恢复到较接近其受干扰前的状态即为生态恢复；彭少麟等提出，恢复生态学是研究生态系统退化的原因，退化生态系统恢复和重建的技术与方法、过程与机理的科学；国际恢复生态学会提出，生态恢复是帮助研究生态整合性的恢复和管理的科学，生态整合性包括生物多样性、生态过程和结构、区域及历史情况、可持续的社会实践等广泛的范围。此外，恢复生态学还与当前比较热门的议题，如排放与交易、生物多样性丧失、生态系统服务功能支付等紧密相连。恢复生态学的研究内容主要涉及两个方面，一是研究生态系统退化和重建的生态学过程，从不同角度对各类退化生态系统的成因和驱动力、退化过程、特点等进行深入分析，并结合实际情况对其进行探讨；二是通过生态工程技术对各种退化生态系统恢复与重建模式进行示范研究，包括生态重建技术体系、恢复与维持技术、生态工程设计与实施技术等，促进生态系统的恢复与重建，以达到持续发展的目的。我国近几十年在经济高速发展的同时生态退化严重，如何进行综合整治、恢复和重建退化的生态系统、保证资源的可持续利用和保护环境，是提高区域生产力、改善生态环境、使经济得以持续发展的关键。我们归纳这些理论要点，主要为了理解生态产品价值实现与恢复生态之间的关系，只有恢复了生态系统的自然本底，才能不断增加生态产品的价值，例如增加具有经济、社会和文化价值的产品或服务。通过恢复生态学的技术手段，可以修复受损的生态系统，提高生态系统的稳定性和弹性，从而为生态产品的可持续利用提供支持。恢复生态学理论与生态产品价值实现的结合，可以促进生态系统的恢复和可持续发展，实现人与自然的和谐共生。此外，恢复生态学理论倡导的生态系统的综合管理和保护也有助于保障生态产品的质量和可持续发展。通过恢复生态学的原则，可以优化生态系统的结构和功能，提高生态产品的品质，并减少对生态系统的负面影响。

例如广东三水云东海国家城市湿地公园的建设就是一种实现生态思想以及生态学理论的环境运动，通过保护湿地动物栖息地，创造人与自然和谐共存的环境，在城市周边恢复和重建湿地生态系统，使湿地发挥出其综合功能，实现人、城市与自然和谐共存的智慧哲学。榆林市西南部芦河流域的生态治理也是利用生态系统自我修复和自我净化功能。基于河流生态学理论，利用生态系统的自我修复和自我净化功能，应用人工水草、水生态系统等经济适用的生态技术，通过恢复和平衡生态系统来净化水体，达到长效改善水质的效果，实现河道水环境改善和生态治理的目的。在改造升级沈海高速公路驿坂服务区时，不仅遵循了可持续发展理念，更引入了生态学理论，并采用现代化生态开发及环境保护技术，坚持生态修补与生态治理同步开展的原则，在避免服务区建设过程中对生态环境造成破坏的基础上，对已受损的绿地实施针对性的修复与治理，从而降低服务区周边自然环境的受损程度，促进服务区外围基质性绿地健康化发展。对于破坏并不严重的自然绿地无须人为干预，采取自然生态修复方法即可。针对破坏较为严重、地表存在明显裸露区域的绿地，则需要采取人工补植的方式，栽种与周边生态体系相契合植物品种，对绿地结构进行合理优化，以此增强绿地的蓄水护土功能，从而降低水土流失率，加快自我生态环境的恢复速度。

综上所述，生态学理论对于生态产品价值实现具有重要意义。生态学理论提供了认识和保护生态系统的基础，强调生物多样性、生态系统稳定性及生态平衡。生态产品的价值与生态系统功能密切相关，生态学理论与生态产品价值之间相互依赖，通过科学的生态学研究和有效的生态系统管理，可以更好地保护和利用生态产品的价值，促进生态系统的可持续发展。通过综合管理和保护生态系统，可以促进生态产品的生成和提供，实现人与自然的和谐共生。生态产品价值实现的意义不仅在于经济效益，更在于结合生态学理论为生态系统的可持续利用和生态产品的提供认识和保护提供了科学的理论基础和方法。

二、外部性理论

生态产品价值另一个重要理论依据便是环境经济学理论，作为专门研究生态环境问题的经济学理论，其认为生态环境价值难以测算的根源，主要是来自其无法量化的外部性效应。正如经济外部性是经济主体（包括厂商或个人）的经济活动对他人和社会造成的非市场化的影响一样，环境的外部性是社会成员（包括组织和个人）从事经济活动时其成本与后果不完全由该行为人承担，而由社会成本承担。环境外部性分为正外部性（positive externality）和负外部性（negative externality）。正外部性是指某个经济行为个体的活动使他人或社会受益，而受益者无须花费成本；负外部性是某个经济行为个体的活动使他人或社会受损，而造成负外部性的人却没有为此付出代价。生态产品价值实现过程便是测算、生产、转化自然要素价值，在此过程中使得他人或社会受益，普遍被认为是正外部性的最佳体现。为了更好理解生态产品价值转化中的这种外部性，有必要对外部性理论的内涵和演变进行梳理归纳。

作为经济学的重要理论之一，外部性也称作外部效应（externality）、溢出效应（spillover effect）或者外部成本，不同的经济学家对外部性给出了不同的定义，归纳起来主要有两类，一类是从外部性的产生主体角度来定义，如萨缪尔森和诺德豪斯认为："外部性是指那些生产或消费对其他团体强征了不可补偿的成本或给予了无需补偿的收益的情形"；另一类是从外部性的接受主体角度来定义，如兰德尔认为外部性是指"当某行动的某些利益或成本不在决策者的考虑范围内时，这些利益或成本被强加给了该行动之外的人"。虽然存在两种不同角度的定义，但内涵上却是一致的，即外部性是经济当事人之间的一种利益关系的表述，即经济活动的一方对另一方或其他活动外诸方的利益造成的损害或提供的便利，不能通过市场加以确定，也难以通过市场价格加以补偿和支付。目前大多数讨论外部性的经济学文献主要遵从萨缪尔森的外部性定义，即从产生外部性的主体角度来理解。

外部性理论最早可追溯至新古典经济学派代表马歇尔提出的"外部经济"概念，他认为内部经济主要来自企业规模扩大、精细化分工和完善的管理制度所导致的生产效率提高；而外部经济则受益于其他企业导致的效率提高，比如集聚效应、信息和技术的交流、市场容量的扩大等因素，这主要体现了经济活动中的相互外部性影响。继马歇尔"外部经济"概念被提出之后，庇古从福利经济学的角度扩充了"外部不经济"的概念和内容，将外部性问题的研究从外部因素对企业的影响效果转向企业或居民对其他企业或居民的影响效果。庇古发现既然在边际私人收益与边际社会收益、边际私人托马斯成本与边际社会成本相背离的情况下，依靠自由竞争是不可能达到社会福利最大的。于是提出了政府应采取适当的经济政策的建议，即向产生外部不经济效应的企业征税，向产生外部经济效应的企业予以补贴，以此实现外部效应的内部化。这种政策建议后来被称为"庇古税"。随后庇古税在环境保护活动中得到广泛的应用，例如在市政基础设施建设领域采用的"谁受益、谁投资"的政策，环境保护领域采用的"谁污染、谁治理"的政策等都是庇古理论的具体应用。此后，庇古税长期成为解决外部性问题的传统做法。庇古在马歇尔理论的基础上，将外部性理论大大向前推进了一步，托马斯（R. P. Thomas）、萨缪尔森（P. A. Samuelson）、诺德豪斯（W. D. Nordhaus）、鲍莫尔（W. Baumol）、奥茨（W. Oates）等众多著名经济学家成为庇古主义者，认为外部性是市场失灵的一种重要表现，市场无法调节外部化的那部分资源，导致了资源配置的非帕累托最优。

自 20 世纪 30 年代开始，萨缪尔森、马斯格雷夫等学者针对公共物品的外部性进行了研究，他们认为公共物品指作为全社会成员共同使用产品的集合总称，公共物品的提供和使用不会影响其他人对它的消费，同时也不会排除其他人对它的消费，因此公共物品具有典型的非竞争性和非排他性属性。基于此，公共物品一般具有外部性，如生态资源环境便是典型的公共物品。一方面，人类生产活动会对生态环境造成影响和破坏，产生生态环境的负外部性；另一方面，人们通过修复和改善生态环境质量，使大部分群体因良好的生态环境而受益，产生生态环境的正外部性。因此，生态资源环境兼具正负外部性特征。为避免公共物品搭便车和公地悲剧问题出现，公共物品大多由政府来提供。当出现市场失灵现象时，需要权衡各项政策手段的成本和收益，并选择行之有效的政策来解决外部性的内部化问题。

20 世纪 60 年代开始，以布坎南、塔洛克为代表的公共选择学派，针对庇古外部性等因素引起市场失灵，政府应当干预经济的观点展开了研究。他们认为，政府并不能像庇古的传统外部性政策或凯恩斯国家干预主义所设想的那样，利用国家强制力量主动纠正市场失灵，并将实现社会资源最优配置作为自己行动的目标。相反，政治家和选民都是追求自己利益最大化的"经济人"，政府规制就不仅不能纠正市场失灵，反而会扭曲资源配置，带来更严重的问题。因此，传统外部性政策难以达到预期目的，这是政府失灵的根源。以此为据，布坎南和塔洛克分析了政府行为外部性问题，得出了"政府干预失败"的结论，只是他们对这种外部性的分析还不够明确和系统。

20 世纪 70 年代后，随着区域经济学、空间经济学等学科对外部性理论的研究，集聚外部性理论逐渐兴起，基于城市和产业集聚的形成机理。杜兰顿（Duranton）和普加（Puga）认为城市微观主体由于经济活动的地理距离相近特性，能在集聚区内获得额外收益。但集聚效应通常使城市或产业发展受限于城市边界内部，集聚外部效应会随着距离出现而发生迅速衰减的现象。各城市活动产生的外部性，使得城市发展越发地依赖建立和维持与邻近的城市、遥远的城市网络关系的能力，集聚外部性理论仍需考虑城市空间网络的影响。

1985 年，卡茨（Katz）和夏皮罗（Shapiro）在外部性理论基础上，开创性地提出了网络外部性的概念。他们认为，一旦网络消费者比例达到某个特定的临界值，那么就会显示出网络外部性的作用，从而吸引更多的人加入进来。网络外部性可分为直接网络外部性和间接网络外部性。网络外部性由网络市场规模产生，由于网络自身的系统性、网络内部信息流的交互性和网络基础设施长期垄断性的特征，网络可以产生外部经济。目前网络外部性的理论研究聚焦于企业之间和城市之间的知识溢出、科技创新的知识溢出、企业利润和最优定价决策等方面。基于网络外部性理论，不同主体的概念相应被提出，其中城市网络外部性认为随着交通条件和网络连接的极大改善，经济活动和技术知识溢出就不再仅局限于集聚外部性特征。企业之间或城市之间想要实现协作与分工，便可以借助关系网络去实现跳跃式的网络化外溢。

另外，张五常和杨小凯基于对传统外部性理论的批判，形成了内生外部性理论，他们认为传统外部性理论存在概念不清晰、概念无意义等问题。杨小凯在《新兴古典经济学和超边际分析》一书中提出，在交易成本为零的情况下，任意的产权选择均能导致资源配置达到帕累托最优。既然交易成本为零，就不存在外部性，或者说外部性概念是没有意义的。另外，传统的外部性问题的实质是交易费用问题，即节省界定产权的外生交易费用与节省产权界定不清引起的内生交易费用之间的两难冲突问题。那么有了交易费用概念就不需要外部性概念，应该用内生交易费用与外生交易费用来替代外部性概念，或者说把外部性内生化。

在解决外部性问题上，新制度经济学家科斯从产权和交易成本的视角研究外部性问题，他提出政府干预不一定优于市场交易的思想，主张按照成本最小化的原则在两种外部性解决方式中自由选择。他认为在交易费用为零的情形下，无论权利如何界定，均可以用自愿协商、市场交易等方式解决外部性问题，达到资源的最优配置，而不需要利用庇古税；而当交易费用不为零时，解决外部效应的内部化问题需要通过各种政策手段，此时庇古税或许是有效的。可见，科斯在庇古的外部性理论的基础上进一步扩展了外部性的解决对策问题。现今环境保护领域中，排污权交易制度就是科斯理论的一个具体运用。从此，科斯式方案和庇古式方案成为解决外部性的主要方法。

从外部性理论的演变和主要观点分析来看，外部性理论与公共物品的属性、产权分配、市场失灵、区域经济、政府行为、帕累托最优等主题密切相关，这些都是生态产品价值实现过程中的基本问题，准确理解这些问题将对生态产品价值实现的路径选择提供新的视角。

三、公共产品理论

由于生态产品价值的受益方主要是人类社会，因此生态产品具有显著的公共产品属性，或者说生态产品是人类集体的消费品。如何认识这类消费品，不得不触及基本产权理论。休谟在《人性论》一书中指出，两个邻居组成的"集体"因其较为容易了解对方心思，所以针对共有草地排水的协议也易被执行，但当集体人数较多时，要使大家都形成并执行这个协议便有较大的困难，容易出现"集体困境"。休谟通过举"草地排水"例子引入了集体消费品的概念，指出独立于当事人的政府能够保障公共草地排水的协议的执行，从而说明了政府在提供和维护公共物品上具有优势。对于以集体消费品为雏形的公共物品，萨缪尔森在《公共支出的纯理论》中有具体的内涵界定。萨缪尔森将公共物品定义为每个人对这种物品的消费，都不会导致其他人使用该物品的权利减少。公共物品具有非排他性、非竞争性的特点。非排他性体现在一个消费者使用某公共物品时并不阻碍他人使用，每个个体都具有同等享用该公共物品的利益。非竞争性体现在一个消费者在使用某公共物品时并不会减少该公共物品对其他消费者的供应，也就是每个消费者都能从某公共物品中获得相同的收益。同时公共物品可分为纯公共物品和准公共物品。纯公共物品满足非排他性和非竞争性的特点，准公共物品是在一定程度上具有非竞争性，然而当消费者到达某一临界点时，该物品则具有竞争性。生态公共产品满足非排他性和非竞争性的特点，即无论是由政府还是私人提供，个体消费某生态公共产品时，不能拒绝他人消费该类产品，并且也不会减少该类产品对其他消费者的供应。生态准公共产品则在消费上具有竞争性和非排他性，如森林、流域等对消费者来说可能存在竞争性。生态公共产品中纯公共物品的性质决定了其由政府直接提供，生态准公共物品则除政府提供外还可以由市场主体提供，通过发挥非政府组织或其他个体在市场中的作用，提供能够满足公众需求的优质产品。生态准公共物品为生态产品市场化和生态资本产业化发展提供可能，从而为生态资源的可持续利用带来积极作用。

四、价值理论

在前述理论介绍基础上，本节将重点从经济学角度阐释何谓生态产品的"价值"、经济学语境下的价值应用在生态产品场景中有什么意义。首先是关于价值理论，当今经济学界存在三大理论体系——马克思的劳动价值理论体系、新古典经济学的均衡价值理论体系和斯拉法的价值理论体系。马克思劳动价值理论、新古典均衡价值理论以及斯拉法价值理论都是通过价值理论来说明人与人间的相互关系，但是他们对价值的定义和描述却不在一个层面上。

马克思劳动价值理论认为，价值反映的是交换背后人与人之间深刻的社会关系，是人与人的关系。马克思找到了相对交换比例背后的绝对量，并以此将价值定义为"凝结在商品中的无差别的人类劳动"。马克思认为，商品价值是由社会必要劳动时间决定的。而社会必要劳动时间，是"在现有的社会正常的生产条件下，在社会平均的劳动熟练程度和劳动强度下制造某种使用价值所需要的劳动时间"。一种商品之所以能够与另外一种商品相交换，是因为这两种商品所包含的一般人类劳动量相等，因此，商品交换背后的真实尺度并不是商品的使用价值。

新古典均衡价值理论是英国经济学家马歇尔在综合生产费用价值理论、边际效用价值理论和供求价值理论的基础上创建的，所反映的更多的是人与物之间的关系，是人们的需要程度与物品稀缺程度或者获得物品难易程度的关系，是人与自然的关系。在均衡价值的决定中，一边是人们的需求以及这种需求的满足所带来的效用，另一边则是供给，是人们为满足这种需求所付出的代价。虽然说商品的价值是由供需两方共同决定的，但是均衡价值的决定核心还是在于需求。也可以说，均衡价值决定是满足社会需求所带来的效用与满足社会需求所付出代价之间的成本—收益的计算，其所反映的正是某种物品与整个社会需要的关系，是人与自然的关系。因此，新古典均衡价值理论并不像马克思劳动价值理论那样追求相对价值背后的绝对量。在新古典均衡理论中，价值更多地表现为某一物品交换另一物品的比例，而这一比例所反映的正是这两种物品在市场中的稀缺程度或重要程度。

斯拉法虽然没有提出明确的价值定义，但是斯拉法价值理论的实质更接近于新古典均衡价值理论。也就是说，斯拉法价值理论中的价值是在整个经济体系均衡运行时，一种商品交换另一种商品的比例关系，是一种相对价值。这一比例是由在生产过程中的技术条件与物质补偿条件决定的，其反映的是整个国民经济运行时，价值作为一种调节比例如何使国民经济达到均衡状态。

效用价值论（utility theory of value）以物品满足人的欲望的能力或人对物品效用的主观心理评价解释价值及其形成过程的经济理论，它同劳动价值论相对立。马克思主义的劳动价值论的伟大历史意义在于通过对商品价值的分析，发现了剩余价值的来源，揭露了资本家剥削工人的秘密。这种冲突范式的革命理论目的在于揭示社会生产关系即人与人的关系，"劳动价值概念的本质在于它体现着人与人之间的关系，只有在考察人与人之间的关系时它才是唯一的决定因素。一旦转而考察人与物的关系，劳动就不再是唯一决定这种关系的因素了，必须同时考虑到物和自然方面的因素对这种关系的作用"（刘骏民，2001）。对于自然资源价值的认识与利用，表现了典型的人与自然的关系，它不是马克思主义政治经济学考察的对象，也不是劳动价值理论所要解释的范畴，在劳动价值理论中自然资源的价值是缺失的。按照马克思劳动价值理论对商品价值的基本判断，天然存在的自然资源因为不是劳动产品，没有人类的劳动物化在其中，虽然有用，但却是没有（经济）价值的（罗丽艳，2003）。

生态产品价值形成的理论基础是效用价值论，效用价值论认为，人的欲望及满足是一切经济活动的出发点，也是包括价值论在内的一切经济分析的出发点，价值的形成必须有两个前提：一是产品或服务能给人类带来效用，二是产品或服务必须是稀缺的。这一理论为生态产品货币化价值的形成提供了客观、完整的理论支撑。近年来，越来越多的基础科学研究证明了生态产品对人类生存和发展的重要性，其能给人类带来效用是毋庸置疑的。此外，社会经济的发展以及生活观念的转变导致了人类对优质生态产品的需不断增加，使得生态产品的稀缺性日益凸显。因此，生态产品之所以能进行货币化价值核算，正是来源于其有效性和稀缺性。

自然资本之所以能进行核算主要源于其对人类具有惠益性和稀缺性。生态系统生产总值核算，又称生态产品价值核算或生态系统服务价值核算，是指在一定时间和空间范围内，生态系统为人类提供惠益的经济价值之和，包括产品提供、调节服务、文化服务等方面。

生态系统的生物、物理结构和物质流、能量流、信息流过程形成了生态系统功能单元，各功能单元保证了生态系统物质产品和非物质服务的供给。在一定条件下，生态系统物质产品和非物质服务具备了满足人类需求的能力，就可以对其进行货币化价值评估，之后，再设计合理的交易机制，生态产品价值得以实现（李宇亮与陈克亮，2021）。

生态价值是人类生存和发展的基础，经济价值必须服从于生态价值，社会经济活动必须在生态环境的承载力范围内，这样才能够保持生态经济的良性循环，促进生态系统的健康发展。另外，在对生态价值评价、核算时，不同流派的观点不同。重农学派和马克思的政治经济学为揭示生态价值的本质提供了重要的理论基础，福利经济学也为生态资产的评价、管理提供了一定的理论依据。即在生态资产的评价、管理中，应该从生产成本的节约和剩余价值的增加来考虑，并在管理中追求生态价值增值的提高和帕累托最优状态。这种生态价值的帕累托最优可以解释为：任何人对生态资产利用的改变都不可能使其他任何一个人的生态福利变得更好而不使其他任何一个人的生态福利变得更坏。我国的李金昌将劳动价值论和效用价值论结合起来，并建立了生态环境价值论，对生态价值评价、核算有一定的参考价值（张颖与杨桂红，2021）。

传统经济学的价值观认为没有劳动参与的东西没有价值，或者认为不能交易的东西没有价值，总之都认为天然的自然资源和环境没有价值。环境资源无价是传统经济学和传统价值观的一个重要缺陷。实际上我们可以把劳动价值论和效用价值结合起来，确立环境价值的观念、理论和方法。这样确立的环境价值的价值相当于劳动价值论中的使用价值和效用价值论中的效用价值。据此，环境的价值首先取决于它对人类的有用性，其价值的大小则取决于它的稀缺性（体现为供求关系）和开发利用条件。因此不同的时间不同的地区、不同的质量，环境价值是不同的（李金昌，2002）。

第二节　生态产品价值实现的经济学理论阐释

一、生态产品价值实现中的经济学属性

基于上述理论的梳理，我们基本可以构建生态产品价值经济学理论框架。本节归纳了生态产品价值的六类经济学属性。

第一，生态产品价值的实现首先要依赖于良好生态环境禀赋基础。根据生态学相关理论，健康的生态系统直接或间接地为人类提供的物质产品与服

务产品。马克思在《1844年经济学哲学手稿》中写道："劳动发生的变化和自然翻天覆地的改变息息相关。自然的性质决定了自然具有人类需要的生产必备的原材料，比如，水、光能、木材等。"马克思提出"自然发展的历史远远长于人类发展的历史，自然通过劳动产品进入人类的日常生活，从而产生了人类的历史。所以自然是人类自身的一部分，人类的发展离不开自然"。在未来倡导生态优先、绿色发展的文明社会，生态产品及其价值实现无疑是生态文明和社会经济发展的重要基石。我国还处在工业（或后工业）发展阶段，工业产品仍然占据着主导地位，其价值实现过程基本统领整个价值实现机制，生态产品的价值实现还处于探索和初级阶段。从目前生态产品价值实现的相关实践来看，主要是基于现有资源禀赋来实现的，地区差异和资源禀赋决定了其不均衡，如有的地区利用天然资源，发展类似农副产品加工、乡村旅游等产业；有的地区则针对环境污染进行综合整治，通过景观提升、地块开发等进行价值提升。但更多地区则无资源和条件，不均衡非常严重，必须借助国家战略和整体规划，从更高更宽的领域来实现生态产品价值的提升和实现。如何寻找一条可操作、均衡发展的生态产品价值实现机制，这是生态文明建设中必须面临的重大挑战和课题。

　　第二，不同人类发展阶段会产生不同的生态需求，影响生态产品价值的实现。对生态环境、天然无污染食物的追求和期许，应分清生态产品的需要和需求之间的关系，人们对于生态产品的需要是对美好生态环境宜居宜业的向往，而需求则隐含着目前能够达到的科学技术能力和经济承受能力。自全国开展污染攻坚战开展以来，从制度法规、工程措施、督察整改、综合整治等方面开展了一系列举措，生态环境质量得到了很大的改善，但"还欠账""补短板"的思路依然存在，主要满足了人们对于大气、水、土壤、固体废弃物等要素的治理。但生态产品的需求既包含生态绿色要求，更注重生活工作的舒适性；从体验感角度出发，超越了自然要素的基本功能，而要发挥自然要素的审美功能，这部分价值的挖掘、转化和释放，则是上升至福祉层面的高标准要求。因此生态产品的价值实现，不是一蹴而就的，而是根据不同阶段人们的生态需求，循序渐进式实现的。例如江苏省徐州市潘安湖，将之前的采煤塌陷区进行生态修复，将千疮百孔的塌陷区建设为湖阔景美的国家湿地公园，推动区域产业转型和乡村振兴。该案例便是根据资源利用的不同阶段，因地制宜地"化腐朽为神奇"，将生态资源的使用价值到观赏价值分阶段体现。

第三，生态产品价值的实现存在的时空性。如在跨界流域水环境治理中，通常采用"生态补偿"的机制，这就是一种在空间层面的价值转化，上下游协商水环境治理的标准、机制，补偿的标准和资金来源，从而在空间上将生态产品的价值得以实现。例如，目前正在开展的土壤环境治理，许多工业遗留场地或矿山开发的遗址，需要进行复绿。由于历史久远，许多责任主体无法追溯，通过"土地整治＋地产开发"的形式，将废弃的棕地进行土壤修复，符合人类健康标准后重新收储，进入土地市场进行流转。这便是将生态产品在时间和空间上的价值进行了挖掘和体现，既更好地调动了各方参与生态环境建设的积极性和主动性，也遵循了生态产品自身全生命周期的螺旋式进步和发展规律。例如江西省赣州市统筹推进山水林田湖草生态保护修复，将遗留污染的土地修复后整理为工业园区，引入社会资本建设光伏发电站，将油茶种植、体育健身等产业逐步引入。带动当地就业和税收，实现"变废为园、变荒为电"。

第四，生态产品价值的实现，应把握人们的需求弹性。有些生态产品如农林产品、稀有资源产品，此类生态产品范围比较广，主要是满足人们对高质量生活的需求，具有一定的市场议价空间和价格弹性，对于此类价格较敏感的生态产品，基本可以实行放开价格的策略，走市场化运行模式。对于那些涉及民生和大众需求，对社会发展有重大影响的生态产品，市场价格的波动会对社会产生较大影响，反而显得不太敏感了。但此类生态产品对改善人们生活品质和发展需求却是迫切的，如水资源、森林资源等，应归类为"奢侈品"和"必需品"，可以在政府指导价格的基础上，来实现生态产品的价值。这样既较好地解决了生态产品价值的实现问题，也确保了社会生态环境的均衡可持续发展。例如福建省南平市构建"森林生态银行"，将碎片化的森林资源进行集中收储和整合优化，将需求弹性不那么敏感的资源打包，引入社会资本和专业运营商管理，发挥其重要的生态价值。

第五，生态产品价值实现在各环节都存在动态均衡。生态价值实现方式最终是通过人们的感受、社会福利的最大化进行界定的。若将生态产品价值实现的全过程解析来看，从生态要素到产品再到价值，在全生命周期的每个环节都有自身的价值，且不是均匀和静态的，而是稳态均衡的。如在生态层面上，生态系统的平衡（或均衡）要求对生态环境资源的科学使用，否则会破坏生态系统平衡；生态环境资源转换为各种"生态产品"的过程中，生产的成本与收益要在边际上维持均衡；在"价值"层面，生态产品的收益"价值"，需要与社会其他部门的"价值"相均衡，否则就可能造成"失衡"，容易引发生态资源开发利用的矛盾和问题。最后则是"价值实现"这个环节，其背后也隐含着对成本收益关系的考量。目前之所以还没有在生态产品价值上找到"实现"机制，原因是代价过大了，难以靠自身价值的实现予以消化，这又是一重选择均衡。要真正做到生态产品价值实现，前提是要实现这多重选择的均衡，且缺一不可，是相辅相成、互为约束条件的。比较典型的实践便是浙江丽水的"两山银行"和"生态信用评价"。2019年11月丽水市雾溪乡以水源地环保为切入口，发布生态信用正负面清单，将垃圾分类、五水共治、环境整治、乡村治理等方面逐条量化计分。将生态资源保护与基层治理相结合，将治理生态的成本与民生治理的产出相比对，在动态平衡中收获经济效益和社会效益。

第六，生态环境容量使得生态产品价值的实现存在消费边界。由于自然资源尚无明确的价格信号，而人类对生态产品的消费和偏好总是在变动的，自然资源的稀缺性和外部性的存在，导致生态产品并不是消费越多越好，生态资源的有限和环境容量的有限，框定了可消费生态产品的规模，使得人类社会在获取价值时需形成一个特殊的消费约束机制，即在环境容量、资源条件容许的框架内，进行资源要素使用的路径选择，找到环境效用的无差异曲线和预算控制线，起到引导和控制消费的作用，确保生态资源的利用处于良性循环状态。人们在开发和利用自然资源时，需要基于所在地区的自然资源进行预算控制，目前许多地区进行"自然资源核算"的目的就是摸清资源家底，有效控制对地方资源环境利用的强度，简单说就是要用法制和经济手段来抑制超出资源循环条件的生态资源消费。例如湖北省鄂州市积极探索生态价值核算方法，将地区内自然生态系统提供的各类服务和贡献分别量化记录，再通过统一调配、生态补偿等方法进行价值的利用；通过量化计算，及时跟踪研判地区内自然资源变化，适时处置出现的苗头性或倾向性问题，确保资源利用和生态保护处于较为科学合理的可持续状态。

通过上述分析，生态产品价值实现具有丰富的经济学特性，但理解其经济学内涵应将其置于生态学的框架中进行阐释。

二、生态产品价值实现的"双重性"

1997 年科斯坦萨等在论文中，将地球生态系统服务分为食物、原材料、气候调节、水文调节、干扰调节、土壤形成、养分循环、废物处理、娱乐、文化等 17 种类型，运用环境经济学方法对全球自然生态系统服务价值进行了评估，生态系统服务的价值评估成为研究热点。根据《国务院关于印发全国主体功能区规划的通知》，我国首次在政策文件中明确了"生态产品"的内涵，其中提到生态产品的生产以自然生态系统的生态生产为主，即生态产品的核心"提供者"是自然生态系统本身，而不是人类，人类更多的是从自然生态系统"租借"生态产品。王金南等根据丽水、湖州等地的实践，将生态产品（ecological products）定义为"生态系统通过生态过程或与人类社会生产共同作用为增进人类及自然可持续福祉提供的产品和服务"。生态产品范围主要包括清新的空气、清洁的水源和宜人的气候等，一般与农产品、工业品和服务产品相对应。生态产品价值可以理解为生态产品在一定时期内所提供的经济价值量。作为产品，生态产品的经济价值表征为使用价值，能够满足人类对生态环境的特定需求，直接或间接凝结着人类的一般劳动。此外，生态产品价值也反映了人与自然之间物质变换和能量流动的客观规律和生态产品的价值来源。因此保护生态就是生态价值和生态资本增值的过程，就是保护和发展生产力。生态产品价值实现途径，主要有政府途径和市场途径两大类。通过综合发挥政府"看得见的手"和市场"看不见的手"的共同作用，以此来实现资源到资产的转化。生态产品价值转化还可以通过建立"政策工具—生态系统格局—生态系统过程—生态产品"关联，使生态产品价值内化于决策过程和行为过程，实现更多优质生态产品的有效供给。

依据产品的人类参与程度，生态产品可分为生态系统直接生产的初级生态产品和基于初级生态产品的市场开发经营形成的衍生性生态产品。例如人类从生态系统中直接获取的生产材料（林木、水源、土地等），对生态产品进行初级加工，这就属于初级生态产品；当进入市场交易或通过协议支付，生态产品便进行了衍生性开发。在价值实现模式方面，张林波等（2021）通过参考国内外生态产品价值实现方面的资料和实践，并结合《关于建立健全生态产品价值实现机制的意见》，总结出了国内生态产品价值实现模式包括生态保护补偿、生态权益交易、资源产权流转、生态载体溢价、资源配额交易共五大类。依据产品的市场属性（竞争性和排他性等特征），生态产品可分为纯公共型生态产品、准公共型生态产品、经营型生态产品三种类型。根据自然资源部近年总结的三批生态产品价值实现的典型案例，主要将生态产品分类为：公共型生态产品、经营型生态产品和准公共型生态产品。在价值实现方式上，包括生态资源指标及产权交易、生态治理及价值提升、生态产业化经营和生态补偿。

其中，公共型生态产品是狭义的生态产品概念，主要包括大自然中的空气、水、土壤、树林及其形成的不同生态气候、生态环境，是具有很大包容性、和谐性、纯净的公共产品。一般来说，此种生态产品不能像其他生态产品或者商品一样通过交易从而实现经济价值，在此定义下的生态产品是具有地区共同性的，其产权不归任意一方。经营型生态产品是通过交易市场形成的产品价值，例如树木、竹子、稻草以及各种生物原料，这些是看得见摸得着的实物类生态产品。再如依托生态环境开发出来的文化产业以及旅游产业。例如当今各地乡村振兴的形式之一农家乐就是一种现代化的经营型生态产品。现在经营型的生态产品已经是国民经济分类中的一部分，是一种更加被正确对待、被更多人认可的生态产品。准公共型生态产品是具备更多限制条件的生态产品，可以像经营型生态产品一样通过一些制度在市场上进行规范交易。而这些产品一般都是人类通过发展而创造出来的全新的生态产品，并不是通过改造已有的某项资源而推出的。例如碳排放权和排污权是典型的准公共型生态产品，在当前的市场机制下，政府设立的合理的交易市场让他们能够被公允交易。碳排放权由于具有可交易的经济价值，被众多企业看作一个减少排放提升社会形象以及实现经济价值的一石二鸟的存在。

从市场属性来看，生态产品中的生态调节服务大多属于公共产品，而生态物质产品、生态文化服务更多属于公共资源类产品。生态产品多具有正外部性，外部性会导致市场失灵，解决办法主要在于将其外部性内部化，生态产品价值实现则是解决环境外部性、保护生态系统功能和完整性的重要机制，因此形成的产业也具有正外部性特征。生态产品价值的实现，无疑是解决正外部性问题。通过生态产品的制造导致社会收益大于行为者本身得到的收益，给社会提供了额外的好处，即社会收益大于个人收益，社会边际收益大于个人边际收益。生态产品价值实现便是通过形成的社会收益大于个人收益，形成生态产品价值实现的正循环。

前文谈到，外部性理论的演变，主要解决的就是如何将经济活动中外部性因素内部化，进而能将外部化的那部分成本度量出来。根据当前披露的一系列生态产品价值实现案例来看，有依托地区独特自然禀赋进行产业转化，也有培育生态产品市场经营开发主体，盘活存量资源，推进相关资源权益集中流转经营。这些做法都是试图将山水林田湖草等生态环境要素作为一类生产要素纳入生产、分配、交换和消费等社会生产全过程。生态产品作为一种新的产品形态，既有经济活动自身可能产生的外部性，也有作为生态类产品产生的外部性。这些与生态产品的范围和分类密切相关。虽然前述三类生态产品在价值转化选择了不同模式，但在价值转化活动中，生态产品既有可以直接使用的生态农产品、木材、天然药材等有形产品，还包括文化审美、气候调节、生物多样性等无形服务，生态产品体现出了保护主体自身的受益，又同时对外部主体产生了积极影响，体现了产品自身的商品价值和改善生态环境的外部价值，前者的受体是个体，后者的受体是社会，这两部分价值都应该归结为生态产品的价值。生态产品价值转化中"额外"的那部分外部性效应，使得其价值表现出典型的"双重性"特征。

第三节 生态产品价值实现的经济学机理

一、生态产品的"混合品"属性及局部均衡

经济学在对传统物品的分类中常常以"排他性"和"竞争性"作为标准分为四类,即具有竞争性和排他性的私人物品、具有竞争性和非排他性的公有资源、具有排他性和非竞争性的自然垄断、既是非排他性又是非竞争性的公共物品。竞争性是指增加一个消费者就会减少其他人对于这些商品的消费;排他性是指当消费者获得商品时,便成为个人消费品,导致其他人不能获得该商品的消费利益。

当该标准运用在生态产品的分类中,我们会发现由于生态产品的双重性价值,造成排他和竞争两个标准具有很大重叠性。针对经营型生态产品,产权较为明确,大多通过生态产品的经营开发模式进行价值实现,如许多林农承包了生态林场,获得了林场的使用权,通过造林养林与再加工形成品质优良的林木产品在市场中买卖,产生了直接商品价值,但在林农们日常种植维护林场的同时,又间接地调节了该地区的生态系统,形成了物质循环、能量流动和信息交换等,构成了复合生态系统,此时的经营型生态产品价值在转化时表现了个人商品的直接价值和生态系统的生态价值。在此过程中,生态产品形成的商品价值存在竞争性和排他性,其外部性效应的生态价值又体现了非竞争性和非排他性,这两种特性在价值转化中混合在同一种生态产品中,使得生态产品具有了混合性特点。

公共型生态产品,主要是指那些生态系统直接生产的初级生态产品,如大自然生产的空气、水、海洋、树林、生物多样性等,并创造出了各种不同的生态气候、生态环境,这类生态资源的保护修复,大部分是通过政府投资进行,例如污染治理设施的投入建设、黑臭水体的治理、雾霾的治理、大面积国土绿化建设等,这类产品的价值大多是通过正外部性实现,形成了清新的空气、清澈的河流、美丽的景观。同时调节了气候、优化了生态系统。消

费人群在使用时既有非排他性也有非竞争性，是标准的公共资源品。但这种产品主要依赖于自然界产生的初级产物，难以通过市场交易实现经济价值，主要依赖政府路径实现。价值支付形式有转移支付、生态补偿及定向支持生态保护的政府性专项基金等。依靠政府主导投入而形成社会价值的模式，依然没有形成产品价值实现的良性循环，或缺乏对受益者参与投入的激励，因此这种非排他性和非竞争性是针对集体消费者而言的标准，并不是针对个体消费者的标准。

准公共型生态产品，是指在政府管制下可通过税费、构建生态资源权益交易市场实现价值。当部分公共型生态产品在满足产权明晰、市场稀缺、可精确定量3个条件时，可通过收取税费或开展生态资源权益交易等方式实现价值，价值支付形式为生态环境资源税费及相关权益的市场交易价格，在国家方案中被描述为"鼓励通过政府管控或设定限额，探索绿化增量责任指标交易、清水增量责任指标交易等方式，合法合规开展森林覆盖率等资源权益指标交易"。碳排放权交易机制、碳汇权益交易试点、排污权交易、用能权交易机制、水权交易机制等便是典型的准公共型生态产品。该类产品一般都是人类通过发展而创造出来的全新的生态产品，是在某种设定的制度下形成的产物，并不是通过改造已有的某项资源而推出的。在当前的市场机制下，政府设立的合理的交易市场让他们能够被公允交易。这类产品是在政府管制下产生了排他性和竞争性，是人造市场中产生的产权。

基于上述讨论，我们可以进一步分析这三类生态产品实现局部均衡的异同点。对于公共型生态产品，可以将视其为公共物品，在消费上具有非排他性，这就决定了消费者可以共同消费既定的数量。公共物品的市场需求曲线是由所有消费者的需求曲线纵向加总得到的，即对于既定的数量加总所有消费者愿意支付的价格。由公共物品的市场需求和供给可以决定市场的最优数量。市场上所有个人对一定数量的公共产品所愿意支付的价格（即每个人愿意提供的税收价格）由不同个人的需求相加得到。这是因为每个人所能支配的是同样数量的公共产品，但他所愿意支付或者能够支付的价格量是根据社会成员获得的平均收益程度，即社会平均边际效用决定的，这点是由公共产品本身性质所决定。

而具有混合品属性的经营型生态产品，最优数量也是由市场供求均衡所决定的。从经济学意义上讲，生态产品或服务的供给数量与其价格水平相关，运用供给与需求曲线分析可以发现，当生态的社会边际收益这种正外部性内部化之后，市场上将会供给比之前更多的生态产品或服务。生态正外部性的内部化程度越高，则供给的生态产品数量越多，越能接近全社会的最优供需平衡状态，如图 2-1 所示。

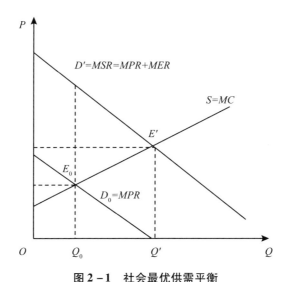

图 2-1　社会最优供需平衡

在这个市场中由于正外部性效应所致，产品的供给效率大于需求效率，但这类生态产品的收益可以分割为公共部分和私人部分。如果完全实行市场配置，市场均衡即为供给曲线与需求曲线的交点，但这种混合品存在对社会的外部性效应，且效应越强，公共价值部分越强，社会均衡所需此类混合公共品越多；而私人市场提供市场收费将变低。虽然实现社会供求均衡时，经营型生态产品可以对其可分割的私人收益实行市场交易获取收益，但如果完全依靠市场，该类产品的公共价值部分又将出现重供给不稳。例如对于林场经营中出现市场萎缩，维护林木的意愿可能下降，间接导致生态系统保持的不确定性，此时必须通过公共部门介入完善市场资源配置，通过补贴、降税、金融资助等手段进行帮助。

二、外部性前提下的生态产品产权分配

在国家方案中，首要便是"建立生态产品调查监测机制"，要求进行自然资源确权登记，通过清晰界定自然资源资产产权主体，划清所有权和使用权边界，合理界定出让、转让、出租、抵押、入股等权责归属。由于生态产品大多为自然要素，其外部性受体覆盖面广，在进行产权界定过程中会遇到许多困难。

科斯从产权和交易成本的视角研究外部性问题，认为在交易费用为零的情形下，无论权利如何界定，均可以用自愿协商、市场交易等方式解决外部性问题，达到资源的最优配置，而不需要利用庇古税；而当交易费用不为零时，解决外部效应的内部化问题需要通过各种政策手段，此时庇古税或许是有效的。但无论是庇古式还是科斯式，在面对生态产品价值实现的问题上都会存在捉襟见肘的困境。基于新古典经济学完全竞争的前提，庇古认为政府可以有效解决市场失灵导致的外部性问题，其解决思路的主要成本是合理税收或补贴的政策制定成本，这需要准确掌握生产的私人成本和社会成本。但在实际情况中，由于信息不对称，政府很难判断边际私人—社会生产成本差额，例如不同自然要素形成的生态产品，种类众多且市场供需并不成熟，价值的识别和认定还不能完全依靠市场进行判断，这便很难获取真实有效的信息，此时实施补贴政策成本非常高。而对于科斯方案，认为解决外部性的主要成本是产权界定和私人谈判的成本。正外部性往往不能通过市场交易直接体现而是需要规制约束发挥其综合效益。准公共型生态产品的价值便是利用生态产品市场交易和生态资源的产业化经营两类市场途径有效释放。生态产品市场交易即通过培育市场、明晰产权，实现生态产品外部性的内部化，其价值可通过市场化路径来实现，如碳汇交易、排污权交易等模式。但对于公共型生态产品，将会产生较大的正外部性效应，受体很大部分为集体而非私人，例如生态系统服务价值、生物多样性价值等，无法清晰界定其产权，更无从建立相应的交易市场，即使进行市场交易成本

也太高。因此，按照科斯的外部性治理方案，实现这类生态产品价值难度也很大。

另外，按照科斯解决外部性的观点，在零交易费用条件下，初始产权归属并不重要，只要初始外部性权利明晰，交易双方关于法定初始权利的交易谈判达成一致，其结果总能使资源配置达到最佳。但在生态产品价值实现中可能会出现尴尬的情形，即使初始产权界定清晰，并不能使资源配置达到最佳。但科斯没有对产权初始配置带来的社会公平问题进行讨论。例如生态价值实现机制中常见的跨界流域横向生态补偿机制，一般情况下规定，如果跨界断面水质达到考核标准，则下游地区拨付上游地区补偿资金；反之，则由上游向下游缴纳生态补偿款。从科斯理论来看，第一种情形相当于将河流的相关"产权"归属于上游地区，而在第二种情形下河流的相关"产权"则相当于归属于下游地区，但这种供需的形成并非真正意义上的市场资源有效配置，而是一种生态保护工作成效的激励，即使流域上下相关"产权"明晰，但这种模式却忽视了生态保护工作中本应有的"污染者负责"问题，即出现了上游排污下游反而要交钱的不公平现象。因此，在国家的实施方案中，专门设置了"健全生态保护补偿机制"，规定"对于污染环境、破坏生态造成严重后果的应进行惩罚性赔偿"。在社会公平目标下完成产权初始配置，是我国现阶段生态价值实现中需要面对的关键问题。

外部性的存在是生态产品的最大特征，这是最大的交易成本，在此前提下的资源配置，净收益最大化的制度安排，也就是效率最高的制度安排，是产权最优分配选择。对于混合品属性的生态产品，边际生产转换率等于私人边际替代率之和，也就是说公共部门提供的公共品是所有私人愿意放弃的私人品的加总。在此产品的价值转化中，要将部分公共产权让渡给私人产权，从而形成新的产权结构，而这一过程中，交易的结果最终将引导资源流向最有效率的地区或部门，流向能为社会创造更多财富的用户。混合产权或中间产权的出现，都有可能在生态产品价值的实现中出现，这将进一步拓展产权价值的理论。

三、生态产品价值实现中的帕累托最优

在经济学语境下，"帕累托最优"常被视为资源配置最适度状态，或者说"帕累托交换效用最优"作为资源配置效率特殊指代，是指资源分配的一种理想状态。或者可以说，假定固有的一群人和可分配的资源，从一种分配状态到另一种状态的变化中，在没有使任何人境况变坏的前提下，使得至少一个人变得更好。在帕累托最优框架下，所有消费者实现消费福利最大化，所有厂商实现产出和正常利润最大化，所有市场实现最大供求出清均衡，此时社会福利最大化。

生态产品价值实现过程，是将自然资源要素重新整理分配交换的过程。既存在产品的供给方，也存在产品的消费方。若要实现生态产品供需市场的帕累托最优，需要许多前提条件，如要形成市场均衡价格及其价格之比，能够确定供求均衡的最佳产品供给和需求组合，找到最优的生产和交换分配方案，同时实现消费者效用最大化、产出最大化、利润最大化，这才能实现所有市场供求均衡、完全出清。但现实中，生态产品价值实现中普遍存在"度量难、交易难、变现难、抵押难"等问题，正是由于无法对生态产品进行合理定价，导致有一些生态产品（如宣传的有机产品、天然产品、生态旅游服务等）标价过高，造成同样的农副产品贴上了"生态产品"的标签高于正常同类产品一定幅度，无法形成客观上的均衡价格。从消费者角度看，过高的生态产品价格使得所有交换者效用降低，消费更多的生态产品可能意味着只能消费更少的非生态产品，消费边际的替代率降低。而从整体要素市场角度看，商品产出无法实现最大化，单位生态产品的生产会降低原有非生态产品的生产，边际技术替代率下降。从产品市场角度看，劳动力与资源配置会重新调整，用更高的价格提供更少的产品，无法实现交换—生产均衡（唯一点），边际转换率过高，导致生态产品最终过剩，社会福利出现无谓损失。此外，生态产品和服务的正外部性效应，带来了不同受体的搭便车问题，导致事实的需求量大于交易过程的需求量等。由于生态产品主要为正外部性效应，许多需求方隐瞒自己的真实偏好来达到免费获取的目的，这就更加混淆

了生态产品的真实需求，无法达到市场出清的效果。

但是生态产品特别是公共类、准公共类产品，市场上所有个人对公共产品所愿意支付的价格由不同个人的需求曲线垂直相加得到。这是因为每个人所能支配的是同样数量的公共产品，但他所愿意支付或者能够支付的价格量是根据社会成员获得的平均收益程度，即社会平均边际效用决定的，这点由公共产品本身性质所决定。具有一定的社会效益，通过一定的方法测度可能会完全覆盖治理投入的成本，例如推动了社会经济的高质量发展、塑造城乡区域协调发展新格局、提供了人居优美的环境等，这些无形价值效用测算需要在社会整体意义上进行，且这类产品的提供方只能由政府主导，对应的供需不能真实反映市场的均衡。

作为混合品属性的生态产品，在改善区域生态环境时，表现出公共性，其对社会的外溢性收益要大大超过对私人的边际收益。在作为商品进行交换时，又表现出了典型的私人品特征，这部分私人收益是在生态产品作为商品时体现出来的。如果该生态产品的外部性越强，混合品表现出的公共性便越强，社会均衡所需此类混合公共品越多，相应私人提供市场收费越低、公共提供财政补贴越多。基于此，在生态产品价值实现过程中，应区分这类公共收益和私人收益，在实现社会供求均衡时，混合品可以对其可分割私人边际收益实行小部分收费。但如果完全依靠市场，混合公共品将严重供给不足，此时必须通过公共部门介入完善市场资源配置。

四、生态产品的市场流转体系

既然生态产品能够作为一种产品进入人类社会，并且产品价值能够得到挖掘或释放。有必要构建该类产品的市场流转系统，观察这类产品是如何进行市场流通的。生态产品的市场体系是指围绕生态产品所形成的一系列相关组成部分和运作机制，仿照一般商品的流转环节，我们划分了生态产品的配置、生产、分配、消费以及流通五个部分。生产和配置环节中，有些生态产品是大自然的"鬼斧神工"所造就，如中草药、特色农产品、多样性物种等，具有资源产品的特点；而有些则是靠人类活动干预后所"雕饰"而成，比如湿地修复、河流整治、后期进行工程设施的保护形成的自然风光、特殊生态服务功能等。

李双成（2019）提出生态系统服务的研究对象可通过级联框架来展现（见图2-2）。框架的左端是生态系统的结构、组分和功能等自然科学方面的内容，生态学家、地理学家等参与其中；框架中间是生态系统服务；框架的右端是生态系统服务因人类的使用而产生的社会福祉，经济学家、管理学家和社会学家等均参与其中。由此可见，生态系统服务研究是一个涉及多学科的社会—生态系统。在这一系统中，每个学科都有各自的定位和作用。未来在生态系统服务级联框架右端，诸如社会、经济和管理等方面的研究会进一步加强，以促进决策的优化。例如，首要发展目标应以生态系统服务指标为约束条件，从而优化区域土地利用结构。此外，尽管生态系统服务的权衡/协同关系分析较为热门，但目前的研究仅局限于两两生态系统服务之间，未来需侧重于多个生态系统服务之间的非线性关系。

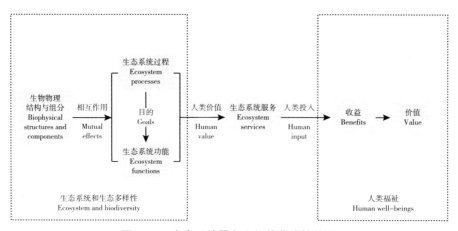

图2-2　生态系统服务之间的非线性关系

基于图2-2，结合一般产品市场机制，我们构建相关生态产品在市场的流转过程，如图2-3所示。

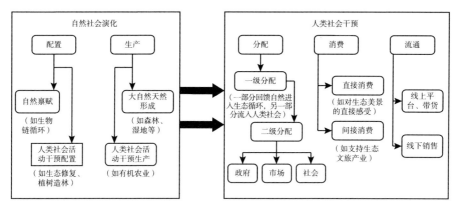

图2-3　生态产品市场体系

具体而言，在生态产品的配置环节中，有一些是自然生态系统天然形成的，比如说山水林湖、矿石、石油等自然资源。自然界中通过自然演化、相互作用、能量流动等形成了天然的生态产品。在这个过程中，大自然通过一系列复杂的生态规律和机制，用"神秘的双手"完成了生态产品的生成和配置。还有一些则是由人类干预、改变形态后进行生态产品配置的。恢复生态学理论告诉我们，生态修复和恢复是人工配置生态产品的主要手段，人工进行生态修复和恢复是为了改善受破坏的生态系统，使其能够重新生成生态产品。这其中包括植树造林、湿地恢复、水域生态修复等措施，或通过引入适应性强的植物和动物物种，重建生态系统结构与功能，促进生态产品的再生产。可以看出，人工进行生态产品配置需要综合运用科技、经济和社会手段，注重生态系统的保护和可持续利用，实现经济发展与生态环境的协调。这样可以确保人类获得生态产品的同时，也保护和传承生态系统的健康与稳定。

而生态产品在生产环节中也受到大自然和人为干预的双重影响。大自然对生态产品的生产有着深远的影响，它通过自然过程和生态系统的运作，直接或间接地影响着生态产品的形成和提供。从生态产品的形成来看，大自然创造出美丽的自然景观和生态系统服务，如森林、湖泊、湿地等，这些景观本身就是一种公共型生态产品，为人类提供休闲、观赏和旅游的机会。大气资源以及水资源不仅为人类生存提供保障，更通过大气循环、水循环对自然界各类生态产品的形成和发展产生了重要影响。大自然中还有许多野生动物和植物资源，如林木、草原、湿地和海洋中的各种鱼类和海产品等，大自然生产的森林资源不仅形成天然的碳权交易市场，更为人类提供木材和木制品等生态产品。这些自然资源是人类生活不可或缺的重要物质基础，同时也是生态系统平衡的体现，各地也能通过发展当地特色自然环境生产的天然药材、天然食品等经营型生态产品实现创收。除了大自然天然生产的生态产品，经过人类研发以及生产的生态产品也随着科技发展逐步在生态产品市场中显现。人为生产的生态产品是指通过人类的努力和干预，创造出具有生态价值和环境友好特性的产品，尤其重要的是通过生态修复和恢复工作，通过植树造林、湿地恢复、水域生态修复等措施，改善受破坏的生态系统，重建生态平衡，维护生态产品发展。此外，有机农业采用无化学农药和化肥的种植方式，注重土壤健康和生态平衡，生产出更健康、无污染的农业生态产品。人工开发和运用可再生能源，如太阳能、风能、水能等，还有各类引入科学技术手段的生态产品。各地生态产品的发展中，通过因地制宜开展生态环境的修复，结合各类产业探索积极开展生态旅游活动也是人为生产生态产品的主要手段，通过保护自然景观和生态系统，提供给游客欣赏和体验大自然之美的机会，同时推动当地经济发展。这些人为生产的生态产品旨在保护环境、促进可持续发展，并提供给人类社会更加健康和可持续的生活方式。

各类丰富的生态产品通过自然和人类的共同生产，在分配环节除了自发的回馈自然环境以外，具体的分配也将由政府、市场以及社会多方共同参与。对于由大自然自发进行的一级分配，从自然界形成生态产品后，一部分生态产品通过生态循环回馈到自然中继续参与生态圈的构建。因为生态产品本身就是源自自然环境的资源或者通过自然过程产生的产品。自然界提供了这些资源，并且在一定程度上具有再生能力。生态产品的分配受到自然资源供给的限制和影响，需要考虑资源的再生速度和可持续利用。依靠大自然生产形成的生态产品在形成过程中也将以各种方式自然分配并回馈给自然。另一部分作为未加工的生态产品流入人类社会进行二级分配，由政府、市场、社会等主体进行二次分配。政府在生态产品的分配中扮演着重要角色。政府通过制定相关法律法规和政策来管理自然资源的开发和利用，以确保公平合理的分配。政府还可能通过税收政策、补贴措施和监管机制来引导生态产品的生产和分配，尤其体现在公共型生态产品市场中政府作为主导方需要统筹规划生态产品的合理分配。此外，市场机制也在生态产品的分配中起着至关重要的作用。市场根据供求关系和价格机制进行资源配置，推动生态产品的生产和流通。消费者的选择和需求也会影响生态产品的分配方式。社会各界包括企业、非营利组织、社区和个人等也会参与生态产品的分配。

生态产品市场体系的消费环节主要由消费者来进行，这里的消费者当然指的是人类社会。在人类对于生态产品的消费感受方面，主要分为直接消费和间接消费。直接消费指的是直接购买或使用来自自然环境中的生态产品或生态服务，这些产品或服务可以带来农产品的使用或自然风光的美感，例如对大自然中的优美景观、清新空气的直接感受和体验，或对于生态食品，天然药材等的直接享受。生态产品的间接消费指的是通过购买或消费与生态产品相关的商品或服务来间接支持生态产品的生产和保护，这种消费方式可以促进可持续发展、保护环境以及支持生态产品产业的发展，比如参与生态旅游项目，体验自然环境和生态文化，同时支持当地生态产品的保护和开发。生态旅游可以促进当地经济发展，提高居民收入，推动生态产品产业的可持续发展。消费者在生态产品市场体系中扮演着至关重要的角色，他们通过购买和使用生态产品来满足自身需求，消费者的需求直接影响着生态产品的市场需求和供给。而在生态产品市场体系中，因生态产品本身兼具环境效益和经济效益，所以消费者在消费过程中除了享受生态产品本身具备的商品属性以及使用价值外，也从良好的生态环境中受益。生态产品市场体系中，政府通过政府补偿等手段促进生态产品的消费环节运转，带动购买消费部分生态产品，积极引导市场消费者关注各地生态产品。

流通环节是指生态产品从生产者到最终消费者的传递过程。随着互联网科技的发展，生态产品市场中的流通手段日益丰富，多地积极采用"政府＋市场"的双路径手段促进生态产品市场流通，生态产品可能通过不同的渠道流通，例如政府平台、线上带货、线下销售等，部分生态农产品的流通更是经由农户、政府、市场多方主题搭建销售渠道，确保生态产品具有可流通性。在流通环节中，由政府进行引导的生态产品，因其环境效益更强，经济效益不易发挥作用，可以通过政府构建当地特色的销售平台进行流通，同时结合线下旅游业拓展销售渠道。对于市场引导的生态产品，如经营型生态产品则可以通过一般商品流通渠道进行销售，实现经济效益创收。

综上所述，生态产品市场体系由大自然和人类社会两者共同形成，基本逻辑是大自然提供原始自然资源要素和环境要素，人类通过现代工程、商业模式对这些资源进行相应的加工、管理和运营，衍生出满足人类日常需要的各类生态产品。生态产品的价值由消费者和生产者共同挖掘释放，消费者购买生态产品，推动生态产品市场的发展，而生产者通过生产高品质的生态产品，满足消费者的需求，并获得市场回报。这样，生态产品市场体系就形成了一个良性循环，促进生态产品的生产和消费，同时也保护着大自然的生态环境。

五、生态产品价值实现中的政府与市场

庇古在论述外部性理论时，认为经济生活中普遍存在的垄断、外部性、公共物品和信息不完全等因素能够使市场机制对资源配置的调节作用在一定程度上丧失效率，引起市场失灵，政府应当干预经济以克服市场失灵。科斯也认为，当交易成本不能为零时，完全依靠市场配置资源就会导致效率损失，也就是市场失灵。但以布坎南、塔洛克为代表的公共选择学派认为，政府过分干预不仅不能纠正市场失灵，反而会扭曲资源配置，带来更严重的问题。

生态产品作为一种特殊产品，因其具有混合品性质，其外部性效应产生的公共性效益，可能使得私人成本大于社会成本，私人利益小于社会利益，此时市场无法形成供需均衡，市场失灵，政府这只"看得见的手"就需要帮助将这部分社会利益内部化，通过政府付费、协议等手段购买这部分社会利益。对于生态产品的价值实现，石敏俊等（2021）认为可以从弱可持续性和强可持续性引申出来两种逻辑，一种是"转化"的逻辑，另一种是"保护"的逻辑。因此，生态产品价值实现有两种不同的路径：市场化路径和政府调节路径。石敏俊（2021）强调转化的时候，需要在弱可持续性理念的指导下，更多地利用市场机制，通过市场化路径，推动自然资本、人造资本、人力资本三种要素的有机结合，使隐性的生态产品价值在市场上得到显现和认

可。强可持续性则是在生态产品初级生产阶段政府调节的过程。

从近年来自然资源部总结的生态产品价值实现机制发现，纵向生态补偿机制是最为典型的价值实现方式，具体做法是通过建立重点生态功能区转移支付分配办法，根据生态保护红线面积、重要性等因素，对生态功能重要地区实施差别化补偿。许多国家重点生态功能区大多为高寒山区，少数民族地区，革命老区，由于远离中心城市的区位劣势，加上交通不便，大部分区域属于限制和禁止开发区，经济社会发展水平，基本公共服务方面与优化开发和重点开发区等区域差距拉大。对于纵向支付分配的方法，无法进行纯粹市场化的交易，依靠赋予生态因素进行价值量化，形成生态产品的价值。例如青海省为保护源头水环境，给予三江源地区拨款补偿。这种补偿事实上就是将生态产品的价值以转移支付的形成体现，弥补了市场失灵。又如健全区域合作为主的横向生态补偿机制，该种方式在流域中应用十分广泛，上下游通过园区共建、资金补偿、产业扶持、购买生态产品和服务等多种方式开展，此种补偿将生态服务价值的外部性特征进行了表征和转移，但这种补偿机制用货币度量或政府间交易无法完成，需要依靠政府主导形成区域合作和政府间协议等。

当然，政府的干预并不是万能的，在20世纪60年代，以布坎南、塔洛克为代表的公共选择学派也深入研究政府失灵问题。他们认为，政府并不能像庇古的传统外部性政策或凯恩斯国家干预主义所设想的那样，利用国家强制力量主动纠正市场失灵，并将实现社会资源最优配置作为自己行动的目标。相反，政治家和选民都是追求自己利益最大化的"经济人"，因此政府规制不仅不能纠正市场失灵，反而会扭曲资源配置，带来更严重的问题。对于生态产品，政府会设计供需市场、指引产业方向、初级开发潜藏的价值，这对于公共类、准公共类生态产品尚有帮助，而对于经营类生态产品，政府的过度干预却易产生过度开发、不适宜开发、市场不认可的情况。

无论是什么类型的生态产品，都或多或少具有社会直接或间接外部性效应，尤其对于公共社会效益远大于私人效益的生态产品，理应由公共财政为主导的政府提供（尽管公共财政—私人缴费分担比例不同），因此，这类生态产品的定价原则应该是政府指导价格为主，市场价格浮动为辅助。例如生态水源供水、土壤修复开发等，不应完全采取供求变动的市场价格浮动，而应采取政府指导价格作为定价主要原则。同时，由于在生态产品的二次开发中，如生态水源地周围的文旅开发、修复土地的流转开发等具有显著的市场供求变动特征，市场供求变动导致二次生态治理的成本变动，因此，私人性程度就会发生变动，以市场价格浮动作为生态进一步治理的手段，有助于更好地恢复生态、保值增值。

基于上述讨论，生态产品的价值实现需要通过综合发挥政府"看得见的手"和市场"看不见的手"的共同作用，以此来实现资源到资产的转化，还可以通过建立"政策工具—生态系统格局—生态系统过程—生态产品"关联，使生态产品价值内化于决策过程和行为过程，实现更多优质生态产品的有效供给。

第三章

生态产品价值的评价体系
和核算工具：比较与评析

本章导读： 生态产品价值的核算，始终是当前学术研究和实践探索的难点。但生态产品价值实现如何量化，主要依赖准确客观的价值核算。还需构建科学公正的指标体系进行评价。本章对生态产品价值实现的国内外指标体系进行了梳理和剖析，结合国内的生态产品价值实践，归纳了如何评价生态产品价值实现的方法、如何计量生态产品价值实现的工具等。由于生态产品价值的核算相关研究涉及自然资源资产核算、生态系统生产总值（GEP）核算与生态系统服务价值评估等，目前学术界关注最多的是 GEP 核算体系的建立与应用，近年多位专家学者进行了探索，或从构建指标体系入手，或从市场价值法入手，相关专家都试图通过量化生态产品的价值作为未来价值实现的基础。2021 年，国家发展改革委和国家统计局发布了国内首部《生态产品价值核算规范（试行）》，对森林、草地、农田、湿地、荒漠、城市、海洋七类生态产品实物量和价值量核算进行了方法学规范，但由于生态产品具有显著的自然生态特征，有不同行政边界或生态功能场景，造成具体生态产品价值存在"度量难""交易难"等问题，使得许多价值核算的方法各有利弊。本章梳理比较了当前学术界和实践界已探索形成的方法，并基于环境会计思想提出了生态文旅企业生态产品价值的核算方法和财务体系，并进行了相关案例应用。

第一节 生态产品价值的评价指标体系评析

一、构建评价指标的意义和价值

在现实商品价值核算工作中，往往通过构建一套科学的指标体系进行刻画，表征商品价值的不同维度，进而进行综合价值的核算。编制指标评价体系属于综合评价方法，是指使用比较系统的、规范的方法对于多个指标、多个单位同时进行评价的方法。它不只是一种方法，而是一个方法系统，是指对多指标进行综合评价的一系列有效方法的总称。

综合评价是针对研究的对象，建立一个进行测评的指标体系，利用一定的方法或模型，对搜集的资料进行分析，对被评价的事物作出定量化的总体判断。我们在生态产品价值核算的研究中，建立一套评价指标体系主要存在以下意义：一是由于指标体系的设置具有综合性和系统性，可以避免一般评价方法的局限性，使得运用多个指标对多个单位进行的评价成为可能。二是评价过程也是一种决策过程。一般来说评价是指按照一定的标准（客观/主观、明确/模糊、定性/定量），对特定事物、行为、认识、态度等评价客体的价值或优劣好坏进行评判比较的一种认知过程，同时也是一种决策过程。通过评价判断产品的功能、能级、优劣等。

同时，编制评价指标体系还可以帮助组织或政府确定关键绩效指标，衡量其实现战略目标的效果。根据组织或政府的目标、战略和愿景，以及它所面临的挑战和机会来设计。总之，编制评价指标的意义和价值有以下四个方面。

（1）为实现组织目标和战略提供指导。评价指标可以帮助组织明确目标和战略，并衡量组织在实现这些目标和战略方面的进展情况。

（2）促进绩效管理和持续改进。评价指标可以用于衡量工作绩效，识别问题和机会，并帮助组织制订改进计划，推动持续改进。

（3）支持决策科学制定。评价指标可以为组织提供有关业务绩效的信息，帮助组织制定科学战略和决策，并支持管理层进行决策。

（4）增强透明度和问责制。评价指标可以提高组织的透明度，让利益相关者了解组织工作的绩效和业务状况，并促进问责制。

上述四点对生态产品价值的工作推进同样适用。即制定地方发展生态产品价值实现的战略和目标，促进实现路径的创新和优化，制定相关保障机制，增加价值实现的成效。

二、产品价值的一般评价体系内容与逻辑

为更好理解生态产品价值指标体系的构建思路，本节先梳理一般产品价值的评价体系内容。一般而言，进入社会交易或流转的产品价值分为公共价值（public value）和商业价值（business value）。产品的公共价值，即产品服务公共利益所产生的价值，这类产品一般不直接盈利，这和生态产品的外部性价值十分类似。而产品的商业价值，即产品在生产、消费、交易中的经济价值，通俗而言就是这类产品能赚多少钱，为产品关联方带来多少利益，例如日常生活中的各类商品和服务。

从产品的生产消费方面看，产品生产方站在企业角度衡量产品的商业模式和商业价值时，通常采用三种方法。首先是趋势分析法，分析行业趋势可以判断产品未来的发展方向。当产品在行业的发展趋势中，投入较少的资源便可以获得更高的回报，产品获得成功的概率更高。其次，还可以采取用户体验法，通过用新的产品功能优化用户体验，提升用户满意度的方式来衡量产品新功能的商业价值。最后，产品成本法则通过衡量新产品功能的商业价值，评估在未实现产品新功能的情况下，满足用户的相关需求需要进行哪些产品的改造，从而计算产品投入的成本。在实现新的产品功能后，计算产品成本，两者的差值，就是产品的商业价值。

现代商业环境发展中，随着产品功能不断升级，产品的价值评价体系还可以分为外在市场价值和内在商业价值。外在市场价值通常包括产品质量、产品性能、产品服务。产品质量和可靠性是客户评价产品价值的重要标准。通过质量认证、用户评价、长期可靠性测试等方式证明产品的高质量和可靠性，从而反映产品的价值。当然，产品提供的功能和性能是最基本的价值论

证，这包括产品的实际效用、使用便捷性、性能体验等。通过产品的特点和技术参数，可以清晰地展示产品在满足客户需求上的价值。产品服务是指产品所提供的服务质量，包括售前服务、售后服务、技术支持等方面。

产品的内在商业价值由劳动价值、竞争环境、市场需求以及品牌价值等部分构成。这些特点相互作用，共同决定了商品的价值水平和市场地位，如表 3 – 1 所示。

表 3 – 1　　　　　　　　　　　一般产品价值评价指标

分类	评价指标	举例
外在市场价值	产品质量	如厨房炊具、锅具要考虑产品的安全性、耐久性、耐热性
	产品性能	如数码相机的产品精度、处理器速度
	产品服务	如餐饮服务的响应时间、沟通能力
内在商业价值	劳动价值	如大米等农产品的生产效率、劳动产出
	竞争环境	如空调行业的市场份额、竞争对手数量
	市场需求	如高端饰品的需求规模、需求增长率
	品牌价值	如可口可乐等知名品牌的品牌知名度、品牌忠诚度

资料来源：作者自绘。

商品的劳动价值是指劳动所创造的商品或服务在市场上的交换价值，劳动价值又服务于商品的使用价值。劳动价值理论最早由经济学家亚当·斯密和卡尔·马克思等提出，他们认为劳动是商品价值的根本来源。按照劳动价值理论，商品价值是凝结在商品中的无差别的人类劳动。然而，现实中市场价格往往与劳动价值并不完全吻合，还受到供求关系、市场竞争、需求变化等因素的影响。以传统农产品中的大米为例，大米作为商品的价值是通过一系列劳动活动累积而来的，种植、加工、运输等环节中投入的劳动时间和劳动强度决定了大米的劳动价值。但作为一种粮食，大米还具有许多使用价值，如作为人类主要的食物，提供了丰富的碳水化合物、蛋白质和少量的脂肪等营养物质，满足了人体所需的能量和养分。由于大米中含有大量的淀粉，它是人体主要的能量来源之一，同时，大米也是世界最重要的农作物之一，对保障全球粮食安全具有重要意义，安全价值也是其价值体现之一。

　　产品的内在商业价值还受到竞争环境、市场需求以及产品特性等方面的影响。一些具备足够竞争市场的商品的商业价值还可以通过市场价值评估法来衡量，通过了解竞争对手的市场数据，分析竞争对手的优势劣势，根据其市场数据和商业模式推断企业市场价值和潜在收益，同时综合考虑竞争环境、市场需求以及产品特性等因素进而评估商品价值。从商品的内在商业价值来看，还依附于消费者的用户满意度、市场需求以及产品设计的差异化程度，商品的这些特性能够帮助企业建立品牌知名度，在保证质量的前提下，进一步形成良好的商业口碑，从而提升产品的市场竞争力和商业价值。同时，产品价格、消费者需求等也是评价产品价值的重要因素。

　　在互联网经济发展的背景下，品牌价值对于商品价值评价的重要性正逐步显现。产品品牌价值是指产品所代表的品牌在市场上的认知度、信任度和影响力，是品牌让消费者产生情感连接和忠诚度的能力。品牌价值是品牌在市场中的表现，一系列的因素会影响品牌价值，例如品牌的认知度，品牌的信任度等。品牌价值的提升可以带来多方面的好处，包括但不限于提高产品的竞争力，拓展产品的市场份额，提高公司的盈利能力等。为了获得相关数据，可以通过市场调研、用户测试、竞品分析等方式进行。此外，可以通过品牌宣传、产品包装等方式提升品牌价值，以达到更好的市场表现。品牌价值也受到用户满意度的影响。目前，社交媒体的升级使企业与用户之间的沟通渠道变得更加丰富，除了能更好地了解用户需求，有针对性地提升产品价值，消费者可以通过各类平台表达对于产品的喜爱度，企业也能根据产品特点进一步打造更具特色的商品。近年来具有代表性的则是海底捞通过持续的市场推广和口碑传播，建立了较高的品牌知名度。海底捞的独特火锅体验和服务理念成为消费者熟知的标志，使得品牌在中国餐饮市场上具有较高的曝光度。海底捞还以其优质的服务体验而闻名。无论是独特的表演服务、丰富的食材选择、细致周到的服务态度还是舒适的环境设置，海底捞都注重为消费者提供全方位的满意度，从而树立了良好的品牌形象和信誉。并且海底捞重视产品和服务的不断创新，推出了许多受欢迎的新产品和服务。例如，引入了无人机送餐、智能点餐系统、定制调味料等，提升了消费者的用餐体验，并与其他竞争对手形成了差异化竞争优势，以其独特的火锅体验、卓越的服务质量和创新的产品树立了强大的品牌价值。它在中国餐饮市场上的成功，不仅体现在市场份额的增长，还体现在消费者对其品牌的高度认可和忠诚度。

从上述现实商品社会的案例介绍，我们能够归纳出这样的结论，即一般商品的价值评价体系和生态产品的价值评价体系都是基于商品的使用价值、交换价值和市场需求等方面来构建，具体实践中，不同产品对不同价值的需求各有不同。基于本节的介绍，生态产品的价值评价体系不仅应该涵盖前述价值，还需要考虑该类产品的外部性价值，即包括生产过程和使用过程中对环境的影响，以及是否符合可持续发展的原则。这些因素会对生态产品的价值评价产生直接或间接的影响，从而使得生态产品的价值评价更加综合和全面。

基于上文的论述，生态产品价值实现评价指标体系更加具有宏观性，包括经济性、社会性和生态性三个方面。目前的学术研究中，总体也是构建"社会—经济—生态"评价框架，以全面深入地反映生态产品多维度价值。例如在经济方面的指标要包括生态产品的使用价值、经济效益、生产成本等；社会方面的指标反映生态产品的审美、休憩、人居环境等；生态方面的指标反映生态产品自身的污染、受损、消耗、生态本底功能减退等。这些指标结合实际情况，可以从不同角度全面展示生态产品的价值实现情况。当然，生态产品的评价指标体系主要关注生态环境和社会责任方面，强调产品的环保性、生态性和可持续性，强调产品对生态环境和社会作出的贡献。而一般产品的评价指标体系则强调产品功能和性能、可靠性和易用性等方面的表现。下面将梳理分析当前关于生态产品价值评价体系和核算工具的相关研究和实践。

第二节　生态产品价值的评价体系和核算工具归纳及比较

一、生态产品价值评价体系研究

根据国家关于生态产品价值的文件要求，国家对于"建立生态产品价值评价机制"工作主要聚焦以下三个方面。一是建立生态产品价值评价体系。针对生态产品价值实现的不同路径，探索构建行政区域单元生态产品总值（GEP）和特定地域单元生态产品价值（VEP）评价体系。考虑不同类型生态系统功能属性，体现生态产品数量和质量，建立覆盖各级行政区域的生态产品总值统计制度。探索将生态产品价值核算基础数据纳入国民经济核算体系。考虑不同类型生态产品商品属性，建立反映生态产品保护和开发成本的价值核算方法，探索建立体现市场供需关系的生态产品价格形成机制。二是制定生态产品价值核算规范。鼓励地方先行开展以生态产品实物量为重点的生态价值核算，再通过市场交易、经济补偿等手段，探索不同类型生态产品经济价值核算，逐步修正完善核算办法。在总结各地价值核算实践基础上，探索制定生态产品价值核算规范，明确生态产品价值核算指标体系、具体算法、数据来源和统计口径等，推进生态产品价值核算标准化。三是推动生态产品价值核算结果应用。推进生态产品价值核算结果在政府决策和绩效考核评价中的应用。探索在编制各类规划和实施工程项目建设时，结合生态产品实物量和价值核算结果采取必要的补偿措施，确保生态产品保值增值。推动生态产品价值核算结果在生态保护补偿、生态环境损害赔偿、经营开发融资、生态资源权益交易等方面的应用。建立生态产品价值核算结果发布制度，适时评估各地生态保护成效和生态产品价值。

从国家相关工作安排可以看出，生态产品价值的评价首先构建指标体系，再进行核算，最终服务于应用。当前在现实探索中，建立生态产品价值评价体系，主要是基于生态产品价值实现的不同路径，构建基于行政区域单元生态产品总值（GEP）和特定地域单元生态产品价值（VEP）的两套评价体系，即通过实践案例提炼评价指标体系，如表3-2所示。

表3-2　　　　　　　　　　　　　GEP 与 VEP 的差异

核算体系	GEP 核算体系	VEP 核算体系
设计目的	主要是针对政府绩效考核和生态保护补偿层面，偏重于统计层面，要建立覆盖各级行政区域的生态产品总值统计制度	主要是针对市场应用层面，核算的是某一特定地域生态产品的市场价值，核算的重点是生态环境保护修复和生态产品开发成本

核算体系	GEP 核算体系	VEP 核算体系
核算内容	生态产品年度流量：一年内生态价值实现总量	生态产品未来增量：未来收益折现与现值的差
应用主体	以地区为主体	以项目为主体
应用模式	生态补偿为主，政府绩效考核	生态产业开发为主
核算方法	直接市场法（如市场价值法、费用支出法、收益现值法等），替代市场法（如机会成本法、重置成本法、影子价格法、旅行费用法、享乐定价法等）和模拟市场法（如条件价值法、选择实验法、群体价值法等）	剩余法、收益还原法、市场价值法等
核算步骤	《生态产品总值核算技术规范》 （1）确定核算的区域范围； （2）明确生态系统类型与分布； （3）编制生态产品目录清单； （4）确定核算模型方法与适用技术参数并收集数据资料； （5）开展生态产品功能量和价值量核算核算生态系统生产总值	湖州市地方标准《特定地域单元生态产品价值评估技术规范》 （1）明确生态系统类型； （2）识别项目生态影响； （3）编制生态产品清单； （4）数据资料收集； （5）核算生态产品价值 北京市地方标准《特定地域单元生态产品价值核算及应用指南》 （1）确定空间范围与实施主体； （2）编制生态产品目录清单、选定最佳空间保护结构和最优保护利用模式； （3）开展生态产品价值核算； （4）绿色金融支持； （5）政策保障

　　具体而言，行政区域单元生态产品总值（GEP），指一定行政区域内各生态系统在核算期内为人类福祉和经济社会可持续发展提供的各种最终产品与服务价值的货币价值之和。GEP 主要以客观性、开放性、循序性以及基于交换价值为原则，针对不同生态系统生态产品价值核算指标，主要应用包括物质供给、调节服务和文化服务三大类型，分别按照实物量与价值量的核算方法进行生态价值总值核算。行政区域单元生态产品总值主要工作程序包括：确定核算区域范围、明确生态系统类型、编制生态产品目录清单、数据收集与监测调查、生态产品实物量核算、生态产品总值核算。GEP 主要是针对政

府绩效考核和生态保护补偿层面，宜粗不宜细，更偏重于统计层面，要建立覆盖各级行政区域的生态产品总值统计制度，探索将生态产品价值核算基础数据纳入国民经济核算体系。

特定地域单元生态产品价值（VEP），指特定地域空间内以生态系统为主要依托的适宜产业在未来开发期限内各类生态产品收益的贴现值，衡量的是生态系统未来估值。VEP 以"生态扰动最小化、价值实现最大化"的原则，针对物质供给、调节服务和文化服务三种类型的生态产品，综合考虑生态产品供给特点、内在联系和实际开发需要，对区域内土地和生态产品整体打包进行评估。在明确特定地域单元各类生态产品经济价值实现路径、生态项目开发的基础上，由第三方评估机构选用剩余法、收益还原法等评估方法，对不同类别生态产品的市场交换价格进行综合评估。特定地域单元生态产品价值评估流程主要包括：确定特定地域空间范围、编制生态产品目录清单、挖掘最优开发模式、综合评估生态产品价值、创新设计绿色金融产品、政府主导与市场运作。VEP 主要是针对市场应用层面，核算的是某一特定地域生态产品的市场价值，核算的重点是生态环境保护修复和生态产品开发成本，为生态产品经营开发融资、生态资源权益交易等提供依据，要求评价结果具备精准性和地域性，能够得到市场广泛认可。VEP 模式的特点可概括为：为了形成市场交易、市场认可的开发模式。开发主体、金融企业都积极参与的模式。

二、生态产品核算方法相关文献评述

关于生态系统服务价值评估可追溯到德拉马克斯（Drumarx，1925）采用费用支出法对野生生物价值的评估。到目前为止，在生态产品价值核算方面的探索，最初是以生态服务价值核算的应用研究发展而落实的。因为生态产品定义提出的时间较短，我国现阶段对生态产品价值核算的应用研究主要从生态类型和地理区域进行划分。从生态类型角度进行的研究中，欧阳志云、王效科（2006）基于广大学者提出的结构体系，利用生态产品功能价值进行分类，结合自己对大量数据的整理，对现今中国陆地生态系统服务功能的具体价值进行推算，其推算结果为 148.32 万亿元。而从区域的角度进行的研究

中，谢高地、甄霖等（2008）以现有区域生态服务为基本单位进行研究，并发放了大量的调查问卷，调查结果得出了生态服务金额当量因子表，通过该表计算青藏高原多样性以及经济推测价值。这一研究创新地提出了当量因子法这一价值核算方法。胡平、杨黎静（2016）在海岸线生态价值核算方法进行梳理总结的基础上，对大气调整、丰富生物种群在内的8项价值指标进行核算，以粤港澳大湾区某段岸线为例对价值进行核算，得出了该段海岸线当年的生态经济价值为2099万元。这些从生态区域角度的研究将生态产品的价值通过对区域中多种生态系统类型进行划分从而从生态系统的各个功能进行核算，推动了生态产品的价值实现。尤其是在政府层面，帮助政府寻找生态价值高地和实施战略决策。

而国外在生态产品价值核算方面的研究和实践则更加成熟。科斯坦萨等（1997）采用物质量评价法、能值分析法、市场价值法、机会成本法等方法对全球生态系统服务和资产资本价值进行计算，对生态产品的价值核算研究产生了巨大的影响。费伯（Faber，2006）将生态系统服务价值评估方法分为传统经济学方法和非货币化评价方法。在21世纪，国际组织陆续推动了一系列的生态系统价值核算研究。其中，联合国大力推动了生态环境经济价值的研究，其研究成果参考2001年的联合国的千年生态系统评估（MA）和2014年联合国统计署（UNSD）发布的基于环境经济核算体系（SEEA）的《实验性生态系统核算》（EEA）。

在实践方面，“环境经济综合核算体系”（SEEA）成为多国指导本国开展自然资源和生态价值核算的基础。1996年，澳大利亚统计局编制出台SEEA账户，包括了水、能源、废弃物、碳排放、环境税、环境费和土地等项目。2013年，加拿大发布生态环境产品及服务测定（MEGS）。2014年，加拿大启动生态系统账户编制工作，包括土地账户（地表变化表）和水资源账户（再生水资金流）等，将生态环境作为价值资源进行核算。

从国内外实践和研究中，我们逐步发现，由于生态产品不同于其他产品，其形态的多样和价值实现方式的复杂导致确定其核算方法有一定的难度。加上外部性和地域性的限制，使得合理计量显得更加困难。因此非常需要探索生态产品价值核算的方法，明确计量的思路框架的研究与整合。

生态产品的价值核算方法主要通过市场类型划分为直接市场类型、代替市场类型和假想市场类型三类。对于存在客观交易市场的生态产品的价值核算，主要采用直接市场价值法、费用支出法、生产成本法这三种方法；若生态产品的价值不能够被直接地核算，但存在相关的替代品且替代品具有公允的市场价格，则使用旅行费用法和享乐价值法；对于当前不存在交易市场的生态产品价值核算，主要采用条件价值核算法（CVM）（薛达元，1997）。其中，生态产品采用直接市场法需要符合两个前提条件，即产权明确并且可以在市场上进行自由交易（魏春飞和秦嘉龙，2014）。直接市场法也可称为实际市场法，其适用前提为市场机制较为完备，且被核算的生态产品实物量充足，能够依靠关联商品的影子价格来完成特定产品的核算，具体包括交易价值法、人力成本法、防护费用法、恢复费用法及机会成本法等。尽管评价市场比较法的操作性较为容易，成本低廉，其评价结果较为客观，但是这种方法本身也具有局限性，这种方法的使用前提为，被核算区域与对照区域的地理环境因素、资源状况具有高度的吻合性，因此，这种方法的使用范围较小（Tolunay，2015）。替代市场法是利用替代市场、影子价格来对公共商品进行价值核算的方法。涵养水源产品、净化水质产品、固碳释氧产品的价值核算经常采用上述方法（Jose R，2016）。潘静、张颖（2017）认为意愿调查法是在调查资源使用者的愿意支付的价值基础上来进行价值核算，具体数值是资源使用者为获得不同类型的生态产品而愿意付出的资金，意愿调查法又可以称为虚拟市场法，方法主要有条件价值法。肖建红、丁晓婷等（2018）调查发现生态产品价值核算时支付意愿法应用较少，但在美国等自然资源价值评估较为先进的国家，已经制定出支付意愿法的相关效益评定标准，将意愿支付法应用在生态系统价值评估的实际应用领域，并证明这种价值核算的方法应用范围较为广泛。随着进一步的研究，在上述三种基本方法上，对生态产品的价值核算又有了新观点。贾倩、曹国志等（2018）提出了基准价格系数修正法。由于基准价格系数修正法中的修正系数较难被准确地得出，所以这种方法的使用率较低。根据以往学者的研究分析发现，对于生态产品价值核算不能只基于静态角度评价，也要从动态角度出发，把生态产品的生产能力、对人类带来的福祉两种因素纳入价值核算的范围（高晓龙、程会强等，2019）。

三、生态产品价值常用核算方法比较

由于各类生态产品的特点不同，所适用的核算方法也不同，随着人们对环境保护和可持续发展的重视，生态产品的价值核算方法成为研究和实践中的热点问题。针对生态产品的价值核算方法有多种选择，如费用支出法、市场价值法、恢复和防护费用法，等等。这些方法各具优势，对于评估生态产品的真实价值起着至关重要的作用，也是生态产品价值的准确评估的重要参考依据。根据当前各类研究提供的核算方法，本节总结了以下各类方法并比较了不同核算方法的特点。

（一）费用支出法

费用支出法是以人们对某种生态服务功能愿意支出费用的数额来表示该项生态服务的生态价值的方法。费用支出法适用于有费用支出的生态产品价值核算，是一种存在直接市场的核算方法。其优点是核算过程比较简单，但统计计量不够全面，反映了生产者的收益情况，但不能反映社会价值，无法充分得知消费者的支付意愿。例如通过游客旅游产生的费用支出评估森林景区休憩的经济价值。陈应发（1996）提出费用支出法是一种实用、基础和方便的森林游憩价值评估方法，主要以游客游憩时的各种费用支出的总和或部分费用支出的总和作为森林游憩的经济价值。20 世纪 70 年代后，日本和我国台湾地区就使用费用支出法来衡量森林游憩资源的经济价值，其方法是先对全省各森林游憩区的费用支出情况进行详细调查，再以费用支出法中的总支出法（即一切费用支出法）和游憩区内花费法评价森林游憩区的经济价值。

（二）市场价值法

市场价值法是对有市场价格的生态系统产品和功能进行评估的方法。利用此方法，先对生态产品进行定量评价再通过市场已有价格计量生态产品经济价值。该方法适用于没有费用支出但有市场价格的生态系统服务的价值评估。该方法的优点是可以直观地评估生态服务功能的某些价值，受到公众普遍认可，但市场价值法只能计算可以通过市场进行交易的产品和服务的数量，对市场本身的要求较高，如果市场制度不完善，就会使得市场价格并不能反映产品和服务的真正价值。使用该方法的例子如生态物质产品通过其市场价格和产品数量乘积的金额得到相应产品的价值。李宁（2018）在关于长江中游城市群流域生态补偿的研究中提到，市场价值法将流域水资源看成生产资料，用流域水资源本身或者在其基础上生产出来的各种产品的市场价值来近似计算流域生态系统服务价值。市场价值法主要用流域水资源相关生态产品的经济价值来计算流域生态系统服务价值，并以此作为流域生态补偿标准的参考，具有执行简单并易于统计核算的优点。

（三）恢复和防护费用法

恢复和防护费用法是一种通过对受破坏的自然资源进行恢复或防护以达到基准状态的费用作为最低经济损失计算生态产品价值的方法。此方法适用于各种受污染的环境恢复到基准态的场景。该方法的优点是不需要详细的信息和资料，解决了生态服务功能不具市场性的问题，可通过生态恢复费用或防护费用量化生态环境和生态产品价值。例如可以利用此方法计算城市生活污水处理带来的经济价值损失。彭在清、孟祥江、吴良忠等（2012）利用广西壮族自治区北海市2009年统计年鉴和相关统计资料数据，辅之以遥感影像解译数据，在对滨海湿地系统提供的生态服务科学分类的基础上，运用环境经济学、资源经济学和生态经济学相关理论和评价方法，选用直接市场价值评价法、替代成本法、恢复和防护费用法、旅行费用法等国际和国内常用且比较成熟的湿地生态系统服务价值评价方法对北海市湿地生态系统服务价值进行评价。通过北海滨海湿地生态系统价值核算结果可以清楚地看出，仅把湿地作为提供经济产品的资源看待，仅以进入市场的产品价值衡量湿地的产出，无法全面地体现滨海湿地生态系统的价值。只有通过各类专业性的方法全面考量各种产出与服务，才能正确评价湿地经济与社会发展的贡献。

（四）影子工程法

影子工程法是利用假设实际效果相近的工程价值替代计算相应生态产品

价值的方法。影子工程法是恢复费用法的一种特殊形式，是在某个环境被破坏以后，虚拟人工建造一个工程来代替原来的环境功能。该方法优点是可以将难以直接估算的生态服务功能价值用替代工程的方法计算出来，缺点是替代工程非唯一性，替代工程时间、空间性差异较大。例如可以利用此方法对被破坏的矿山核算其被破坏导致的经济价值损失。1982 年，张嘉宾等利用影子工程法、替代费用法估算云南怒江、福贡等县的森林固持土壤功能的价值为 154 元/亩/年，森林涵养水源功能的价值为 142 元/亩/年。刘青（2007）也采用影子工程法估算均化洪水功能价值，东江源区内供水补水功能价值以及土壤侵蚀流失的泥沙淤积于水库、江河、湖泊造成水库、江河、湖泊蓄水量下降在一定程度上增加干旱、洪涝灾害发生的机会。

（五）替代成本法

替代成本法是一种通过计算建立一个人造工程才能替代原有生态系统的某一种服务功能所需要的花费来核算价值的方法。此方法适用于不具备市场性，可以通过选取准确的替代物来计算生态产品的价值。该方法采用替代市场解决了难以获取市场价格和支付意愿的生态产品价值的核算难题，但该方法需要对信息有足够的掌握度，否则容易产生误差。比如利用替代费用法可以通过修建防洪设施的成本来估算湖泊的调蓄洪水的能力。王金南、王志凯、刘桂环等（2021）还提出替代成本法可用于水源涵养中水量平衡法、水量攻击法的价值量核算，还可用于修正通用土壤流失方程、修正风力侵蚀模型、海岸带防护价值量核算、污染物净化模型等多种生态产品价值核算。

（六）机会成本法

机会成本法是在其他条件相同时，把一定资源获得某种收入时所放弃的另一种收入来估算价值的方法。该方法适用于在资源有一定稀缺性的情况以及某些不能直接估算的社会效益的情形，比较客观全面地体现了生态价值，但无法评估非使用价值及某些难以通过市场化衡量的事物的效益。例如可以利用此方法对渔民禁捕区域或退耕还林的生态补偿价值进行核算。刘震、姚顺波（2008）在 2007 年 7 月分别选取黄土高原地区的陕西吴起、定边及甘肃华池 3 个县进行抽样调查（延长退耕还林补助年限的政策尚未出台）。先在 3 个样本县中随机选择几个样本村，然后再随机从每个样本村中挑选退耕农户进行入户问卷调查，从结果清楚得知国家原先制定的补偿标准群众是满意的，但是否合理值得探讨。因此，认为国家原先制定的补偿标准偏高即补偿标准高于耕地退耕的机会成本，有必要改进原先的补偿政策对合理确定退耕还林补偿标准及其补偿年限进行研究。

（七）旅行费用法

旅行费用法是利用游憩的费用资料求出"游憩商品"的消费者剩余，以此来推导出游憩资源的价值的方法。该方法适用于那些没有市场价格的自然景点或者环境资源的价值核算，尤其是生态文化产品的价值核算。方法和理论符合传统经济学原理，建立在市场的基础上，可信度提高。但是此方法评估结果受当地经济条件影响，比如消费者的多目的性、旅行时间成本的计算、各个地区不同的经济发展水平。且只能计算使用价值，无法计算非使用价值，无法对未开发的资源的经济价值进行测算。例如此方法可以用于公园绿地和自然保护区的休憩价值评估。彭和求（2011）使用旅行费用法等方法对张家界世界地质公园地质遗迹资源直接服务价值进行了评估，主要包括科学研究价值、文化教育价值和旅游价值。评估结果为，2010 年张家界世界地质公园地质遗迹资源直接服务经济价值为 1495689.9 万元，其中科学研究价值为 3927.68 万元，文化教育价值为 2520.47 万元，国内旅游价值为 1283481.3 万元，国外旅游价值为 205760.5 万元。

（八）享乐价格法

享乐价格法是指人们赋予环境质量的价值通过愿意为享受优质的环境服务所支付的价格来计算价值的方法，该方法类似于费用支出法，通过此方法可以表明个人对某种生态服务功能的支付意愿。适用于能够反映消费者真实的支付意愿的条件下，多用于生态产品提供优质服务消费者愿意额外支付的费用，例如生态服务对房价的影响。该方法建立在市场基础之上，反映了消费者的实际偏好，具有较高的可信度。但该方法统计模型复杂，方法不全面，难以覆盖有些领域生态服务功能的评估。该方法主要用于房地产周边环境质量改善和环境质量的评估。肖南云（2019）提到享乐价格又称为隐形价格，是通过某种产品因森林生态产品的提供而产生的增值部分来确定森林生态产品的价格。享乐价格法认为产品的效用并不是源于产品本身而是源于产品的各项特征要素。条件价值评估方法，又称为支付意愿评价方法，通过虚拟森林生态产品市场，调查获得消费者的支付意愿（WTP）或受偿意愿（WTA），借以衡量消费者由于森林生态产品供给的变化所导致的福利改变，最终得出森林生态产品的价值。

（九）生产率法

生产率法是一种通过生态环境的变化导致生产过程生产率和生产成本的变化计算出的经济价值的方法，体现了生态环境改善带来的效益或者生态破坏带来的损失。该方法主要用于人类对资源的利用活动产生的生态环境破坏对农业、渔业、水资源等自然系统或建筑物腐蚀等人工系统影响的评价。生产率法依据的是真实市场资料，数据有限且较容易获得，容易被公众接收且使用的成本较低。缺点是由于生态系统服务功能存在交叉影响，难以保证能在真实市场中得到实现，高度依赖环境条件，缺乏对消费者剩余的考虑。张海峰（2016）运用生产率法等方法量化森林生态效益价值，以牡丹江森林生态补偿的理论依据为基础，结合实地调查研究，掌握牡丹江市的自然地理环境、社会经济条件以及森林生态补偿状况，并以此得出牡丹江的相应森林生态效益价值。在补偿标准的确立上，将经济发展水平、森林生态补偿现状作为标准确立的依据。

（十）人力资本法/工资损失法

人力资本法/工资损失法是通过市场价格和工资多少来确定个人对社会的潜在贡献并以此来估算环境变化对人体健康造成的损失，从而计算环境产生的价值的方法。该方法主要用于评估各种生态环境变化对人体健康造成的影响，有较强的针对性，但只有明确了健康和污染源影响关系才能评估，评估结果往往过高而不可靠。例如环境污染对人类健康产生的影响的价值评估。

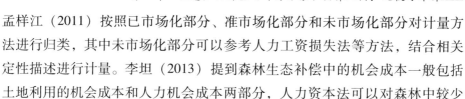

孟祥江（2011）按照已市场化部分、准市场化部分和未市场化部分对计量方法进行归类，其中未市场化部分可以参考人力工资损失法等方法，结合相关定性描述进行计量。李坦（2013）提到森林生态补偿中的机会成本一般包括土地利用的机会成本和人力机会成本两部分，人力资本法可以对森林中较少的毒气体、净化环境引起的人力健康损失情况进行测量。

（十一）条件价值法

条件价值法是一种模拟市场技术的评估方法，也叫问卷调查法、意愿调查评估法。该方法先确定调查对象，之后利用调查问卷进行调查，通过支付意愿和净支付意愿来计算生态产品的价值。该方法适用于当前不存在交易市场和替代交易市场，只能进行模拟交易市场的生态产品价值核算，具有很大的灵活性，适用于非实用价值占较大比重的评价。缺点是评估结果容易产生各种偏差，很大程度上依赖于调查方案的设计和被调查者自身的素质。该方法可以对旅游资源例如保护区或未开发景区进行价值评估。塔里木河流域居民的生态环境保护意识与参与意愿关系到当地环境演变态势。李青、薛珍、陈红梅等（2016）调查流域 12 个典型样本区，运用条件价值法、环境外部性与准公共物品理论分析 1962 户居民生态认知及支付行为。通过运用 CVM 理论对塔里木河流域上中下游不同类型居民环境保护认知与支付决策行为进行调查研究，全面了解塔里木河流域居民对生态环境退化的自然与人为原因的认识，希望能够提高流域居民生态群体化意识，增强其环保理念，规范其经济行为，提升保护意愿。

（十二）土地租金法

土地租金法是以土地的租金作为生态产品价值。主要适用于作物等物质供给类的生态产品，土地贡献等于其为生产作物收取的报酬。可以利用此方法计算生态物质产品例如农作物的供给价值。姜云鹏、张扬、刘卫等（2023）结合那曲市自然条件及实际情况，将生态补偿机制分为冰川保护补偿、水流生态补偿、沙化土地生态补偿等，将江河源头区作为重点生态功能区、重点流域，研究重要江河湖泊保护机制。据生态产品实物量，运用土地租金法、残值法、市场价值法等核算各类生态产品的货币价值。

（十三）残值法

徐浩庆、许尚坤、李维峰（2023）基于马克思主义政治经济学对当前"主流"生态产品概念进行了分析，从经济思想史角度研究了自然生态系统参与价值创造的思想渊源。其中提到，规范中用"净价值"和"残值法"测算生态产品价值的做法，在本质上与纯产品的计算方法是一样的。此方法通过计算生态产品对应的产品总产出，然后扣除其中劳动力、生态资产和中间其他投入，估算生态产品价值量。此种方法适用于能够得出生态产品的总产出和其他成本价值的场景。此方法可以用于生态产品中的物质产品，例如农产品，将其总产出价值扣除其他成本得到相应的生态产品价值。

（十四）碳税法和造林成本法

碳税法和造林成本法是针对林业生态环境计量生态产品价值的方法。碳税法是根据光合作用方程式，以干物质含量来换算湿地植物固定二氧化碳的量，再根据国际和我国对二氧化碳排放收费标准，将生态指标换算成经济指标，得出相应的经济价值。而造林成本法是通过单位面积植物碳素的净生长量和造林成本以及湿地植物总面积三者的乘积得到相应价值。此方法主要用于计算绿色植物固碳释氧的生态功能价值，价值计算过程中较易产生误差。此方法主要用于森林生态系统中的生态产品价值核算。熊文、幸悦、孙晓玉等（2022）基于2010~2020年统计年鉴及相关数据，对湖北省及各市州农田生态服务价值及农田固碳减排现状进行评估，并对表征不同农作物固碳减排能力的计算公式进行优化。气体调节、净化大气、水资源调节等7个核算指标中气体调节采用造林成本法和碳税法共同进行评价，构建农田生态产品价值的评价指标体系。方恺、李程琳、黄玮等（2023）还提到当前市场价值法、人工固碳成本法、温室效应损失法、造林成本法和碳税法等都可被用于确定碳价格。

（十五）成果参照法

成果参照法是把隐含价格法、调查评价法等方法的实际评价结果作为参照对象，用于评价一个新的生态物品。该方法类似于环评中常用的类比分析法。该方法的最大优点是节省时间，需要原方法结果与新的参照环境有相似之处。例如利用香农－韦弗（Shannon-Wiener）指数计算生物物种保育价值作为参数。熊文、幸悦、孙晓玉等（2022）采用成果参照法等环境经济学评价方法，核算2010～2020年湖北省及各市州农田生态产品价值的时空变化，其中气候调节和生物多样性维持两个核算指标选取成果参照法，与同期国民经济发展进行协调性分析，同时对农田生态系统中气体调节降低碳排放促进碳中和进行分析研究，为长江经济带其他省份农田生态系统可持续发展提供数据支撑和借鉴参考，为助力实现国家"双碳"目标提供重要支撑。

上述内容对当前生态产品价值核算的常用方法进行了总结。随着对于生态环境重要性的认知提升，国内外不断探索对于生态产品价值核算的分析和研究，各项研究通过生态环境形态提供的各类价值结合经济学，逐步形成了各类生态产品价值核算方法。为了保证生态产品核算的准确性和科学性，我们有必要对已有的核算方法进行归纳和适用场景的分析。这些方法主要可以分为以下三类。

第一类是以"戴利－欧阳志云"为代表的生态系统功能价值评估法。此方法主要以生态系统服务和产品的功能价值为核心，结合市场经济学的一般规律，对不同功能的生态产品的价值通过不同的核算方法评估其价值。此类价值核算方法的研究应用性高，并且结合了生态产品价值实现的路径和模式，同时以市场作为检验生态产品价值实现的基础，融合了经济学的内容，因此以生态价值功能作为分类基础的生态产品核算方法具有更强的生态管理实操性。例如该类方法会聚焦湿地、海洋、森林等不同生态系统的生态功能，结合市场可以核算的价值进行核算，核算后的价值更具有可操作性。

第二类是以"科斯坦萨－谢高地"为代表的价值系数法。此方法最早起源于1997年科斯坦萨对生态系统服务进行价值估算并得出了各类生态系统服务的价值系数。在国内引用较多的是谢高地以生态系统服务价值系数为基础，结合中国的实际情况构建的价值当量因子法。利用此方法对生态产品进行价值评估，能够简化对于特定区域生态产品价值核算的流程，降低价值评估的难度，更高效地得到量化后的生态产品价值。该类方法易于操作，以形成的价值系数为参数，通过直接应用具体生态系统服务直接得出产品价值。

第三类是生物物理学方法。此方法是通过计量生产某一项生态系统服务所需的物理成本（如人工、能源等成本）来计算生态产品价值。这种方法是从禀赋价值视角出发，而非从需求或市场为出发点。这类方法实质是替代思路，通过比较类似的项目进行分析测算，找到生态产品价值类似的数据。

综合以上三种方法适用范围和应用情况，以生态系统功能价值为基础的核算方法更容易理解，并且相较于价值系数法，此方法对核算区域的针对性更强。同时，此方法相较于生物物理学方法，以市场框架为基础，与会计学相关理论联系紧密，同时以货币价值来量化生态产品价值，更具有可操作性，实际交易更加便利。

四、生态产品价值的会计视角认识

基于前述的核算方法，生态产品价值的量化可以通过市场交易进行反映。生态产品在某种程度上具备一定的"商品"属性，它们可以为人们提供实际的经济价值，并且可以在市场上进行交换。而在进入市场的过程中，企业作为承载生态产品经营、销售以及价值识别和认定的主体，企业中关于生态产品会计核算应用的重要性也随着生态产品在经济市场上的发展而日益显现。

企业中的会计应用能够通过更加系统性的方法来量化和记录生态产品的价值，从而帮助企业内部和社会各方更好地理解生态系统对经济活动的贡献和影响。通过会计应用，对生态产品的经济、社会和环境价值进行更深层次的评估。此外，企业中的会计应用还能够为决策者提供基于数据和事实的依据，从而更好地平衡经济发展与环境保护之间的关系，实现可持续发展目标，相关的会计核算还可以跟踪生态产品的生产成本、市场价值、销售收入等核算指标，进而确保其在经济活动中得到适当的识别、计量和报告，有助于更好地了解生态产品在经济体系中的作用和地位，为其可持续利用和管理提供必要的财务基础。

生态文旅类企业主要以生态风景区游览观光为业务核心，基本收益来源于门票游乐、酒店餐饮等，所属自然资源衍生的美学价值是正外部性收益。生态会计学对生态产品所有收益进行会计核算，全面反映企业运营生态风景区所产生的价值信息，形成的企业生态会计报告既能为生态环境保护提供测算依据，又能体现生态资源的经济价值。生态文旅类企业经营的景区生态环境具备以下特征：一是生态系统自身的自然特点，如山川、河流、湖泊等生态系统类型；二是景区生态系统产生的外部经济性，在某个组织对生态环境进行保护时，生态产品的供给能力也随之提高；三是生态环境具有稀缺性和非替代性；四是生态环境的物质和服务供给具有长期性。上述这些特征构成了这类企业生态资产会计的基础。第三节，我们选取生态文旅类企业为研究对象，详细分析生态产品价值核算在会计中的应用。

第三节　生态产品价值核算的会计应用

一、生态产品价值核算会计应用案例——以生态文旅企业为例

（一）关于生态产品的会计确认

为更好分析生态产品的会计应用，有必要在会计学框架内开展基础分析。会计对象是会计主体所要核算和监督的客体，鉴于生态产品可以给生态文旅企业带来经济和生态的价值利益，虽然在现阶段的核算准则下，并未对企业财务的资产负债状况和损益状况产生重要影响，但生态文旅企业对自然资源依赖程度大，需要对不可忽视的生态资源外部性价值和潜在的经济价值进行核算和分析，体现生态文旅企业的生态责任和社会责任履行情况。因此本节认为生态产品是生态文旅企业的会计核算对象。

根据我国《企业会计准则》的规定，会计要素分为六大类，如表3-3所示。

表3-3   会计要素说明

会计要素	定义
资产	企业过去的交易或者事项形成的，由企业拥有或者控制的，预期会给企业带来经济利益的资源
负债	企业过去的交易或者事项形成的、预期会导致经济利益流出企业的现时义务
所有者权益	企业资产扣除负债后，由所有者享有的剩余权益
收入	企业在日常活动中形成的、会导致所有者权益增加的、与所有者投入资本无关的利益的总流入
费用	企业在日常活动中发生的、会导致所有者权益减少的、与向所有者分配利润无关的利益的总流出
利润	反映企业在会计期间的经营成果，包括当年度的收入扣减费用所得净额以及当期利得和损失等

以生态的视角判断，由于生态产品是生态系统为人类提供的实物产品和无形服务，因此生态产品本身是生态利益的流入，而非生态利益的流出，并且也不是一种净流入。同时，生态系统在生态措施不断加大保护的背景下，会在未来持续产生生态利益的流入。结合我国会计准则定义和生态产品特点可以判断，生态产品并不符合负债、费用、所有者权益和利润的定义。

1. 资产要素条件判断

根据会计准则规定，一项资源满足资产的定义需要符合三个方面的要求：该资源由主体拥有或控制；源于过去的交易或事项；可以带来未来经济利益的流入。据此，生态文旅企业作为"使用权"主体，获得了对景区自然生态系统的使用权的控制，而生态系统是生态产品产生的物质载体，因此景区的生态产品是生态区文旅企业所控制的。

同时，由于生态文旅企业是过去通过股份合作或整体招标等方式获得景区的经营权，从而获得生态产品控制权，因此也符合资产定义中"源于过去的交易或事项"的要求。此外，随着生态补偿等方式的实施，生态产品的生态价值也逐渐成为经济价值，部分由于外部经济性无法转化为实际的经济利益，也能视作一种生态利益的流入。从生态经济学的角度来看，景区的生态系统每个年度产生的生态产品价值作为一种流量价值，可以视为未来能够为会计主体带来的经济利益和生态利益，因此生态产品符合资产的定义。

在生态资产相关的学术研究中，学界的主流认知也是将生态产品价值作为生态资产的部分价值纳入核算，即生态资产包含了作为流量的生态产品。例如学者高吉喜等（2007）认为一切能为人类提供服务和福利的自然资源和生态环境都应包括在生态资产之中，因此生态产品可以视为生态资产的一部分。刘焱序等（2018）的研究中指出一切能够为人类带来利益的生态产品，都应确认为生态资产。

2. 生态产品形成的资产类型

由于生态产品包含了生态物质产品、生态调节产品和生态文化产品，因此需要对已经价值内在化部分进行判断和区分，具体如图 3 - 1 所示。

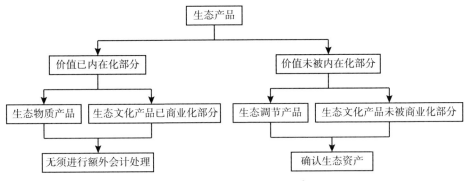

图 3 - 1　生态产品价值分类

一部分是生态物质产品形成的资产。生态物质产品是指生态系统产生的实物产品。由于此类产品形成的物质资产对于生态文旅企业而言具有商业性质，在目前的企业会计准则中是作为消耗性生物资产和生产性生物资产在财务报表中进行列示和披露，因此该部分已经作为内在化的价值由企业进行会计核算，无须进行额外确认处理。另一部分是无形的服务产品形成的资产，包括生态调节产品和生态文化产品。生态调节产品是指为维持或改善人类生存环境提供的惠益，一般包括水源涵养和土壤保育等生态服务，而这些生态服务的价值在生态文旅企业的传统财务会计核算中并未进行过相应确认和处理，而是应进行额外确认。

而生态文化产品中还包含生态系统为人类生活提供的无形服务，例如旅游观光等。在具体的功能表现中，生态文旅企业的风景区旅游业务和酒店居住溢价等已经进行商业化，其价值流入是企业的财务报表中确认的收入，因此也不应做额外会计处理。而非商业化的生态文化产品则应进行额外的会计确认。

3. 收入要素确认

根据我国会计准则规定，收入是指企业在日常活动中形成的、会导致所有者权益增加的、与所有者投资的资本无关的经济利益的总流入。而在会计确认的过程中，作为收益流入的生态产品，产生价值流量收入的当年对于企业而言就是一种与投资资本无关的利益的流入。

从生态层面而言，生态收入的利益流入不同于传统的经济利益，这部分生态产品价值以目前的生态市场机制和生态补偿机制发展程度而言，大部分的价值流量仍是以一种生态利益形式流入，随着未来生态交易市场和生态补偿制度等生态产品价值实现制度的逐渐完善和成熟，生态产品产生的价值能够在提供有用服务时经过市场、政府和公共组织等途径转化实现为经济利益。但以目前的会计准则而言，还是应采取独立报告模式，单独在生态利润表中确认为生态收入。

同时，与生态资产确认同理，只对未在财务报表中得到确认的生态产品价值部分确认为生态收入，并对生态收入进行额外的会计处理。

综上所述，在生态产品产生的会计年度，生态物质产品不做确认处理；无形的生态产品中的商业化部分在财务报表中已经得到确认，不做额外确认处理。需要进行确认的是未被财务报表确认的无形的生态产品形成的生态收入。

（二）生态资产和生态收入的计量

通过上文分析，可以得到生态产品的初始确认是将其作为企业的资产，后续价值收益发生时，作为收入进行损益确认。针对生态文旅企业的生态产品形成的生态资产和生态收入，需要通过考量会计信息的相关性和可靠性，确认其计量的属性。

1. 生态资产和生态收入的计量属性

对于生态资产，根据前文分析，生态产品形成的资产分为两个部分，一部分是生态物质产品形成的生物资产，根据我国现有会计准则规定，将其确认为选择历史成本属性进行计量，且因为此部分资产已经在资产负债表中得到确认，所以无须做额外的生态会计处理。

但在另一部分的无形生态产品形成的生态资产的计量过程中，历史成本并不适合作为计量属性。首先，因为生态资产并不一定会随着时间价值减损，也可能会随着生态自然环境的保护程度提升而导致价值增加。换言之，基于历史成本法的计量模式在某些情况下会无法准确评估生态资产的价值变化进而影响生态会计信息质量。其次，生态资产的大部分价值并不满足过去传统的财务价值的确认条件，因此难以得到合理计量。而公允价值的全面收益特点，使其相较于历史成本，更适合作为具有价值波动性的生态资产的计量属性。

公允价值计量属性与现值计量属性相比，公允价值能够反映市场对资产的未来现金流量金额、时间和不确定性的当前预期，而现值反映特定主体的判断和预期。因此公允价值相较于现值，能够以大量市场参与者的判断更加客观地反映资产情况。由于生态产品的核算是每个年度生态文旅企业运营景区的生态系统产生的价值流量，需要考虑时间因素，同时公允价值计量是基于市场参与者的共识，能够更全面地反映企业拥有的生态价值。对生态资源价值采用公允价值计量将有助于发挥市场在自然资源配置中的决定性作用，因此采用公允价值作为生态资产的计量属性更为合适。

针对生态收入，将财务报表未确认的生态利益流入作为生态收入独立计入生态利润表进行确认和计量，从动态的角度反映企业的生态经营成果。由于生态收入没有相关历史成本交易合同，因此运用市场中的价值能更好地体现在环境经济学中的功能价值评估法背景下的生态产品价值评估方法的核算理念。同时，公允价值对生态收入进行计量更符合生态价值的市场化和生态经济的发展趋势。

2. 生态资产和生态收入的计量方法

在确认生态产品形成的生态资产的计量属性为公允价值后，还需要确认相应的计量方法。依据我国会计准则规定：企业公允价值的获得应当以资产所能进入的主要市场的价格为基础，如果主要市场不存在，则以资产所能进入的市场的价格作为计量的基础。由于生态产品形成的生态资产目前尚未有成熟的市场机制，因此需要通过价值评估技术来评估生态资产的公允价值。通过整理相关文献可知，公允价值的估值方法主要有市场法、收益法和成本法三种。

在目前的市场情况下，由于缺少相同或类似的资产交易制度及相应市场，难以获取生态资产的重置成本和相关损耗减值信息，且生态资产是由未来生态产品很可能产生的生态收益流量价值折算为当前时点而获得的资产。同时，对于生态产品产生的生态价值流量，在计量过程中，可以有效利用生态经济学对生态产品进行价值量化的方法，核算出生态产品的价值流量，并通过折现将生态产品的未来价值流量折算到当前时点。因此根据资产价值的形成过程和生态产品价值评估的可实现性情况分析，生态产品形成的生态资产应采用收益法进行评估，获得其公允价值。

在采用公允价值模式对生态资产进行后续计量时，需要对生态资产的公允价值进行调整，若存在活跃的现行市场，则在市场价值与账面记录的价值产生较大差异时，进行公允资产价值的调整。但是由于生态资产尚未实现经济领域的价值内在化，一般没有成熟的交易市场。考虑到操作成本和生态学对生态产品价值评估的一般频率，其价值的重新评估的频率可以定为每个会计年度末评估一次。

而针对生态产品形成的生态收入，根据上文分析，需要结合生态经济学的价值核算方法，计量生态收入的公允价值。

在计量应计入生态收入的生态产品价值时，先利用生态学方法确认实物量，再通过现行市场价格转化为价值量，若生态产品不存在现行市场，则利用生态经济学中的替代交易市场法和模拟交易市场法来评估各实物量的单位价值，从而得到生态收入的价值。

3. 生态资产和生态收入具体计量流程

通过前文分析，可以得到在生态产品形成的资产中，由无形的生态调节产品和未在财务报表中确认的生态文化产品构成的生态资产需要进行确认和计量处理。每个会计年度随之产生的未确认生态收入，也应进行确认和计量。因此需要研究生态产品形成的生态资产和生态收入的具体计量方案，其中需要结合财务会计理论中的收益法和生态学的相应评估方法，考虑生态产品多年的生态价值收益。

生态文旅企业的单年度生态产品计量的主要流程包括以下几步。

第一步，根据核算目的，确定核算企业经营景区范围；

第二步，确定景区范围内各类生态系统类型及分布；

第三步，确定生态类型之后，调查核算景区内所有生态产品功能价值种类；

第四步，将生态产品按照生态文化产品、生态调节产品进行分类，确定相应核算模型方法与适用技术参数，收集数据资料，并进行生物量和价值量评估；

第五步，根据企业实际情况，将生态产品价值计算结果中应确认为生态资产的价值通过收益法折现，作为生态资产入账，当年发生的未在财报中确认的生态收入，在年末对当年发生的价值量进行生态收入确认，并进行会计处理和信息披露。

计量流程中的第五步，在利用生态学方法评估得到了生态产品价值之后，需要对生态资产和生态收入进行会计核算。其中，生态资产的会计核算需要通过收益法折算到确认时点价值，将预计未来可以产生的生态产品外部性价值的金额折现到当前时点，作为生态资产的价值。具体的步骤如图 3 - 2 所示。

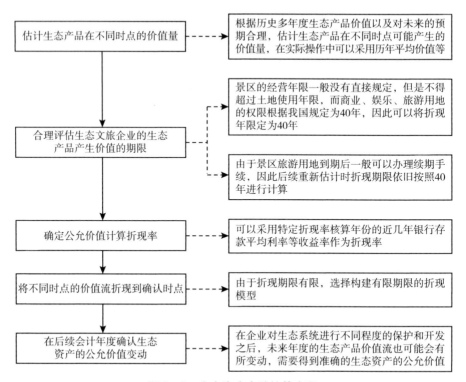

图 3 - 2　生态资产会计核算步骤

在评估了当年生态风景区产生的生态产品中需要确认为生态收入的价值后，需要对生态收入进行会计处理，具体操作步骤如图 3 - 3 所示。

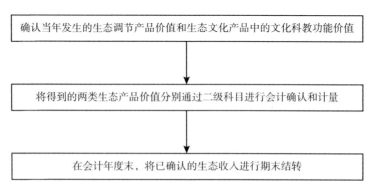

图 3 - 3　生态收入会计核算步骤

（三）生态产品相关会计科目设置和会计处理

1. 生态产品相关会计科目设置

由于生态资产与生态收入的生态特点和目前生态价值大部分尚未实现经济价值的市场现状，使其无法通过现有的财务报表科目进行核算，因此对于生态资产和生态收入不应采取补充报告模式，将生态资产和生态收入嵌入现行财务报告，而是应该独立建立生态会计报告，由此需要对生态资产和生态收入增设相应会计科目，并进行会计处理，如表3-4所示。

表3-4　　　　　　　　生态产品会计核算增设会计科目

增设科目	借方增加	贷方增加	说明
生态产品资产	代表该资产初始确认金额或后续公允价值增加	该项资产的结转或资产公允价值的减少	资产类科目，在该一级科目下，增设两个二级科目，分别为"生态产品原值""公允价值变动"
生态权益	代表生态权益金额的减少	代表未实现内在化的生态利益的留存金额增加	权益类科目，核算生态系统产生生态产品的潜力价值和生态产品实际产生的生态留存利益的价值
生态产品收入	期末生态产品收入的结转	贷方核算的是年度生态文旅企业的尚未内在化的生态产品价值收益金额	损益类科目，核算企业单个会计年度中，景区的生态系统产生的企业尚未内在化的生态产品的价值收益
应收生态补偿款	应收生态补偿款价值的增加	应收的生态补偿款价值的减少	资产类科目，核算当年得到收益的生态产品价值中，能够确认得到政府等机构的生态补偿款金额
未转化生态价值	未转化生态价值增加	未转化生态价值减少	资产类科目核算的是目前尚以生态形式留存，未来不确定是否能够获得的生态补偿的价值。期末还需要判断其中的生态价值是否有无法留存且无法得到生态补偿部分，在确认其无法留存且未来无法得到补偿时，需要进行期末结转
本年生态利润	登记企业当期所发生的各项生态成本	企业当期所实现的各项生态收入	权益类科目，期末结转至生态权益，本科目期末无余额

2. 生态产品主要会计分录处理

按照会计学中复式记账的原理，对每笔会计事项都应列出相对应的账户和金额，对该事项进行记录，以保证会计记录的准确性。相应地，对于生态会计而言，也应按照会计学理论，对生态产品资产和生态产品收入相关的会计事项进行会计分录的处理。

（1）"生态产品资产"的初始确认。在对生态产品资产进行初始计量时，需要收集有关的生态技术指标和市场价格数据等资料。在对生态产品资产进行公允价值评估时，应将评估金额上报给相关政府有关部门进行审核和确认，在得到相应的批复后，根据最终确定的价值，进行初始确认，作如下会计分录：

借：生态产品资产——生态产品原值

　　贷：生态权益

（2）"生态产品资产"的后续计量。在生态文旅企业经营期间，生态产品资产可能会由于企业对景区环境的保护或破坏等原因造成资产未来收益的变动，从而影响"生态产品资产"的公允价值。

同时由于生态文旅企业对景区的经营是长期的持续经营，一般来说会超过景区土地使用权年限，因此需要往后确认一年的收益，这样也会影响"生态产品资产"的公允价值。为了及时地反映资产公允价值的变动情况，在随后的会计期间，企业需要根据生态产品资产的具体特点定期估算其变动值，并进行相应的信息披露。会计分录如下：

借：生态产品资产——公允价值变动（减少在贷方）

　　贷：生态权益

（3）确认"生态产品收入"。在确认"生态产品收入"时，要在本年末对生态自然景区产生的生态产品价值进行收益确认，其中，收入已经确认未来得到生态补偿的部分，对应科目为"应收生态补偿款"，若生态系统产生的生态收益无法得到资金补偿，暂时以生态形式留存，则计入"未转化生态价值"，表示该项生态调节产品或文化产品的价值在当年无法得到补偿的金额。作如下会计分录：

借：应收生态补偿款未转化生态价值

　　贷：生态产品收入——生态调节产品收益

　　　　——生态文化产品收益

（4）"生态产品收入"结转。由于"生态产品收入"是损益类科目，期末需要进行相应的结转会计处理，会计分录如下：

借：生态产品收入——生态调节产品收益

　　　　——生态文化产品收益

　　贷：本年生态利润

（5）"本年生态利润"结转。由于本年生态利润为汇总类账户，在期末结转至生态权益，本科目期末无余额，因此需要进行结转处理，会计分录如下：

借：本年生态利润

　　贷：生态权益

（6）"未转化生态价值"期末留存价值注销。由于未转化生态价值中包含了部分无法留存的生态价值，在期末需要判断其中价值是否在未来无法得到生态补偿并且也无法以一定形式留存，这部分无法留存且无法转化的金额应进行会计处理，会计分录如下：

借：生态权益

　　贷：未转化生态价值

（四）生态产品相关的会计信息披露

《企业会计准则》对于会计信息的披露有明确的规定：类型、性质不同的项目应当分别披露。而本书所研究的生态产品资产和生态产品收入与目前财务报表中存在的科目有本质的不同，其相关的利益流入大部分以生态形式产生，其价值无法转化为生态文旅企业目前能够实现内在化的经济利益流入。对于未实现内部化的部分，无法作为实际经济价值在财务报表中披露，因此也无法采取将生态会计核算内容嵌入目前财务报表中的补充报告模式。

本书认为，与企业生态相关的业务，应作为企业独立的生态会计核算，在进行披露时，不作为传统财务报表科目在财务报表中进行披露，而是应构建新的生态报告,并在此报告中进行生态产品价值的披露。该生态报告包含生态资产负债表和生态利润表,其中包含的科目核算传统财务报表未曾核算的生态相关业务。

生态资产负债表和生态利润表作为一种对传统财务报表的补充,反映了企业的生态的价值。不同于传统的社会责任报告中的报告内容过于分散,通过生态报告,报表使用者可以集中了解生态文旅企业的景区环境保护情况,有利于信息使用者对环保信息的集中采集和使用。本书拟构建报表如表3-5、表3-6所示。

表3-5 生态资产负债表样表

生态资产负债表

年 月 日

单位:元 币种:人民币

项目	附注	年末数	年初数
生态资产:			
生态产品资产			
应收生态补偿款			
……			
生态资产总计			
生态负债:			
生态补偿负债			
……			
生态负债合计			
生态所有者权益:			
生态权益			
……			
生态所有者权益合计			
生态负债和所有者权益总计			

表 3-6 　　　　　　　　　　　　　　生态利润表样表

项目	附注	本年度	上年度
生态利润表			
年 1~12 月			
单位：元　　　币种：人民币			
一、生态总收入			
其中：生态产品收入			
……			
二、生态总成本			
其中：生态维护成本			
……			
三、生态净利润			

　　在参考财务会计信息披露的过程中，附注信息虽然没有进入财务报表，但起到了举足轻重的作用，反映了财务报表中的价值量无法体现的情况。而对于生态产品而言，非价值量的附注信息披露也尤为重要。因为生态产品在价值评估计算的过程中，是以实物量的计算结果作为基础，评估出生态产品的价值量。因此对于生态产品而言，披露实物量信息非常关键。

　　在进行生态信息附注披露时，可以借鉴国际环境经济核算体系（SEEA EA）等研究成果。本书认为生态报告中与生态产品有关的披露信息应当包括但不限于以下三项：第一，历年运用生态经济学方法对生态产品进行价值评估的过程中得到的生态的物理量，比如土壤保持量等；第二，同时还可以披露历年生态系统的范围情况，例如每年自然风景区的植被面积和各类植物所占的面积及比例；第三，对生态文旅企业本年度的生态环境重大事项进行公示和说明。

二、企业案例应用——以黄山旅游发展股份有限公司为例

　　根据上文分析，对一家生态文旅企业的生态产品进行会计核算，首先需

要通过根据核算目的，确定核算企业经营景区范围，并分析景区生态系统类型。其次通过生态功能，将生态产品按照生态文化产品、生态调节产品进行分类，并进行价值量评估。最后进行会计生态产品资产和生态产品收入的会计确认、计量和列报。因此，需要先对案例企业进行判断，并对其经营景区的生态系统进行分析。

（一）案例企业介绍及其经营景区生态系统分析

本书选取黄山旅游发展股份有限公司作为案例企业。该企业依托于黄山风景区独特的自然风景资源，进行景区运营和相关旅游产品服务销售。公司深耕景区运营、索道、酒店等业务板块，逐渐形成了以景区经营为核心，拓展相关业务板块的经营布局，以黄山风景区独特的风光景观和衍生的文化价值作为经营核心。

黄山旅游发展股份有限公司 2019~2021 年主营收入情况如表 3-7 所示，根据黄山旅游发展公司的 2019~2021 年主营收入情况判断，其经营业务中与生态自然景区相关的收入分别为酒店业务、索道及缆车业务以及景区业务，其中，三年的景区相关业务占比均超过了总收入的 50%，因此判定其为生态文旅企业。

表 3-7　　黄山旅游发展股份有限公司 2019~2021 年主营收入情况

业务行业	2019 年营业收入（元）	2020 年营业收入（元）	2021 年营业收入（元）
酒店业务	662442948.87	336897525.67	380258989.43
索道及缆车业务	554096548.33	242056471.76	275112377.69
景区业务	213213137.76	81173710.91	115081452.06
旅游服务业务	457869876.01	170495367.39	227126429.17
景区经营相关收入占比（%）	75.74	79.47	77.23

黄山风景区作为黄山旅游发展股份有限公司的经营核心景区，位于我国安徽省黄山市，是中华十大名山之一。同时也是国家级风景名胜区和国家 5A

级旅游景区。黄山风景区的自然面积为 123.375 平方千米，其中杉类面积为 248.7 公顷，松类面积为 4563.1 公顷，硬阔类面积为 6975.9 公顷，软阔类面积为 62.8 公顷，竹林面积为 166.6 公顷。黄山风景区的植被丰富，森林覆盖率达 98.3%，由此可以判断，黄山风景区的生态系统类型为森林生态系统。在气候方面，黄山风景区位于亚热带季风气候区内，季节变化明显，局部地形对气候起主导作用，形成特殊的山区季风气候，主要体现为云雾多、湿度大、降水多。雨量充沛，年均雨日为 180.6 天，积雪日为 32.9 天，年均降雨量为 2370 毫米，无霜期为 225 天。

（二）2019～2021 年度生态产品价值计算

根据前文的生态产品会计核算框架的设计，生态文旅企业需要进行会计核算和会计处理的是未被内部化为经济领域价值的生态产品部分。通过对黄山旅游发展股份有限公司经营业务和黄山风景区的生态系统具体功能进行判断，分析需要评估计算的生态调节产品，其中森林生态系统的代表功能服务有水源涵养功能、土壤保育功能、空气净化功能和固碳功能。此外还包括生态文化产品中的文化科教功能。针对以上功能，得到如表 3 - 8 所示的计算公式模型。

表 3 - 8　　　　　　　　　　　功能指标计算公式

功能指标	计算模型	参数	参数值	参数参考来源
调节水量价值	$V_{wr} = 10 \times C_{wr} \times A_i \times (P_i - R_i - ET_i)$	V_{wr} 为生态系统水源涵养价值（m^3/a） C_{wr} 为全国水库单位库容造价（元/t） A_i 为 i 类森林生态系统面积（hm^2） P_i 为年均降雨量（mm） R_i 为年均地表径流量（mm） ET_i 为年平均蒸散发量（mm） i 为森林生态系统类型，i = 1，2，3，…，n	$C_{wr} = 8.61$ 元/t $A_i = 12127.1 hm^2$	《森林生态系统服务功能评估规范》《中国统计年鉴》

功能指标	计算模型	参数	参数值	参数参考来源
固土价值	$V_{sd} = Q_{sr} \times C_{sd} \div \rho$	V_{sd} 为固定土壤价值（元/a） Q_{sr} 为土壤保持量（t/a） C_{sd} 为挖取和运输单位土壤所需费用（元/m^3） ρ 为林地土壤容重（t/m^3）	$C_{sd} = 12.6$ 元/m^3	《森林生态系统服务功能价值评估规范》
土壤保肥价值	$V_{bf} = Q_{sr} \times (Nc_1/R_1 + Kc_2/R_2 + Pc_3/R_3 + Mc_4)$	V_{bf} 为土壤保肥价值（元/a） N 为土壤含氮量（%） K 为土壤含钾量（%） P 为土壤含磷量（%） M 为森林土壤有机质含量 R_1，R_2，R_3 分别为氮肥含氮量（%），钾肥含钾量（%），磷肥含磷量（%） c_1，c_2，c_3，c_4 分别为氮肥价格（元/t），钾肥价格（元/t），磷肥价格（元/t），有机肥价格（元/t）	$R_1 = 15\%$ $R_2 = 50\%$ $R_3 = 15\%$ $c_1 = 2300$、2133、2630 元/t $c_2 = 2140$、2030、2757 元/t $c_3 = 2300$、2133、2630 元/t （肥料价格依次为2019 年、2020 年、2021 年价格） $c_4 = 320$ 元/t	安徽省发展改革委员会网址公开数据、《森林生态系统服务功能价值评估规范》
空气净化价值	$V_{ap} = \sum_{i=1}^{n} Q_i \times C_{api}$	V_{ap} 为生态系统空气净化价值（元/a） C_{api} 为第 i 类大气污染物的单位治理成本（元/kg） Q_i 为第 i 类大气污染物的净化量（kg/a） i 为大气污染物类别，i = 1，2，3，…，n	$C_{api} = 1.2$ 元/kg（二氧化硫） = 0.69 元/kg（氟化物） = 1.2 元/kg（氮氧化物） = 0.15 元/kg（降尘）	安徽省环境保护厅《关于印发排污费征收标准调整实施方案的通知》《森林生态系统服务功能评估规范》
固碳价值	$V_c = M_{CO_2}/M_C \times (FV - CSR + FSC-SR) \times A \times C_{CO_2}$	V_c 为生态系统固碳价值（元/a） C_{CO_2} 为氧化碳价格（元/t·CO_2） M_{CO_2}/Mc 为碳转化为二氧化碳的系数 FVCSR 为森林生态系统植被固碳速率[t·C/(hm^2·a)] FSCSR 为森林生态系统土壤固碳速率[t·C/(hm^2·a)] A 为森林生态系统面积（hm^2）	$M_{CO_2}/Mc = 44/12$ FVCSR = 0.815t·C/(hm^2·a) FSCSR = 0.213t·C/(hm^2·a)	《生态产品总值核算规范（试行）》

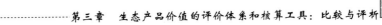

功能指标	计算模型	参数	参数值	参数参考来源
文化科教价值	$V_E = \sum\limits_{i=1}^{n} V_{Ei}$	V_E 为生态系统文化科教产生的价值（元） V_{Ei} 为生态系统文化科教提供的经费收入（元） i 为科研教育经费类别，$i=1$，2，3，$\cdots$，n		参考 Costanza 功能价值系数

计算获得的 2019～2021 年的相应功能生态产品价值如表 3 – 9 所示。

表 3 – 9 　　　　　　　　　2019～2021 年度生态产品价值量

生态产品	2019 年价值量（元）	2020 年价值量（元）	2021 年价值量（元）
水源涵养	578111866.96	1248850257.38	683486021.75
土壤保育	38902848.69	36998577.69	49477842.15
空气净化	36725829.74	36725829.74	36725829.74
固碳	1257372.99	1542684.04	1940953.12
文化科教	253581.10	260029.92	245318.94

（三）2021 年度企业生态产品资产和生态产品收入会计核算

1. "生态产品资产"相关会计处理

通过前文计算可得到黄山旅游发展股份有限公司 2019～2021 年各类生态产品的价值，本书假设于 2021 年末，黄山旅游发展股份有限公司开始对其生态产品价值进行会计核算。其中只需要确认生态调节产品和非商业化生态文化产品的生态产品资产价值，具体计量步骤如图 3 – 4 所示。

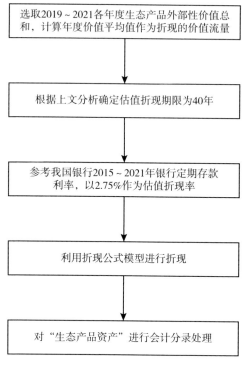

图 3 - 4　会计核算步骤

计算结果如表 3 - 10 所示。

表 3 - 10　　　　　　　　　2021 年生态产品资产估值情况

价值流量（万元）	折现率	年限	估值结果（万元）
91716. 83	2. 75%	40	2208367. 10

生态产品资产的确认分录为：

借：生态产品资产——生态产品原值　　　　　　　　2208367. 10

　　贷：生态权益　　　　　　　　　　　　　　　　　2208367. 10

2. "生态产品收入"相关会计处理

（1）本书假设在 2021 年末，黄山旅游发展股份有限公司开始确认生态产品产生的价值收益，根据前文计算结果，当年由于企业对黄山的环境保护确认生态产品收入，同时，假设政府对于黄山旅游发展有限公司保护风景区生态资源的工作给予 500 万元补偿，则应确认相应的应收生态补偿款。同时，由于黄山风景区的空气净化等服务无法确认得到生态补偿，且当年服务已经产生且无法留存价值，因此剩余价值应作为未补偿生态收益，进行如下会计处理：

　　　　借：未转化生态价值　　　　　　　　　　76687.59

　　　　　　应收生态补偿款　　　　　　　　　　　500

　　　　　　贷：生态产品收入——生态调节产品收益　　77163.06

　　　　　　　　　　　　——生态文化产品收益　　24.53

　　（2）在期末需要对收入进行结转，转为本年利润，企业在会计期末进行如下会计处理：

　　　　借：生态产品收入——生态调节产品收益　　　77163.06

　　　　　　　　　　——生态文化产品收益　　24.53

　　　　　　贷：本年生态利润　　　　　　　　　　77187.59

　　（3）在期末，由于本年生态利润作为汇总类账户，需要在期末将其余额进行结转处理，会计处理如下：

　　　　借：本年生态利润　　　　　　　　　　　　77187.59

　　　　　　贷：生态权益　　　　　　　　　　　　77187.59

　　（4）在期末进行判断，未转化为当下经济利益或确定的未来经济利益的生态收益，其价值需要考量是否无法得到经济补偿，且无法通过一定形式留存，本书假设，在 2021 年度未转化生态价值中金额因为大部分为空气净化等无形服务，无法留存其生态价值，因此应将其价值注销，同时减少留存的生态权益，会计处理如下：

　　　　借：生态权益　　　　　　　　　　　　　　76687.59

　　　　　　贷：未转化生态价值　　　　　　　　　76687.59

　　3. 生态产品价值相关会计信息的披露

　　根据 2021 年对生态产品价值进行的会计核算和会计处理，将所得到的生态资产负债情况和生态资源价值经营成果进行披露，具体如表 3 - 11、表 3 - 12 所示。

表 3 – 11 　　　　　　　　　　　　**2021 年生态资产负债表**

生态资产负债表

年　月　日

单位：万元　　币种：人民币

项目	附注	年末数	年初数
生态资产：			
生态产品资产		2208367.10	
应收生态补偿款		500.00	
未转化生态价值		0.00	
……			
资产总计		2208867.10	
生态负债：			
生态补偿负债		0.00	
……			
负债合计		0.00	
生态所有者权益：			
生态权益		2208867.10	
……			
生态所有者权益合计			
生态负债和所有者权益总计		2208867.10	

表 3 – 12 　　　　　　　　　　　　**2021 年生态利润表**

生态利润表

年 1 ~ 12 月

单位：万元　　币种：人民币

项目	附注	本年度	上年度
一、生态总收入		77187.59	
其中：生态产品收入		77187.59	
……			

项目	附注	本年度	上年度
二、生态总成本		0.00	
其中：生态维护成本			
……			
三、生态净利润		77187.59	

根据表中对企业生态信息的披露可以得到，在 2021 年末企业能够确认生态产品资产为 2208367.10 万元，而这一资产中包含的是黄山的森林生态系统预期未来 40 年能够带来的生态收益的无形生态资产。可以看出，在企业的控制之下，其拥有了一项巨大的生态权利，同时企业也肩负着重大的生态保护责任。通过生态产品资产每年披露的金额，可以判断预期企业对黄山的利用和开发会对生态产生的影响。若其生态产品资产价值逐年下降，则说明企业未能合理开发生态资源，甚至已经对生态环境造成破坏，未来可能有需要对外付出生态补偿成本的风险。

而披露信息中确认了生态产品收入 77187.59 万元，这个数值是当年生态系统产生的生态产品价值，是历史实际发生的金额。与生态产品资产不同，生态产品收入无法显示生态资产的未来收益和风险，只能体现当年的生态流量价值。但通过对比历年的生态产品收入，能够了解黄山的历年生态经营的实际表现情况。

第四章

生态产品价值实现中的
公共政策与政府治理

本章导读： 根据当前生态产品价值实现相关实践案例分析，生态产品的调查监测、评价核算、经营开发到保护补偿，基本需要在政府推动的模式下进行。如推进自然资源确权登记，开展生态产品信息普查，建立生态产品信息云平台，制定生态产品总值核算规范等，都需要自然资源、发展改革委、生态环境、水务、绿化等政府部门牵头推动。作为外部性效益显著的生态产品，认识和挖掘其价值，形成清单目录，需要自上而下、由点及面的不断推动。目前，全国已有30多个省份相继印发建立健全生态产品价值实现机制实施方案、行动方案等政策文件，有些地区因地制宜形成了地方核算体系，可以发现政府主导的生态产品价值实现工作正在积极开展。本章主要梳理分析了近年来国内关于生态产品价值实现的相关政策，分析了各地为促进生态产品价值实现开展的相关工作，公共政策在政府治理过程中如何发挥作用，从现实政府实践中阐释生态产品价值实现的现实图像。

第一节　生态产品价值实现的制度
与相关政策比较分析

一、生态产品价值实现中的政府活动

生态产品作为自然资源要素转化而来的产品类型，具有典型的公共产品属性。在推进其价值实现的工作中，存在许多基础工作，如摸清底数，构建核算体系，搭建产品平台等，政府无疑将作为引导者和推动者。而公共政策作为实现政府工作目标一种十分有效的工具，能够识别生态产品价值实现面临的问题、动员公共权力制定工作目标、明确工作措施，指导地方政府和企业开展试点。通过规定领导责任、政府绩效定期考核、周期性评估加快工作目标的实现。观察生态产品价值实现的相关制度政策的构建过程、分析不同地区不同领域的政策推进情况，对了解现实政府活动具有十分重要的价值和意义。本节主要讨论政府在推进生态产品价值实现工作中的相关活动，包括政策制定、执行、绩效评价等工作。

我国政府对于生态产品价值工作的首次部署是 2010 年《全国主体功能区规划》中首次提出的"生态产品"，将生态产品作为生态文明制度体系下一项对生态功能区生态保护和发展成果的衡量指标，但随着节能环保、生态农业、文旅康养等产业的不断发展，该概念逐步变成了践行"两山"理念的具体载体，成为推动生态文明建设的重要制度创新。党的十八大直接明确了"绿水青山就是金山银山"的理念，我国发展方式发生转变，强调环境保护与经济发展的统筹兼顾，将生态经济作为一种新的经济发展模式，在此背景下，"如何将绿水青山转化为金山银山"成为许多业态发展面临的主要问题。目前，我国生态产品价值实现的探索实践已有十多年历史，已进入全面推动阶段。

本节搜集整理了 2020～2024 年中央和各省市发布的与生态产品相关的政策、文件、技术指南等，将从政策发布的部门和层级、政策总体目标的演进、不同侧重的政策的演进三个方面对近年来国内生态产品价值政策和实践的进展进行梳理和评析。总体而言，从 2010 年开始，我国开展了生态产品价值实现的初步探索（强调要显化生态环境的价值、增强生态产品生产能力），2020～2024 年国家政策的重点在于进一步明确生态产品价值实现的工作任务和前进方向，进一步完善生态产品价值实现机制和路径，并鼓励和推动各地方政府开展更广泛的生态产品价值实现试点工作，推动形成具有中国特色的生态文明建设新模式，具体政府相关行为如下。

（一）政策制定情况

中央为践行"绿水青山就是金山银山"的理念，加快生态产品价值转化，中共中央、国务院对建立生态产品价值实现机制作出了一系列顶层设计和战略部署，为全面推进生态产品价值实现指明了前进的道路和方向。生态产品价值实现已经由地方试点、流域区域探索进入上升为国家层面的重要任务。首先，在政策层面明确了生态产品价值实现的工作任务和前进方向。2018 年发布了《乡村振兴战略规划（2018－2022 年)》，明确要发掘乡村生态产品价值，充分利用乡村生态最大的发展优势；2019 年发布了《关于建立健全城乡融合发展体制机制和政策体系的意见》，提出要探索乡村生态产品价值实现机制；同年发布《关于统筹推进自然资源资产产权制度改革的指导意见》，提出"到 2020 年归属清晰、权责明确、保护严格、流转顺畅、监管有效的自然资源资产产权制度基本建立"的任务目标；2021 年发布了《关于建立健全生态产品价值实现机制的意见》和《关于深化生态保护补偿制度改革的意见》，进一步明确了加快推动建立健全生态产品价值实现机制和进一步深化生态保护补偿制度改革的总体要求；同年，立足于"双碳"战略，国家发布了《关于完整准确全面贯彻新发展理念做好碳达峰碳中和工作的意见》和《2030 年前碳达峰行动方案》。同时，在实践层面，通过开展试点将理念逐步转变为实践。如 2019 年发布《国家生态文明试验区（海南）实施方案》；2021 年发布《成渝地区双城经济圈建设规划纲要》《关于支持浙江高质量发展建设共同富裕示范区的意见》，支持各地开展有地域特色的绿色发展新模式。2018 年，习近平总书记在第二次长江经济带发展座谈会上进一步指出:"要积极探索推广绿水青山转化为金山银山的路径,选择具备条件的地区开展生态产品价值实现机制试点,探索政府主导、企业和社会各界参与、市场化运作、可持续的生态产品价值实现路径。"① 这一论断为进一步推进生态产品价值实现指明了前进方向。

2021 年 4 月,中共中央办公厅、国务院办公厅印发了《关于建立健全生态产品价值实现机制的意见》,明确了下一阶段建立健全生态产品价值实现机制的一系列主要工作的目标:到 2025 年,生态产品价值实现的制度框架初步形成,比较科学的生态产品价值核算体系初步建立,生态保护补偿和生态环境损害赔偿政策制度逐步完善,生态产品价值实现的政府考核评估机制初步形成,生态产品"难度量、难抵押、难交易、难变现"等问题得到有效解决,保护生态环境的利益导向机制基本形成,生态优势转化为经济优势的能力明显增强。到 2035 年,完善的生态产品价值实现机制全面建立,具有中国特色的生态文明建设新模式全面形成,广泛形成绿色生产生活方式,为基本实现美丽中国建设目标提供有力支撑。除了纲领性的政策意见,中共中央针对与生态产品价值实现相关的具体措施也出台了一系列政策,各有侧重,进一步细化并完善了生态产品价值相关的政策框架。

国家发展改革委、财政部、自然资源部、生态环境部、水利、农业农村部、国家林业局等机关单位聚焦相关领域并针对不同任务侧重进行进一步的政策细化和落实,共同推进生态产品价值实现政策的落地实施,包括 2018 年制定并发布的《建立市场化、多元化生态保护补偿机制行动计划》《生态扶贫工作方案》;2020 年发布的《全国重要生态系统保护和修复重大工程总体规划(2021 - 2035 年)》;2021 年发布的《关于加强自由贸易试验区生态环境保护推动高质量发展的指导意见》;2022 年发布的《关于开展森林资源价值核算试点工作的通知》等。针对生态补偿机制、生态扶贫、生态修复、生态资源核算试点等细分任务,提出了进一步的战略规划和行动安排,为各省的生态建设工作提供了理论指导、指明了前进方向。

2021 年 4 月,中共中央办公厅、国务院办公厅印发了《关于建立健全生

---

① 习近平.在深入推动长江经济带发展座谈会上的讲话[M].北京:人民出版社,2018:12.

态产品价值实现机制的意见》，文件发布后，各省结合自身生态资源禀赋情况、生态产品价值目前实现的进展情况，陆续出台了有针对性的生态产品价值实现相关政策和具体实施方法，明确了各省任务目标，同时积极探索生态产品价值实现的可行路径，生态产品价值实现进入了全国全面推进的阶段。

在实践方面，2020～2023年自然资源部陆续发布了四批生态产品价值实现典型案例，为推进生态产品价值实现机制的理论和实践探索，发挥典型案例的示范作用和指导意义。

在各地自然资源部门的牵头下，结合地方自然生态资源特征，多省开展了当地生态产品价值实现案例的征集和评选工作，自2021年以来，广西、宁夏、云南、新疆等各省或自治区均发布了本省生态产品价值实现典型案例。

2024年，国家发展改革委召开健全生态产品价值实现机制工作推进会暨首批国家生态产品价值实现机制试点建设启动会。会议要求在生态产品调查监测、价值评价、经营开发、保护补偿绿色金融支持等方面开展深入探索。

（二）政策总体目标的演进

从生态产品价值实现的相关实践案例可以发现，我国政策目标具有多重性，具体包括以下三点。

第一，将乡村振兴战略与生态产品价值实现结合。2018年中共中央、国务院发布的《乡村振兴战略规划（2018－2022年）》提出，农业是生态产品的重要供给者，乡村是生态涵养的主体区，生态是乡村最大的发展优势。实施乡村振兴战略，要深入发掘农业农村的生态涵养、休闲观光、文化体验、健康养老等多种功能和多重价值。遵循市场规律，推动乡村资源全域化整合、多元化增值，增强地方特色产品时代感和竞争力，形成新的消费热点，增加乡村生态产品和服务供给。大力实施乡村生态保护与修复重大工程，完善重要生态系统保护制度，促进乡村生产生活环境稳步改善，自然生态系统功能和稳定性全面提升，生态产品供给能力进一步增强。将乡村振兴战略和生态价值实现相结合，促进经济和生态的双赢。

第二，将脱贫攻坚战略与生态产品价值实现结合。2018年，按照国务院扶贫开发领导小组统一部署，国家发展改革委、国家林业局、财政部、水利部、农业部、国务院扶贫办共同制定了《生态扶贫工作方案》，强调要充分发挥生态保护在精准扶贫、精准脱贫中的作用。该方案提出通过实施重大生态工程建设、加大生态补偿力度、大力发展生态产业、创新生态扶贫方式等，切实加大对贫困地区、贫困人口的支持力度，推动贫困地区扶贫开发与生态保护相协调、脱贫致富与可持续发展相促进，使贫困人口从生态保护与修复中得到更多实惠，实现脱贫攻坚与生态文明建设"双赢"。

第三，将"双碳"目标与生态产品价值实现相结合。2021 年国务院发布的《2030 年前碳达峰行动方案》明确提出"碳汇能力巩固提升行动"重点任务，包括巩固生态系统固碳作用、提升生态系统碳汇能力、加强生态系统碳汇基础支撑、推进农业农村减排固碳等。同年中共中央、国务院发布的《关于完整准确全面贯彻新发展理念做好碳达峰碳中和工作的意见》指出要把碳达峰、碳中和纳入经济社会发展全局。推动生态产品价值实现，是形成资源节约和环境保护的绿色经济发展格局的重要一环，通过有效提升生态环境质量，充分挖掘生态产品价值，进而助力"碳中和、碳达峰"目标达成。在"双碳"目标背景下，多省已出台建立生态产品价值实现机制的实施方案，将"双碳"相关工作与低碳产品的研发生产密切结合，标志着生态产品价值实现探索在节能降碳领域延伸。例如，2023 年，山东省发布《山东省碳金融发展三年行动方案（2023－2025 年)》，提出推进碳金融制度体系建设，包括丰富碳信贷、碳债券、碳基金等碳金融产品，建设重点工业企业碳账户，提升碳交易市场参与度，搭建一体化碳金融服务平台等，为绿色低碳高质量发展先行区建设提供有力支撑。

（三）政策创新方面

我国在推进生态产品价值实现的政策制定中，还进行了许多创新，突破了原有生态环境类政策的框架，开展了许多与经济类、产业类政策的融合设计。

第一，建立健全生态产品价值核算体系。生态产品价值核算是价值实现的前提，通过核算体系的建立，能够为生态产品交易和政府主导的生态补偿提供依据。2018 年多部门联合发布的《建立市场化、多元化生态保护补偿机制行动计划》鼓励有条件的地区开展生态系统服务价值核算试点，试点成功后全面推广。

为此，2020~2021年，生态环境部环境规划院和中国科学院生态环境研究中心发布了一系列生态产品价值核算规范，如《陆地生态系统生产总值核算技术指南》为生态补偿标准制定、生态产品价值实现机制、生态投融资政策设计、领导干部离任审计、生态文明建设目标/绿色发展绩效考核、自然资源资产负债表编制、国土空间规划和土地利用变化提供技术支撑；《绿色GDP（GGDP）核算技术指南（试用）》规定了绿色GDP核算过程中的指标体系、核算方法、数据来源等内容；《经济生态生产总值（GEEP）核算技术指南（试用）》规定了经济生态生产总值实物量与价值量核算的技术流程、指标体系等内容，为建立健全生态产品价值核算体系提供了理论支持。

此外，2021年国家发布的《关于建立健全生态产品价值实现机制的意见》提出鼓励地方先行开展以生态产品实物量为重点的生态价值核算，再通过市场交易、经济补偿等手段，探索生态产品经济价值核算，逐步修正完善核算办法。在总结各地价值核算实践的基础上，探索制定生态产品价值核算规范，明确生态产品价值核算指具体算法、数据来源和统计口径等，推进生态产品价值核算标准化。2022年国家统计局、国家林草局发布通知，在内蒙古自治区、福建省、河南省、海南省、青海省等五省区开展森林资源价值核算试点工作。

第二，建立健全资产产权制度。2013年，党的十八届三中全会首次提出要健全自然资源资产产权制度，2019年中共中央、国务院发布的《关于统筹推进自然资源资产产权制度改革的指导意见》中进一步提出，针对当前自然资源资产底数不清、所有者不到位、权责不明晰、权益不落实、监管保护制度不健全等问题，明确现阶段主要任务，加快健全自然资源资产产权制度，进一步推动生态文明建设。构建完善的自然资源资产产权制度有助于更好地发挥市场机制的作用，推进生态资源进行流转和交易，从而促进生态产品价值实现。这项政策内容涉及的工作范围、工作体量都较大，健全资产产权制度工作，将完整、全面地形成我国自然资源底数清单。

第三，建立健全生态补偿机制。2016年国务院发布的《关于健全生态保护补偿机制的意见》指出要不断完善转移支付制度，探索建立多元化生态保护补偿机制，逐步扩大补偿范围，合理提高补偿标准，同年发布的《关于加快建立流域上下游横向生态保护补偿机制的指导意见》又提出要从流域横向补偿入手，这标志着我国开始协调推动纵向补偿和横向补偿。党的十八大以来，生态保护补偿机制建设顺利推进，重点领域、重点区域、流域上下游以及市场化补偿范围逐步扩大，投入力度逐步加大，体制机制建设取得初步成效。但还存在企业和社会公众参与度不高、优良生态产品和生态服务供给不足等矛盾和问题，因此，2018 年发布的《建立市场化、多元化生态保护补偿机制行动计划》指出要激发社会资本力量参与生态补偿，探索市场化补偿手段。同年财政部又出台了《关于建立健全长江经济带生态补偿与保护长效机制的指导意见》，为推动长江经济带生态保护和绿色发展提供政策支持。2021 年发布的《关于深化生态保护补偿制度改革的意见》提出加快健全有效市场和有为政府更好结合、分类补偿与综合补偿统筹兼顾、纵向补偿与横向补偿协调推进、强化激励与硬化约束协同发力的生态保护补偿制度，做好碳达峰、碳中和工作，加快推动绿色低碳发展，促进经济社会发展全面绿色转型。生态补偿机制对促进区域协同治理作用巨大。

第四，推动碳排放权、排污权和用能权等环境权益交易。2021 年发布的《关于建立健全生态产品价值实现机制的意见》提出要推动碳排放权、排污权和用能权进行市场交易。全国碳排放权交易市场（以下简称"碳市场"）是实现碳达峰与碳中和目标的核心政策工具之一。2011 年以来，北京、天津、上海等地开展了碳排放权交易试点工作，但仍存在制度机制不完善、市场建设不成熟的问题。2017 年底，中国启动碳排放权交易；2021 年 7 月 16日，全国碳排放权交易市场开市。各地加快了对环境权益交易的探索，这将对加快推进生态产品价值实现起到重要作用。环境权益交易拓宽了经济社会活动的要素范围，形成的交易市场能更好增强生态要素在经济发展中的作用。

第五，大力推动社会参与。无论是开展生态修复和生态补偿，还是推动生态产业化发展，都离不开全社会的参与和支持。要充分考虑不同生态产品价值实现路径，注重发挥政府在制度设计、经济补偿、绩效考核和营造社会氛围等方面的作用，充分发挥市场在资源配置中的决定性作用，推动生态产品价值有效转化。2021年国务院发布《关于鼓励和支持社会资本参与生态保护修复的意见》，鼓励和支持社会资本参与生态保护修复项目投资、设计、修复、管护等全过程，围绕生态保护修复开展生态产品开发、产业发展、科技创新、技术服务等活动，对区域生态保护修复进行全生命周期运营管护。重点鼓励和支持社会资本参与以政府支出责任为主（包括责任人灭失、自然灾害造成等）的生态保护修复。整理我国2018～2023年生态产品价值相关政策如本书附录表1所示，近五年生态产品价值核算相关技术指南如本书附录表2所示，近五年生态产品价值实现案例如本书附录表3所示。

二、地方政策与实践进展评析

自2016年起，我国提出设立统一规范的国家生态文明试验区，福建、江西、贵州等地获批成为试验区，在试验区实施方案中，已将生态补偿、生态扶贫、绿色金融等纳入改革举措和经验做法清单。这些为生态产品价值实现提供了基础。

在2021年4月《关于建立健全生态产品价值实现机制的意见》（以下简称《意见》）印发后，各省市的行动方案及相关政策均以《意见》作为顶层设计，由上而下地开展生态产品价值实现行动。许多地区因地制宜形成了不少地方方案。

（一）《意见》印发前重点试点地区生态产品价值政策制度对比分析

根据2017年《关于完善主体功能区战略和制度的若干意见》的要求，浙江丽水市、江西抚州市先后被列为国家生态产品价值实现机制试点地区。

浙江丽江市和江西抚州市作为全国生态产品价值实现机制试点市，在政策制度方面具有试点地区的代表性，因此在生态产品价值实现的政策设计中，针对以下方面进行对比。

一是生态产品价值核算方面。丽水市创新出台了全国首个山区市生态产品价值核算技术办法，发布了《生态产品价值核算指南》地方标准。相较于抚州市，丽水市更关注生态产品的价值实现，建立了GDP和GEP"双考核"

机制，开展生态产品价值实现机制试点专项审计，明确各地各部门在提供优质生态产品方面的职责。而江西抚州也编制出台了《抚州市生态产品价值评估与核算方法》。但不同之处在于抚州更关注生态产品价值核算标准化，与国家标准化研究院合作，制定了江西省地方标准的《生态产品标准和认证体系方案》和《生态产品价值实现评估与核算技术规范》，为全国生态产品价值量化提供了"抚州方案"。

二是探索构建生态产品市场交易体系方面。丽水市以公共生态产品政府供给为原则，建立了基于 GEP 核算的生态产品政府购买机制，明确政府向"两山公司"等市场主体购买调节服务类生态产品。与此同时，丽水市充分发挥市场作用，创新培育"两山公司"实现生态产品供给有主体，破解市场主体缺失问题。而抚州市则是围绕"资源变资产、资产变资本、资本变资金"，加快建立现代产权制度，打通生态产品与资本市场的通道，积极探索土地承包经营权、水域养殖权、农村集体资产所有权抵押融资模式，大力挖掘生态资产蕴含的金融功能和属性。

三是区域公共品牌打造方面。丽水市以"丽水山耕""丽水山景""丽水山居"等"山"字系品牌培育和生态产品标准化建设，提升生态产品附加值。而抚州市依托汤显祖文化品牌，推动生态与文化、旅游深度融合，做好生态"变现"文章。目前，全市共有 1 个国家 5A 景区、16 个 4A 景区，打造了大觉溪田园综合体、曹山农禅小镇、竹桥古村、仙盖山等一批农旅、文旅项目。

（二）《意见》印发后各地生态产品价值实现政策方案对比分析

2021 年，《意见》提出了六大生态产品的实现机制，分别是建立生态产品调查监测机制、建立生态产品价值评价机制、健全生态产品经营开发机制、健全生态产品保护补偿机制、健全生态产品价值实现保障机制、建立生态产品价值实现推进机制。各个地区和城市围绕《意见》中生态产品的实现机制，安排制定相关的政策制度。

在生态产品调查监测机制方面，各地区均需开展推进自然资源确权登记。各省市主要以合理界定出让、转让、出租、抵押、入股等权责归属为重点。

在政策安排中海南由于其海洋生态产品的特点，在自然资源登记政策安排中加入了符合地域特点的海南岛及近岸海域生物多样性本底调查，建立覆盖陆海的生物多样性基础数据库和监管制度。

在建立生态产品价值评价机制方面，各省均推动生态产品价值核算机制的建立和生态产品价值评估机制的完善。其中福建省利用武夷山、厦门生态系统价值（GEP）核算经验基础，进一步探索构建行政区域单元生态产品总值和特定地域单元生态产品价值评价体系，鼓励培育区域性生态产品价值第三方评估机构。而广东省则强调通过价值核算建立反映生态产品保护和开发成本的价值核算方法，研究建立体现市场供需和资源稀缺程度的生态产品价格形成机制。

在地方实践方面，全国相继开展生态价值核算试点：2022 年，国家林业和草原局、国家统计局发布《关于开展森林资源价值核算试点工作的通知》，在内蒙古自治区、福建省、河南省、海南省、青海省等五省区开展森林资源价值核算试点工作；2023 年，云南省生态环境厅发布《云南省九大高原湖泊流域生态产品价值核算工作方案》，统筹推进九大高原湖泊流域生态产品价值核算，给绿水青山"定价"。开展生态补偿机制试点：2020 年，多部门联合研究制定了《支持引导黄河全流域建立横向生态补偿机制试点实施方案》。

同时，许多地区通过试点积累了实践经验，自然资源部于 2020 年发布《生态产品价值实现典型案例》第一批和第二批，2021 年发布第三批案例，2023 年发布第四批案例，四批共包含 43 个国内外生态产品价值实现的典型案例，案例涵盖了不同类型生态资源和不同类型价值实现路径，为我国各地探索生态产品价值实现的具体模式和方法提供了很好的参考借鉴。此后，随着生态产品价值实现试点工作在全国全面开花，截至 2024 年 8 月，新疆、广西、宁夏、云南等多个省份自然资源厅陆续发布了本省（区）生态产品价值实现典型案例。

从地方案例实践来看，我国各地生态产品价值实践模式主要包括通过政府构建生态产品市场，与企业进行供需对接、搭建创新平台交易、产品及品牌创新等。政府构建生态产品市场，主要是由政府牵头，部分企业承接当地生态产品市场，结合地方性政策，因地制宜地进行生态治理规划，挖掘特色历史文化为当地各类生态产品构建交易市场，助力当地产业发展，实现生态产品价值转化。

地方政府牵头推进的生态补偿工作是最具典型意义的生态产品价值实现工作。例如2010年，江苏省苏州市政府制定了《关于建立生态补偿机制的意见（试行）》，在全国率先建立生态补偿机制。2014年，苏州市政府在全国率先以地方性法规的形式制定了《苏州市生态补偿条例》，推动政府购买公共性生态产品，实现"谁保护、谁受益"。2019年，苏州市选择金庭、东山地区开展苏州生态涵养发展实验区建设，将其定位为环太湖地区重要的生态屏障和水源保护地。金庭镇依托丰富的自然资源和深厚的地理文化底蕴建立"生态农文旅"模式，实现生态产业化经营和市场化价值实现。通过对明月湾、东村等中国历史文化名村及传统历史村落的文化底蕴的挖掘，鼓励村民在传统村落中以自有宅基地和果园、茶园、鱼塘等生态载体发展特色民宿、家庭采摘园等，实现从传统餐饮住宿向农业文化体验活动拓展，形成"吃采看游住购"全产业链，通过游客的"进入式消费"实现生态产品的增值溢价。一方面，苏州市建立了针对各类自然生态要素的生态补偿机制，以财政转移支付的方式"采购"公共性生态产品，彰显其内在价值；另一方面，金庭镇通过"生态农文旅"模式的发展，打通了经营性生态产品价值实现的渠道，显化了物质供给类和文化服务类生态产品的价值。其他还有皖浙两省的新安江生态补偿模式，已成全国典范。

浙江省杭州市通过推动西溪湿地修复工程探索出了一条从"湿地公园"到"湿地公园型城市组团"，再到"公园导向型发展"模式的绿色转型高质量发展之路，由杭州市人民政府确定的杭州市西溪国家湿地公园管理机构（西溪国家湿地公园管理局）对西溪湿地公园实施统一管理，授权西溪湿地运营管理有限公司开展生态旅游等经营活动，开展西溪湿地公园以及湿地规划范围外的"西溪天堂"国际旅游综合体。一方面，在西溪国家湿地公园管理局的授权下，西溪湿地运营管理有限公司负责具体运营，借助湿地资源资产及优质生态产品供给，开展湿地游览、科普研学等经营活动。另一方面，西溪湿地带动了周边区域的发展，形成若干功能齐全的新兴住宅集聚区，吸纳了几十万常住人口，实现了土地资源的保值增值。此外，创意产业园、科技园等项目和创业型企业相继落户，推动了未来科技城、城西科创大走廊的发展，实现了杭州共享湿地价值外溢。

广东省汕头市南澳县是广东省唯一的海岛县，地处闽、粤、台三地交界海域，由南澳岛及周边多个岛屿组成，依托丰富的海域海岛自然资源和深厚的历史文化底蕴，其大力推进"蓝色海湾"等系列海岛保护修复、近零碳排放城镇试点、海岛生态文体旅产业建设。作为广东省首批近零碳排放区城镇试点，南澳县印发了《南澳岛近零碳排放区城镇试点建设实施方案》，坚持"产业低碳、生态固碳、设施零碳、机制减碳"的建设主线，探索海岛零碳发展模式，打造多能互补的能源体系。当地搭建以低碳旅游交通、住宿和碳积分兑换为核心的信息共享平台，上线运营"南澳零碳＋"小程序，游客参加步行、共享单车、电动公交、在零碳示范酒店住宿等活动，可以获取碳积分并兑换酒店、景区门票优惠券，推广绿色低碳旅游；开发"一部手机游南澳"小程序，发展海岛森林康养、森林旅游等新兴产业，畅通生态产品转化渠道。

福建省南平市光泽县通过搭建运营平台，高效优化水资源要素配置。依托光泽县水利投资有限公司，组建县"水生态银行"，统一开展水资源资产产权流转、市场化运营和开发。在前端，通过公开竞拍、收购、租赁、自行建设等方式，储备与水资源有关的矿业权、水库所有权、水域经营权等。在中端，以特许经营方式授权"水生态银行"开展河道清淤整治、河岸生态修复等水环境治理项目，利用清淤富余物生产建筑用砂并达到投入产出平衡，实现水环境市场化修复。在后端，加强与科研单位的合作，提升水资源开发利用附加值，再引入社会资本，全力打造水生态全产业链，依托水生态银行，引入产业投资方和运营商，通过股权合作、委托经营等方式，对水资源进行系统性的产业规划和开发运营，推动形成绿色发展的水生态产品全产业链。

品牌创新是我国经营性生态产品价值实现中较为常见的实践模式，是指政府或企业在生态产品的研发、生产、营销等方面采取创新策略，通过打造当地特色品牌，使生态产品除了具有其使用价值外，还具备地方独特性，以建立和提升自身的品牌形象和竞争力。

河南省淅川县是我国南水北调中线工程核心水源区和渠首所在地，当地一方面开展山水林田湖草系统治理和监控监管，夯实生态产品生产基础；另一方面积极探索生态价值产业实现路径，培育生态产品区域公用品牌。淅川县构建了以"淅有山川"为代表的区域公用品牌体系，制定生态产品质量认证管理办法；培育"淅有山川"公用品牌的第三方生态产品质量认证机构，实现认证标准多领域和国标化，同时通过"互联网＋"销售模式，通过整合构建网商、电商、微商相融合的营销体系和品牌推介平台，培育"淅有山川"产品加盟基地，与县域品牌、企业品牌、中国地理标志产品、地理标志农产品等现有品牌相互叠加，共同构筑淅川县生态产品的区域品牌"矩阵"，扩大"淅有山川"生态产品的知名度和影响力。同时，淅川县积极发展矿泉水、食品饮料等水产业，形成了以福森大健康产业有限公司为代表，以生产夏凉茶、功能饮料、果汁饮料、特医食品为主的产业集群，打造了"福森源"牌草本凉茶、金银花植物饮料、"九月故事"山楂汁和劲驾植物功能饮料等一批省内知名饮料品牌。

阿者科村位于云南省红河州元阳县哈尼梯田世界文化景观核心区，至今已有 160 余年历史，因其独特的梯田景观、保存完好的哈尼族传统民居和悠久的哈尼传统文化底蕴，成为哈尼梯田世界文化遗产区 5 个申遗重点村落之一，也是第三批国家级传统村落。元阳县通过政策引导、持续培育和立体推介等措施，打造"元阳红"等优质品牌，形成了梯田红米、梯田鱼、梯田鸭、梯田茶等一批标准化的元阳梯田生态产品，提升了综合竞争力。元阳县政府与村集体联合成立阿者科村集体旅游公司，为了不破坏村内自然环境和文化遗产的原真性，阿者科村将产品定位为"小团定制产品、深度体验产品"，将纺织染布、插秧除草、捉鱼赶沟等哈尼族传统生产生活活动进行了重新设计，推出了自然野趣、传统工艺、哈尼文化等主题性特色体验产品。驻村团队通过拍摄阿者科村优美的人文与自然美景小视频，在短视频社交平台上定期更新，吸引大量游客前来观光"打卡"，以自然资源入股和鼓励村民保护自然、传承文化的分红机制，盘活了自然资源资产，打通了生态产品价值实现的渠道，促进了村民增收致富，也极大地激发了村民保护梯田、传统民居的积极性，实现了保护与发展的良性循环。

抚松县位于吉林省东南部、长白山西北麓，是松花江源头和全国重要的林业基地，当地天然矿泉水资源丰富，已探明水源地45处，被誉为世界天然优质矿泉水源富集地之一。凭借得天独厚的资源优势，抚松县创优当地特色"矿泉水品牌"，通过水源保护、产业集聚、建设以矿泉水为主的绿色饮品产业集群，推动水生态产品价值实现。为促进矿泉水产业可持续发展，抚松县设立了370.18平方公里的吉林长白山天然矿泉水抚松饮用水保护区，专门成立"抚松矿泉水管理局"，规范35县域内矿泉水资源的保护和管理，打造矿泉水资源产业集群。政府设立专项补助资金，引导企业以市场需求为导向，加强新产品开发和技术创新，形成自主知识产权；推进4个矿泉水产业园区建设，先后培育了泉阳泉矿泉水等本土企业，引进了农夫山泉等国内龙头企业，集聚形成了一大批矿泉水、饮品生产及加工企业，促进资源优势转化为产业优势、规模化发展优势。以泉阳泉饮品有限公司获准使用"吉林长白山天然矿泉水地理标志产品"为基础，打造泉阳泉饮品等品牌，以及林海雪原、峡谷泉等多个驰名商标，建立矿泉水产品的质量管控和品牌管理体系，树立抚松"绿色矿泉水品牌"。

总体而言，自2010年以来，我国生态产品价值相关政策在不断丰富、细化、落实中，目前处于全面推进的时期。生态产品价值核算工作实现了由点到面的全面推进，同时在顶层设计和战略部署的指引下，我国对多元化生态产品价值实现路径的探索持续深化。从上述一系列案例分析中可以看出，政府在生态产品的核算规范、平台搭建、标准制定方面发挥了自上而下的推动作用，在价值实现方式、价值评价机制等方面还主要依靠市场的创新性。

第二节　生态产品价值实现中的政府治理功能

一、生态产品价值实现与自然资源资产离任审计

生态产品价值实现工作有利于自然资源资产的统计，与领导干部的治理能力考评密切相关。2015年，我国印发了《关于加快推进生态文明建设的意见》与《生态文明体制改革总体方案》，把自然资源资产离任审计作为考察

领导干部生态文明建设履职情况的重要抓手之一；2017 年，中共中央办公厅、国务院办公厅联合印发了《领导干部自然资源资产离任审计规定（试行）》（以下简称《规定》），标志着一项旨在推动领导干部切实履行自然资源资产管理和生态环境保护责任的全新审计制度正式建立。根据《规定》要求，自然资源资产离任审计目的是纠正领导干部"唯经济论"观念，聚焦任职期间资源环境保护履职情况的审计工作，在领导层面树立促进树立追求可持续发展、绿色发展的理念。为此，国家审计署开展了相关试点探索工作，围绕自然资源的实物量审计积累了许多经验，切实维护了当地生态环境安全和人民群众利益。但随着绿色发展理念的不断实践，特别是"绿水青山就是金山银山"论断的提出，资源环境要素内涵已超越了其自然属性而日益显示出助力社会经济发展的价值，对此，2021 年 4 月，中共中央办公厅、国务院办公厅印发了《关于建立健全生态产品价值实现机制的意见》，要求推动生态产品的价值实现。基于此，如何审计自然资源的价值量，如何通过自然资源审计推动地方经济高质量发展？成为十分值得研究的问题。

我国对自然资源离任的审计，主要是通过构建评价指标体系对审计对象的自然资源管理情况进行审计，其中既有环境目标、资源占比等定量指标，也有法规落实、政策落实等定性指标。如何构建一套科学有效的指标体系成为自然资源资产离任审计领域重要的研究内容，国内外对此开展了一系列研究，主要形成了两大类研究主题。第一类研究主要从自然资源与社会经济的关系角度出发构建不同理论，进而形成相应的指标体系，如 1979 年大卫·拉波特（David J. Rapport）等首次提出 PSR（压力—状态—响应）理论，通过描述人类在经济发展过程中对自然环境造成的压力（Press），造成的环境资源状态变化（State），人们为了恢复环境质量和资源存量，通过认知的、决策的、经济行为等方法对环境状态作出响应（Response）。基于此，朱晨（2021）以森林资源为对象建立了审计评价指标体系。第二类研究则主要围绕科学编制自然资源资产负债表展开，根据《国务院办公厅关于印发编制自然资源资产负债表试点方案的通知》可知，自然资源资产负债表是以核算账户的形式对全国或一个地区主要自然资源产的存量及增减变化进行分类核算，进而客观地评估当期自然资源产实物量和价值的变化摸清某一时点上自然资源产的"家底"，全面反映经济发展的资源环境代价和生态效益。2014年，科斯坦萨等知名国内外生态经济专家研究编制了三亚市的自然资源资产负债表。张献方（2019）等学者选定了林草等生态资源实物量来建立负债表。从上述两类研究主题可以发现，大部分研究主要是从实物量角度进行测算，较少涉及自然资源的价值量，且审计范围主要集中于森林、草木等生态要素，应用范围较窄。

根据2015年中共中央办公厅、国务院办公厅印发的《开展领导干部自然资源资产离任审计试点方案的通知》的要求，国家审计署围绕建立规范的领导干部自然资源资产离任审计制度，开展了一系列试点探索，相继在湖南省娄底市、内蒙古呼伦贝尔市、浙江湖州市、湖南娄底市、贵州赤水市、陕西延安市等地开展了审计试点。审计试点围绕"审什么、怎么审、如何进行评价"进行了积极探索和经验总结。表4-1对近年的试点进展进行了汇总。

表4-1　　　　　　　　近年关于自然资源资产离任审计试点进展

试点地区	出台政策	审计范围
内蒙古呼伦贝尔市	《内蒙古自治区领导干部自然资源资产离任审计试点实施方案》（2015）	土地、矿产、森林、草原、水资源等保护、开发、利用、经营、管理以及生态环境保护情况
浙江湖州市	《浙江省开展领导干部自然资源资产离任审计试点实施方案》（2017）	土地资源、水资源、森林资源管理和矿山生态环境治理、大气污染防治等
湖南娄底市	《湖南省开展领导干部自然资源资产离任审计试点实施方案》（2016）	土地资源、水资源、森林资源、矿山生态环境治理、大气污染防治等
贵州赤水市	《贵州省自然资源资产责任审计工作指导意见》（2015）	森林、水、国土、矿产等资源
陕西延安市	《陕西省领导干部自然资源资产责任审计试点工作方案》（2017）	生态环境、河流治理、雾霾治理

从试点地区的方案分析，主要包括督察审计对象是否践行、履行国家颁布的生态文明建设方针，以及被审计对象是否在担任职务的时间内切实对管

辖区内所有自然资源、生态环境开展保护管理。但也陆续暴露了一些问题和困难，如各地自然资源数据没有在统一的平台上公布导致其利用困难、各地自然资源部门的数据参数系统不统一难以进行比对，以至于造成缺乏数据支撑、缺少统一的自然资源资产核算体系。表4-2总结了各地自然资源离任审计试点实践出现的问题。

表4-2　　　　　　　　各地自然资源离任审计试点实践出现的问题

问题	问题描述
审计内容不完整	审计工作主要选取地方易统计、有底账的重点资源进行审查
审计指标缺乏时效性	审计指标侧重实物量统计核算，缺乏价值量核算
审计信息难以收集	自然资源品种多，尚未有统一的数据统计方法
审计工作组织难	涉及众多政府部门机构，审计工作需要他们的支持与配合

通过梳理学术研究和实践试点进展可以发现，当前的自然资源资产离任审计主要是通过构建评价指标体系，审计自然资源资产变化情况的"实物账"缺乏价值量的折算，审计要素较为单一，主要核算一些底账清楚、易于统计的自然资源，而对涉及地区自然资产价值的发现缺乏挖掘和统计，各地各部门统计的数据并不统一，还存在内容缺失、共享困难等问题。

形成生态产品价值实现视角下的审计体系，基本思路是将生态产品价值实现的模式与审计中的自然资产内容进行匹配，按照不同价值实现模式将审计要素进行分类。张林波等（2021）通过参考国内外生态产品价值实现方面开展的资料和实践，总结出了生态保护补偿、生态权益交易、资源产权流转、生态载体溢价、资源配额交易共五大类实现模式。基于此，我们将现有自然资源资产离任审计的内容中涉及的重点领域，包括土地资源、水资源、森林资源以及地方生态环境治理等领域，转化至生态产品不同的实现模式中。

其中，生态保护补偿是生态产品实现价值的最直接的方式，是指政府通过经济补偿来实现对当地各项自然资源的保护与管理。此项资金补偿用于各个层面，例如用于补偿农民保护高质量耕地、补偿机械设备实现灌溉水的开发利用、补偿生态林管理部门以实现林地覆盖的保持与增长。黄溶冰（2020）选取自然资源中耕地保有量、林地保有量、森林覆盖率、用水总量、人均公共绿地面积、农作物秸秆综合利用率、水资源利用率共 7 个指标来衡量领导干部对生态保护补偿措施的落实程度。

生态权益交易属于准公共型生态产品实现价值转化的主要方式，主要表现为碳排放权交易、排污权交易等。污染排放权一旦成为一项生态产品，那就表示能够通过减少污染物的排放来实现经济收益。刘桔林（2020）对县级领导干部进行审计研究的文献中评价污染物排放指标使用的是优良天数比例、二氧化硫排放量、二氧化氮排放量、城镇污水集中处理率，以及 PM2.5 平均浓度五项指标来衡量生态权益交易的建设情况。

资源产权流转是生态产品通过其权益的拥有实现价值的方法，代表政府或其他个体通过掌握生态产品的产权而实现的经济收益，主要的实现方式是修复产权流转以及保护地役权，其含义表示通过地块的重新整治进行产权转让开发以及禁止某地区的开发而付出的补偿费。郑鹏（2019）等的研究中将动物物种种类作为考核保护地役权的标准，因为大部分保护地役权都应用于国家保护动物栖息的场所的管理。因此本书在此基础上把指标设置为物种保护种数，在实际应用中按照实际需要设置特定物种的相关指标。

在生态载体溢价方面，由于生态产品在开发中对周边业态存在正外部性，带来潜在溢价，这些溢价是生态产品价值实现中的间接价值，测算较为复杂。本书认为无论是直接的还是间接的载体溢价，其生态产品价值实现路径都比较漫长，且存在众多客观因素影响，因此本书选择未建立生态载体溢价方面的评价指标体系。在生态产业开发方面，我国的价值实现方式主要是通过绿色生态的技术鼓励企业的产业转型，或是通过生态资源形成当地的特色招牌，吸引游客旅游，打造当地品牌等方式。由于在此方面并没有研究构建过类似的指标，因此本书设置了旅游园区的企业生产情况、战略性新兴产业增加值占 GDP 的比重来衡量生态产业开发的领导干部履职情况。为了保证审计内容的完整性，将其他人为造成环保问题的情况作为非约束性指标进行审计。综合上述研究，我们可以构建出生态产品价值实现视角下的自然资源资产审计指标体系，具体如表 4-3 所示。

表 4 – 3　　　　　生态产品价值实现视角下的自然资源资产审计指标体系

一级指标	二级指标	单位	指标类型	指标说明
生态保护补偿	耕地保有量	万公顷	正指标	审计对于耕地资源保护补偿的政策落实情况
	林地保有量	万公顷	正指标	审计对于林地资源保护补偿的政策落实情况
	森林覆盖率	%	正指标	审计对于森林资源保护补偿的政策落实情况
	用水总量	亿立方米	负指标	审计对于水资源保护补偿的政策落实情况
	人均公共绿地面积	平方米	正指标	审计对于绿地资源保护补偿的政策落实情况
	农作物秸秆综合利用率	%	正指标	审计对农用秸秆处理用具补偿的政策落实情况
	水资源开发利用率	%	正指标	审计对水资源综合开发利用涉及的补偿情况
生态权益交易	空气优良天数比例	%	正指标	审计对污染物排放权交易市场的组织建设情况
	PM2.5 年均浓度	微克/立方米	负指标	
	二氧化硫年日平均值	mg/m³	负指标	
	二氧化氮年日平均值	mg/m³	负指标	
	城镇污水集中处理率	%	正指标	
资源产权流转	物种保护种数	种	正指标	审计实行保护地役权保护珍贵物种的落实情况
	新建绿色建筑比例	%	正指标	审计对于修复产权流转的政策落实情况
生态产业开发	战略性新兴产业增加值占 GDP 比重	%	正指标	审计绿色新兴企业投资的政策落实情况
	旅游园区企业生产情况	万元	正指标	审计对当地生态旅游业发展的建设情况

续表

一级指标	二级指标	单位	指标类型	指标说明
非约束性指标	是否存在人为导致的重大环境污染状况			审计在任职期间对生态文明建设的宣传、相关法律法规的普及和对保护生态环境的决策情况
	是否存在人为导致的重要或者稀缺资源损毁			
	是否存在人为导致的重大生态破坏状况			
	是否存在违反自然资源资产管理利用和生态环保法律法规			

上述指标体系为地方政府领导干部的离任审计评价提供了参考，这是生态产品价值实现推进工作的重要功能。

二、生态产品价值实现与乡村现代化治理——以长三角示范区为例

生态产品价值实现的另一个重要政府治理功能，便是促进乡村振兴，带动城乡一体化发展。生态产品推动共同富裕在乡村振兴中实践广泛，其理论逻辑包括乡村生态产品价值实现，就是要将零散化、碎片化的乡村生态产品通过资源整合，利用政府手段或市场手段进行市场交易，实现乡村生态产品在劳动再生产过程中的增值，完成从以"绿水青山"为主的生态资源转变为"金山银山"的生态资产、生态资本，保证了农民持续增收，也就进一步缩小了城乡居民收入差距，从而推动实现共同富裕。具体类别划分如表4-4所示。

表4-4　　　　　　　　　乡村生态产品的类别划分

分类		特性	价值类型	表现形式	价值实现路径
私人物品		排他性、竞争性	以市场价值为主	绿色有机农产品、水产品、林产品、畜（牧）产品等	市场交易
准公共物品	俱乐部物品	排他性、非竞争性	市场价值和非市场价值	乡村旅游度假风景区、农村博物馆、乡村历史文化古迹等	资源资产化、资源资本化、生态产业化等
	公共池塘物品	非排他性、竞争性		乡村森林公园、国家公园、农村人居环境等	

续表

分类	特性	价值类型	表现形式	价值实现路径
纯公共物品	非排他性、非竞争性	非市场价值为主	宜人的气候、清洁的空气、干净的水源等	生态补偿、财政转移支付等

促进乡村生态产品价值实现，就是要弥补仅将土地、劳动力、资本等要素纳入收入和财富分配框架的不足，将乡村生态产品参与初次分配，通过财政转移支付或生态补偿方式参与再分配，通过志愿服务或公益事业激发农民主体意识参与三次分配。

乡村生态产品价值实现的路径为：加强宣传引导，提高社会对乡村生态产品及其价值实现的认知水平，需要让农民知晓乡村生态产品具有实现共同富裕的天然公平性和价值实现的可能性，用更通俗的语言对其进行科普宣传，包括价值实现方式和收益的解释，从而更好地引导他们参与到生态产品价值实现实践中。

加快乡村生态产品价值实现的理论研究和技术研发。一方面，需要在充分考虑我国乡村生态产品特点和自然生态系统修复需求的基础上，学习借鉴国外更加成熟的生态产品价值实现方案；另一方面，国内也要根据不同类型乡村生态产品的商品属性，加快乡村生态产品价值关键核算技术的研究。此外，地方政府要通过整合部门之间的乡村生态资源基础数据，根据乡村生态产品的产权属性和空间可分割性，分类确定乡村生态产品价格，探索不同乡村生态产品之间的换算规则和换算比例。

做好乡村生态产品权属登记。加快自然资源资产产权制度改革，开展乡村生态产品普查，明确乡村生态资源存量和潜在可转化资源，分区域建立乡村生态产品目录清单，确定生态保护红线的具体边界和资源环境承载能力，探索开展与国民经济核算相一致的乡村生态资源资产负债表编制工作。此外，为避免市场主体通过非价格机制赚取生态租值，损害生态环境，有必要界定乡村生态产品的产权，制定自然资源确权登记试点办法。具体如图 4 - 1、图 4 - 2 所示。

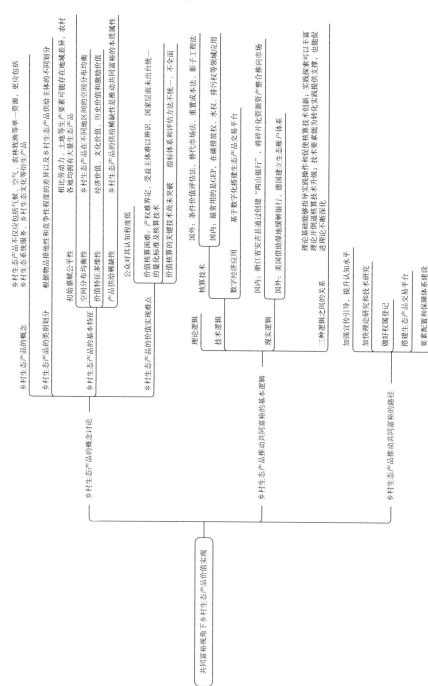

图4-1 乡村生态产品价值实现促进共同富裕

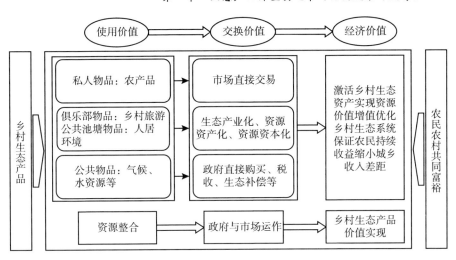

图 4 - 2　乡村生态产品推动共同富裕的理论逻辑

案例 4 - 1　福建南平森林生态银行；湖北鄂州自然资源确权登记

激发市场内生动力，搭建生态产品交易平台。

鼓励各地根据社会经济现状和未来发展规划，探索成立区域性的生态产品交易平台，按照统一交易规则，完善信息交互共享、多元主体共建、市场竞争公平的市场交易机制，辅之出台相关财税政策、信贷政策、产业政策等，进而促进乡村生态产品价值实现。

案例 4 - 2　浙江安吉"两山银行"生态产品交易平台

强化乡村生态产品价值实现的要素配置和保障体系建设。

拓宽乡村生态产品筹资机制。

开发与乡村生态产品相关的债券、基金、期货、期权等金融产品，增加绿色金融产品供给。国家层面，建立惩戒机制，加强绿色信用制度建设；地方政府层面，根据地域特色和土地类型，推行负面清单管理制度，确保乡村生态产品开发与区域主体功能区定位相协调。重视相关人才培养。

不仅需要乡村生态产品价值核算、确权登记等专业人才，更需要产品开发和市场推广人才。

打造特色公共品牌。

各地可以依托自身资源禀赋，培育乡村生态产品的多元化，打造覆盖全区域、全品类、全产业链的乡村生态产品公共品牌，规模化输出优质的乡村生态产品。

案例4-3 河南淅川"淅有山川"区域公共品牌体系

强化生态环境监管和建立生态环境损害赔偿制度。

对于通过市场交易实现价值增值的乡村生态产品，其交易以产品质量为前提，需通过第三方机构对其质量进行生态认证。此外，政府应加快制定乡村生态产品损害赔偿制度，探索重大事项稳定风险评估制度，确保将乡村生态环境损害降到最低。

鼓励地方政府扩大乡村生态产品价值实现试点范围。鼓励有条件、有基础的地方政府根据需要和区域特点，创建乡村生态产品价值实现示范基地。

第三节　政府导向下的生态产品价值实现"三链"评析与实践思考

一、生态产品价值实现中的"三链"评析

生态产品价值实现作为一种新的产业形态，会和其他产业类型一样存在产业链、供应链和价值链（以下简称"三链"）。但生态产品的特殊性，往往需要通过政府引导、搭建供需平台、设计产品认证等带动产业的兴起和发展，因此，本节讨论的生态产品价值实现"三链"，本质上是政府推动下形成的链条。讨论"三链"能够很好地观察生态产品价值实现的产业属性，从新兴产业角度认知生态产品的内涵价值。

生态产品价值实现的各种模式，会催生不同类型的产业形态，如文化休闲、养生养老、乡村旅游、绿色低碳、碳汇交易等模式，其中会衍生不同类型的产业链。这是一种全新的产业形态，会培育新的产业链。事实上，产业

链作为产业经济学中的一个概念，包括产供销一条龙的流程，是从原料到消费者的整个产业链条，是各个部门之间基于一定的技术经济关联，并依据特定的逻辑关系和时空布局关系客观形成的链条式关联关系形态。在生态产品价值实现场景中，会形成原材料至生态产品完整的流程。南平聚焦"一座山、一片叶、一只鸡、一根竹、一瓶水"等生态产业，构建 5 大生态产业链支撑体系，树立绿色为底的产业培育路径。下面根据新闻报道对福建南平案例的进行分析。

南平市地处福建北部闽江上游腹地，森林覆盖率达 78.89%，是我国东南部重要生态屏障，俗称"闽北"。20 年来，南平市以保障自然生态系统休养生息为基础，以规模化、标准化、特色化、高效化为要求，持续推动生态与产业深度融合。南平聚焦"一座山、一片叶、一只鸡、一根竹、一瓶水"等生态产业，构建 5 大生态产业链支撑体系，树立绿色为底的产业培育路径。

• 做美"一座山"。武夷山是世界文化与自然双遗产地和全国首批国家公园体制试点区之一。南平市以环武夷山国家公园保护发展带为抓手，整体推进全域绿色高质量发展，构建环国家公园文旅融合产业圈，开发利用 10% 区域来带动 90% 区域的生态保护。2021 年全市 10 个县（市、区）累计接待游客超 5600 万人次，实现国内旅游收入 546.23 亿元。

• 做香"一片叶"。南平被誉为红茶鼻祖、乌龙茶故乡及白茶发源地，茶园面积 64 万多亩，其中绿色生态茶园 27.65 万亩。2021 年全市茶产业链产值约 350 亿元。

• 做全"一只鸡"。南平培育打造以圣农集团为龙头的生态食品加工产业集群，做深做长做强鸡产业链，突破白羽肉鸡自主育种。2021 年全市白羽肉鸡全产业链产值超 600 亿元。

• 做深"一根竹"。南平拥有毛竹林 643.5 万亩，年产竹材 2.7 亿根，享有"中国竹乡"的美誉。该市深挖全竹综合利用，开展以竹代塑技术攻关，实现从一颗笋到一根竹全循环利用，现已开发出缠绕式竹吸管、钢竹结合家具、竹定向刨花板、竹纤维板材、清水笋罐头等 10 余项生态创新产品，充分利用竹边角料废料，建成国内综合实力最强的活性炭生产基地。2021 年全市 168 家规模以上笋竹加工企业全产业链产值约 314 亿元。

•做活"一瓶水"。南平市内有大小河流 700 多条，环武夷山国家公园流域水质有 108 项指标达到地表水环境质量 I 类水标准，人均水资源量达 1.2 万立方米，是全国人均水平的 5.6 倍。该市瞄准市场需求推出泡茶水、健康水，打造水产业专业园，拉长水资源开发链，向化妆水、面膜水、美容水等延伸，并运用优质水壮大酿造业，成功创建全国水生态文明城市。2021 年，该市包括酿造业在内的全市水产业链共实现产值约 19 亿元。

在供应链方面，赵建军等认为绿色供应链会推动生态产品价值的挖掘和实现。特别针对生态经营性产品的制造过程，主要以绿色制造理论和供应链管理技术为基础，要求产品从设计、物料获取、加工、包装、仓储、运输、使用到报废处理的全过程，环境影响最小化，资源利用效率最大化。在理解生态产品含义的基础上，可以看出绿色供应链上游的供应端最初产物就是通过绿色设计和绿色制造制成的优质生态产品。没有生态产品的供应端，绿色供应链就彻底失去了绿色属性和运营的价值。在产业经济学的语境下，供应链（supply chain）是指生产及流通过程中，涉及将产品或服务提供给最终用户活动的上游与下游企业所形成的网链结构，即将产品从商家送到消费者手中整个链条。从这个内涵出发，生态产品价值实现过程，本质也是形成绿色供应链的过程。日常实践中绿色供应链体系是包含供应端、物流端、消费端、回收端、数据端在内的"五端"闭合链条。完善的绿色供应链体系以生态产品的全生命周期为逻辑主线，全面考虑整个过程中企业、消费者、政府、自然环境等利益相关者的权益。实际上，生态产品价值在绿色供应链"五端"运转过程所包含的很多隐性价值并没有彻底显现出来，因此，绿色供应链体系中优质生态产品价值实现的核心内涵就是使隐性的、潜在的生态产品价值得到显现和认可。

价值链（value chain）概念首先由迈克尔·波特（Michael E. Porter）于 1985 年提出。最初，波特所指的价值链主要是针对垂直一体化公司的，强调单个企业的竞争优势。寇伽特（Kogut）也提出了价值链的概念，他的观点比波特的观点更能反映价值链的垂直分离和全球空间再配置之间的关系。2001 年，格里芬在分析全球范围内国际分工与产业联系问题时，提出了全球价值链概念。全球价值链概念提供了一种基于网络、用来分析国际性生产的地理和组织特征的分析方法，揭示了全球产业的动态性特征。可以说，价值链是从企业自身价值生成机制上来说的一个概念。因此，生态产品价值实现中的价值链，最终需要依赖每一个从事该工作的企业主体进行推动。从一般企业经营活动来分析，企业的价值创造是通过一系列活动构成的，这些活动可分为基本活动和辅助活动两类：基本活动包括内部后勤、生产作业、外部后勤、市场和销售、服务等；而辅助活动则包括采购、技术开发、人力资源管理和企业基础设施等。这些互不相同但又相互关联的生产经营活动，构成了一个创造价值的动态过程，即产业经济学中的价值链。由此可见，价值链体现的是企业通过自身经营的各种活动创造价值的一个过程。基本活动最核心的是生产和销售，辅助活动的核心是企业管理与企业文化。

　　为了更好理解生态产品价值实现工作中的价值链，以柑橘这类生态产品（物质供给类）作为案例进行分析。我国柑橘品种繁多，种质资源丰富，其价值链主体和活动存在较大相似性。农业价值链指的是在农产品生产过程中涉及的所有经济主体建立起来的纵向合作的企业联盟和由此形成的互利共赢的伙伴关系。柑橘价值链分析更多是从微观和行业角度出发，将柑橘的生产和流通进行价值环节分解，识别出关键的价值环节，找出可以实现差异化的环节，最终获得在行业中的竞争优势。柑橘产业链更多是从宏观或区域的角度出发，通过产业链条的延长和贯通，来提升产业整体竞争力，如橙汁、蜜橘罐头。柑橘供应链指通过精细化管理，将柑橘的采购、加工、仓储、物流、商品品控、售后等各个环节整合到一起，为下游客户提供一揽子解决方案的链条网状结构。例如，国内商超售卖的柑橘，普遍由生鲜供应链公司进行供货到店或供货到仓库，这样便于商超进行多元化采购和和减少采购环节，避免直接对接种植环节分散的农户。

　　在柑橘这类产品的价值实现中，"品牌"成为增值的重要工具。这是生态产品遵循传统企业价值发展的基本依据。品牌柑橘指具有商标标识并可以获得品牌溢价的柑橘产品，而非品牌柑橘指不具有商标标识或者不能通过商品标识而获得品牌溢价的柑橘产品。柑橘的品牌效应越强，消费者对品牌的忠诚度越大，支付的溢价空间也就越大。相比较而言，非品牌柑橘往往是大路货农产品，质量一般，品质不稳定，往往只能通过成本优势来获取竞争优势，当市场出现相对过剩时，非品牌柑橘容易出现滞销和价格大幅下滑，甚至即使价格大幅下降，下游渠道商也不愿意采购。

在研究柑橘价值链及利益分配时，价值表示价值链主体通过销售获得的金额，体现为收入或者销售额，而利益表示价值链主体的获得价值扣除其投入成本，体现为利润。在调研过程中，在获得每个主体/环节的价值（加价/费用/收入）后，会对重点的价值链主体/环节进行进一步成本分析，如整个种植环节、商超环节，而一些非重点的细分主体/环节，如代办、运输、包装、批发主体/环节，则仅计算其价值（加价/费用/收入），不再进一步分解其成本。在进行重点主体价值链的利益分配研究时，这些细分环节的利益会作为成本对应到相应的价值链整合主体中。

柑橘在种植和产品属性上具有较大特殊性，获取竞争优势需要充分考虑柑橘产品的特殊性。农业是生命科学，农产品的生产处在一个不可控的复杂环境中，这个环境包括温度、光照、降雨、土壤、害虫等变量因素，同一果园，甚至同一棵果树上的柑橘果子大小、品质、外形、糖酸度会有很大差别，难以做到像工业产品品质统一。品质大幅变化的农产品容易给消费者负面印象，不利于打造柑橘品牌和实现品牌溢价。

因此，对品质不稳定的柑橘进行商品化处理，将不合格的柑橘进行淘汰，并将符合不同等级标准的柑橘进行统一分类，如果径大小、糖度、果面斑点数量等指标，可以保障品质相对稳定。现实中，除了外观特征，品牌消费者更看重柑橘内在品质，这对商品化处理提出更高要求，部分传统指标可以通过视觉直接进行分选，如大小、果面斑点，但消费者更加关注的成熟度、糖酸度却难以实现有效分类和保障。

上述对柑橘价值链的分析，可以看出从生产者到分配者，再到消费者，每一个参与人员对于价值的获取并不一致，这其中既有传统利润价值的问题，也有生态产品作为物质产品自身带来的潜在价值。这些是生态产品价值实现链条中不断累积的价值。

二、生态产品价值实现的实践思考

如何将"绿水青山"型资源环境要素向"金山银山"型资产转换是实践

中一直探索的问题。基于各种现实案例，如何将"绿水青山"型资源环境要素向"金山银山"型资产转换，至少可从五个层面进行阐释。

第一，要对"自然资源资产"概念进行合理界定和科学分类。自然资源的开发和利用，是由人而非自然界所决定的，那些没有得到利用的自然资源，很大程度上是因人类社会认知和技术所限，暂时没有被利用，故对于"自然资源资产"的概念，从广义视角看，包括了其经济价值和非经济价值属性，比如石油、土地、矿山、森林、水资源等自然要素，会给人类直接的经济回报，会直接激励人类着重保护和高效利用。而优美环境提供的美感、旅游胜地的愉悦感和历史文化价值等是自然资源存在的非经济价值，或可称为"未被发掘价值"，这类价值无法迅速量化，不能即刻带来"看得见"的报酬，虽然这部分自然资源的价值不能带来"持续的现金流"，但却不能被忽视。只有从广义层面对自然资源资产进行界定和保护，才能完整地描摹出自然生态的全貌，才能将自然生态的系统性特征进行如实反映。与农副产品、工业用品、服务产品一样，生态产品也有供给使用、精神服务、生态调节的作用，如清香可口的天然饮用水、无污染少农药的农产品、科学价值丰富的中药材等。生态系统本身又有水源涵养、防风固沙、维护生物多样性、水土保持等作用，进入生态空间的人们，能进行艺术创作、观光旅游、生态民宿等活动，这是自然资源对人类社会的回报。准确识别"自然资源"的市场价值与非市场价值并科学分类，是实现生态要素价值的首要前提。也唯有进行"资产"概念的拓展，才有利于激发企业保护环境的自觉性，帮助政府更好引导社会实施更精准的保护，更快凝聚"绿色"共识。

第二，需对自然资源进行多维度确权。自然资源产权的明晰问题，需要站在时空的维度中解决。由于历史原因，政府一度将如煤矿、森林、石油等自然资源的使用权让渡给国有企业，这种使用权利的过渡，混淆了该自然资源产权的归属，再想厘清难度较大。由于企业的逐利性，因为利润的诱惑而造成对资源的过度攫取，但自然资源资产的审计对象又是各级政府，于是，自然资源的受益方和责任方并不统一，造成事实上的产权不明，这种不明确又极易形成"反作用力"，使得各地方的企业和政府一哄而上"搭便车"，受害的是自然资源本身。因此，应对确权的对象和确权的主体进行明晰，而参与确权的团队宜涵盖经济、历史、地理、环保、生态、法律、行政学等多学科，以保证确权更加科学。

第三，自然资源的价值评估。生态产品的价值评估是"绿水青山"转化为"金山银山"的关键环节。生态产品的价值除了自身的使用价值，还包括其"正外部性"产生的衍生价值。评估方法包括价格意愿法、重置价格法、市场替换法等，但均存在科学性争议。现在较为普遍的评估方法是进行"实物量"统计核算，即对区域内的可固化的要素，如森林、草原、农田等进行分门别类，形成地方的自然资源统计表，之后再进行价值评估。但提升自然资源的利用和配置效率，才是"金山银山"的可持续保证。通过评估资源价值，使得资源环境和货币资金、高新技术，甚至法规制度一样成为支撑区域经济发展的动力因素，在资源集约和保护环境的过程中，"倒逼"技术、制度、社会治理模式的创新，这样的自然资源会发挥与社会资本或人力资本相似功能的无形作用。

第四，保持自然资源的"市场态"。如果说进行自然资源的价值核算是为了"摸清家底"，那么保持自然资源的"市场态"则是为了强化资源的科学配置，即给予自然资源始终可市场化的状态，进而保障使用者、交易者、消费者能够审慎地对待自然资源。通过自然资源的"市场态"，将其使用价值和非使用价值都计算好，通过构建适当的市场运行机制，研究自然资源产品的非市场价值转化为市场价值的路径，可以更好地反作用于生产方式和生活方式的转变。如建立碳排放权市场、排污权市场、水资源交易市场等，都是为了更好地纠正粗放的发展方式。而针对类似美感、愉悦感等不易量化的价值，则需要拓展多元化路径，这是值得创新的方向。同时，保持生态产业的持续发展需要资金的支持，现在进行中的绿色金融就是很好的方向，包括绿色信贷、绿色保险、针对绿色产业的 pe/vc、建立的环境气候基金、流域生态补偿等。

第五，生态价值的普惠机制构建。"良好生态环境是最公平的公共产品，是最普惠的民生福祉"，百姓心中都有一个宜居宜业的"美丽中国"梦想，这种"获得感"需要依靠普惠机制的构建来实现，而该机制的形成包括治理参与和城乡享有两方面内容。通过对国外环境政策研究可以发现，其重心在于"用怎样的规则保护环境"，着重于"规则意识"的培育，而不是仅仅提出"规则内容"。这种"规则意识"的培育可以帮助公众融入环境治理中，沉淀为个人意识，再配合日常环境教育的普及、环境知识的宣传，培育环境保护的土壤，这样会帮助大家更好地审视自然生态，让每一个最终享受自然环境的人也成为保护者、管理者，这样的"获得感"更加个性化。同时，以往的环保工作主要集中在城市，集中在经济发展水平较高的区域，城镇污染向农村扩散的趋势有所加剧。农村的自然生态资源丰富，城镇人口也有回流趋势，加快环境公共服务设施的均等化、培育基层群众参与环境治理、创新乡村治理模式，通过绿水青山引来人流，聚起"人气"，还将促进扶贫工作模式的多样化，从而实现"两山"兼收。

第五章

生态产品价值实现中的
市场机制与商业模式

本章导读：生态产品价值的实现发展最初往往依靠政府进行引导，但该类产品价值最终被社会接受，仍然需要依靠独特的市场机制和商业模式。本章主要讨论了当前已普遍运行的生态产品交易市场模式和企业探索的商业模式，试图总结一些适应生态产品价值实现的运行机制和模式，进而更好地促进相关法律制度的完善、争取财税金融的支持。绿色金融作为推动生态产品价值实现的重要力量，在生态产品的市场化进程中发挥着关键作用，如为生态项目提供资金支持、促进自然资源的合理配置等。为此，本章基于传统经济学、管理学领域中的商业模式概念、构成要素及分类，分析了生态产品在市场中的路径和规律，归纳了近年自然资源部发布的生态产品价值实现案例，创造性地总结了生态产品价格形成机制和相适应的商业模式要素构成。最后，本章以湿地自然生态为案例，具体阐释了生态产品价值实现的商业模式构成要素，应包括自然资源禀赋、可量化的生态产品、可实现的市场化交易和产业化经营、相关利益者等。

第一节 生态产品价值实现的市场路径选择

从国家要求来看，探索更多生态产品价值实现的市场路径，可追溯至2018年习近平总书记在推动长江经济带发展座谈会上的讲话：首次提出形成市场化运作的生态产品价值实现路径。党的二十大报告中也谈到"要积极探索推广绿水青山转化为金山银山的路径,选择具备条件的地区开展生态产品价值实现机制试点,探索政府主导、企业和社会各界参与、市场化运作、可持续的生态产品价值实现路径。"自此之后,市场化路径的内涵逐渐扩展与丰富。苏子龙等认为市场路径主要针对的是经营性生态产品,是生态产品价值实现最直接、最基本的路径。但对于不同的子模式,其价值实现机理存在差异。例如生态农业、生态旅游实质是将自然资本、人力资本、人造资本有机结合,促进生态农产品、生态文化旅游产品供给的增加,通过直接市场交易显化其价值。

从现实实践来看,根据自然资源部发布的生态产品价值实现案例,生态产品价值实现的路径包括以下三种:第一,市场路径,主要表现为通过市场配置和市场交易,实现可直接交易类生态产品的价值;第二,政府路径,依靠财政转移支付、政府购买服务等方式实现生态产品价值;第三,政府与市场混合型路径,通过法律或政府行政管控、给予政策支持等方式,培育交易主体,促进市场交易,进而实现生态产品的价值。这三种路径构成了当前我国生态产品价值实现的主要路径。从自然资源部提供的案例统计,市场路径相关案例占比较大,但主要集中于农产品销售、文旅业态、矿产等资源性产品交易等,范围多为产权明确、能够直接进行市场交易的私人物品,这是生态产品价值实现市场路径的主要载体。

事实上,国外生态产品价值实现的市场化路径也较为类似,并且将政府引导所形成的市场也纳入市场化路径,只不过他们探索起步较早,研究也相对更加成熟。例如哥斯达黎加的环境服务付费制度(Payment for Environmental Services,PES)和丹麦生态养殖是市场化路径中较为突出的代表。哥斯达黎加于 1996 年颁布的《森林法》标志着环境服务付费制度(PES)的形成,经过 20 多年的发展,PES 制定了详细的环境服务付费制度,由政府成立机构专门负责生态补偿的森林基金,并将自然资源提供服务包装为产品,通过交易将产品出售至国外市场,得到的收入又汇入森林基金,形成良性循环。再如 20 世纪 60 年代,丹麦开始发展生态养殖产业,如今养殖业成为丹麦的支柱产业,每年生产总量约 90% 的猪及猪肉产品用于出口,同时粪污处理和循环利用技术完善地解决了养殖业所带来的环境问题。此外,美国湿地补偿银行、厄瓜多尔流域水土保持基金、欧盟环境气候基金计划等新型绿色金融路径的出现拓展了生态产品价值的实现路径。类似的还有美国马里兰州马福德农场生态产品价值实现案例，为了恢复该农场内的野生动物栖息地，进一步保护生物多样性，2005年，美国爱生基金会（Biophilia Foundation）购买了马福德农场的所有权，并与切萨皮克野生动物遗产保护组织（Chesapeake Wildlife Heritage）合作，开展马福德农场生态补偿项目，通过参与美国农业部"土地休耕增强计划"（Conservation Reserve Enhancement Program），将部分效益不佳的农田恢复为湿地、草地和河岸缓冲区，并出售由此产生的湿地信用和水质信用，开展收费型狩猎活动等，以多样化、市场化的生态产品价值实现方式，促使马福德农场从恢复的生态系统服务中获得稳定的经济回报。总体来看，国外的生态产品价值实现主要是以基金会作为实体运作机构，对生态产品负责梳理归类和整理，将可明确产权的产品和公共性产品混合打包推向市场，两者相互反哺，进而形成价值释放和内部互补。

上述案例使我们不由得思考：生态产品价值的实现过程和传统一般商品价值的实现模式有什么异同点吗？在商品经济学视角下，不同商品具有不同特点，进而适应不同的市场运行模式。学界经常谈到的四类市场，便是根据商品的不同特点所形成。第一，完全竞争市场。这是一种理想化的市场类型，其特点包括大量买卖双方、产品同质、进出市场容易、信息充分流通，价格由市场决定。第二，垄断竞争市场。在这个市场中，竞争和垄断因素并存。企业数量较多，产品存在差异，使得部分企业能够在一定程度上控制价格，例如电子产品市场。第三，寡头垄断市场。这个市场由少数几个大企业主导，产品可能存在差异，也可能没有，例如电信、汽车行业。这些企业之间相互依存、相互影响。第四，完全垄断市场。在这种市场中，整个行业由唯一的卖家主导，没有其他直接竞争者，例如电力、自来水等产品市场。上述市场是否在生态产品中也适用是值得深思的问题。或者说，生态产品是否存在垄断市场的可能性，还是说只能作为一般竞争产品进入市场。这些都与生态产品的"双重性"特点密切相关。

目前我国的市场路径主要有产权模式、供需模式、产业模式、服务模式、金融模式等，具体的类型包括直接交易、权属交易、绿色金融、生态产业化和产业生态化几类。这些市场路径的具体实现方式是基于生态产品价值实现的实践探索得出的，分别适用于不同特性与类别的生态产品。通过对生态产品价值的不断挖掘和呈现，将生态资源转换为生态资产，最后作为生态资本通过市场手段进行交易，使生态产品价值实现完整的市场路径转化，具体如表 5 - 1 所示。

表 5 - 1　　　　　　　　　　　生态产品价值实现的市场路径

分类	具体方式
直接交易	直接在市场中参与交易
权属交易	碳交易市场、水权交易市场等
绿色金融	湿地银行、森林银行、绿色基金等
生态产业化	改变零散生产方式，集约化、高效化生产
产业生态化	优化产业结构，转变生产方式

　　生态产品的产权模式是指在生态系统中各参与方之间的权利和责任关系，包括资源所有权、使用权、收益分配等方面的规定。生态产品通常由不同的组成部分和参与主体构成，因此其产权模式需要考虑多方利益相关者的需求和权益保障。在共有制模式下，生态产品的资源和权益被多方共同拥有和管理，各参与方共同享有生态产品所带来的收益和责任，如合作社、联合企业等形式。在管控模式下，生态产品的所有权归属于某一主体或组织，其他参与方可以通过租赁、合作等方式获得使用权，但管理权仍由所有者掌握。这种模式适用于资源集中、需要统一管理和调控的生态产品。在合作制模式下，各参与方通过合作协议或合作伙伴关系共同参与生态产品的生产、运营和管理，共同承担风险和分享收益。产权模式具体表现为权属交易，多作为准公共性生态产品的价值实现路径，例如碳权交易市场、水权交易市场等。生态产权交易是指以明确生态资产产权为交易前提，在市场交易中通过产权引导相关权利人的交易动机，约束其他人的行为机制，进而实现生态资源的帕累托最优（李江华和谷彦芳，2022）。具备了竞争性或排他性的特点的生态产品，可以通过市场机制去实现生态产品的价值。在一定政策条件下满足

产权明晰、市场稀缺、可精确定量三个条件，可以将其看作公共性生态产品通过市场实现交换价值的生态商品。

生态产品的市场路径供需模式是指通过挖掘市场需求和优化供给，构建生态产品的供需关系，在市场进行直接交易，实现市场规模和盈利的增长。在需求导向型模式下，企业首先深入了解市场需求，通过用户调研、市场分析等方式确定市场需求和趋势，然后根据需求开发相应的生态产品，实现供需精准对接，满足市场需求。生态产品直接交易是指具有经营性、准公共性的生态产品能够直接进入市场交易，消费者会对生态产品自身直接进行消费，从而实现生态产品的价值。经营性、准公共性产品主要包括绿色有机农业、绿色有机渔业、包装饮用水、生态农产品等。生态农产品等商品具有明显的排他性和竞争性等特征，通过在其商品上附带"生态标签"，进一步强化其生态产品属性价值，从而将生态标签溢价纳入产品的定价体系当中，使得消费者消费更高的支付意愿来实现其生态产品价值。

生态产品市场路径金融模式是指在生态产品的发展过程中，通过金融手段和金融工具，提供资金支持和金融服务，促进生态产品的产业化和商业化发展。生态产品可以被视为一种投资资产，具有潜在的投资价值。例如，生态旅游景区、生态农业项目等都可以作为投资对象，通过投资获取预期的经济回报。生态产品抵押担保模式是指企业或个人在获取资金时，将自己所拥有的生态产品作为抵押物，以获得贷款或其他金融支持的一种金融模式。这种模式主要应用于企业或个人需要大额资金支持，但又无法提供传统抵押品（如房产、土地等）的情况下。生态产品所对应的绿色金融是指以构建生态文明建设、可持续发展为导向，遵循市场发展的规律，以保险、证券、基金、信贷以及其他金融衍生工具为手段，以可持续高质量发展、节能减排为目标的宏观政策（安伟，2008）。绿色金融作为生态产品价值实现的路径之一，旨在实现生态产品价值的同时，结合技术创新、公众投资等手段纠正因正外部性而导致的市场失灵，从而对提供生态产品产生积极的促进作用。通过提供多样化的绿色金融服务产品，从而实现资源和资金互补，使其充分发挥出资源优化配置、风险管理和价格发现的功能。绿色金融具体包括环境气候基金、绿色信贷、绿色保险等相关金融产品，用绿色金融的方式激励生态产品供给地居民节能减排、提供更有效的生态产品，并增加居民的收入。

生态产品价值实现的产业模式则是指在生态产品的发展过程中，通过构建产业链、协同创新和价值共享，实现生态产品的产业化和商业化发展。在垂直整合模式下，企业沿着产业链上下游延伸，将生态产品相关的生产、销售、服务等环节纳入自身控制范围，实现从原材料采购到最终用户服务的全链条闭环管理。同时，还可以进行横向联盟模式，不同领域或行业的企业相互合作，共同打造生态产品的产业链和价值链，实现资源优化配置、技术共享和市场拓展，形成产业联盟，共同推动生态产品的发展。生态产业化则是要打破对生态资源限于蓝天、山脉、森林等生态自然环境的传统理解，充分认识到随着时代发展生态资源日益丰富的多元价值。生态产业化将山水林田湖草沙等生态资源作为特殊资产，按照社会化、市场化经营的方式，将生态建设和产业经济联合起来，通过生态资源资本化、产业化提供生态产品和生态服务，真正将生态资源转化为价值商品，以实现生态资源的增值保值，产生更大的经济效益和生态效益，保证生态资源的完整性和良性循环。产业生态化则是通过市场化手段进行产业重塑。以高质量发展为导向，将生态环境优势转化为产业发展的生态优势。利用新产业、新技术、新业态和新模式在对各地的生态治理以及生态产品培育中进行生态化改造，构建绿色生态经济体系。"生态产业化"与"产业生态化"融合发展是一项生态环境保护与社会经济融合发展的系统性工程，需要将生态和经济两大主体有机糅为一体，构造生态、生活、生产共赢的高效、绿色、低碳的高质量发展模式，其本质在于转变自然生态保护和经济社会发展的思维，把握好"两化"协同发展之间的逻辑关系，推进生态与社会的协同发展。

对于农林产品、副产品等权属明晰的生态产品可直接在市场上交易，而现阶段权属还不够明晰，未来若通过先进的技术手段辨明权属的生态产品（如碳汇、水权等）则可通过权属进行交易。以福建南平森林生态银行、美国湿地缓解银行湿地银行、青山村水基金为代表的生态产品价值转化方式是市场化路径中的创举，即通过森林银行、湿地银行等金融机构将生态资源资本化。此外，生态产业化与产业生态化的经营方式可以与上述几种市场化的价值实现方式相结合。

第二节   生态产品价值实现中的商业模式创新

一、商业模式的一般规律

在探索生态产品商业模式之前，首先要明确商业模式这一起源于管理学和经济学的概念的发展以及分类，从而在对商业模式要素分解和重构的过程中，构建出适合生态产品价值实现的商业模式。

国外文献中商业模式的研究方法可以归纳为两大类：一是通过逻辑推理，建立商业模式分类标准，从而进行商业模式分类；二是通过案例归纳，归纳出一些典型模式，作为商业模式的几种类别。第一种方法人们采取的是先定义商业模式的维度或组成要素，然后再对各要素的类型或等级分类，组合后形成不同的商业模式类型。第二种方法则是通过案例归纳，这是一种类似枚举的方法，而且往往集中在某些行业里，如互联网行业。因此，本章的基本逻辑是通过逻辑推理确定生态产品商业模式构建的要素，初步搭建生态产品商业模式，另外通过对典型生态产品价值实现案例的商业模式要素分析，最终总结出适合湿地生态产品价值实现的商业模式。

在商业模式的概念上，学者们各抒己见。商业模式的定义有很多，包括经营活动、竞争手段、战略定位、经营模式、解决方案、治理框架、交易结构、盈利模式、价值创造逻辑和商业活动系统，等等，具体如表 5 - 2 所示。

表 5 - 2 商业模式的典型定义

代表性文献	商业模式概念
奥斯特瓦尔德等 （Osterwalder et al.）	商业模式是包含一系列元素与关系的概念工具，可用以表达特定公司的商业逻辑。它描述了公司为了产生利润与可持续收入，向顾客提供的价值和与合作伙伴创造、营销与传递价值的架构
佐特和阿米特 （Zott and Amit）	商业模式是指一系列活动和执行这些活动的资源能力，这些资源能力可以源于企业内部，也可以超越企业边界，来自和伙伴、供应商与顾客的合作

续表

代表性文献	商业模式概念
蒂斯 （Teece）	商业模式清楚说明了支撑顾客价值主张的逻辑、数据与公司因传递价值所支出成本与获取收益的可能结构。商业模式主要反映公司向顾客交付价值的好处、它如何组织以及如何从提供的价值获得一部分收益
卡萨德苏斯 - 马萨内尔 里卡尔 （Casadesus-Masanell Ricart）	商业模式是指公司逻辑，是公司运营和如何为利益相关者创造价值的方式，是公司战略实现的具体反映
雷姆等（Reim et al. ）	商业模式描述了价值创造、传递与获取机制的设计或架构
佐特和阿米特 （Zott and Amit）	商业模式描述了交易内容、结构与治理的设计，从而可以通过挖掘商业机会来创造价值

表 5 - 2 列举的是现有文献中引用较多的几种商业模式概念界定，由此可见，不同学者出于研究对象与视角差异对商业模式给出了不同的理解与界定，这些视角涉及战略、运营、营销、创新与技术管理等不同领域，目前尚未形成被普遍接受的定义。通过对文献的梳理可以发现，这些商业模式的研究大多是基于经济学和管理学视角，其中代表性观点可以分为盈利观、交易观和价值观三大类（李端生，2016），具体如表 5 - 3 所示。

表 5 - 3　　　　　　　　　商业模式研究主流观点对比

观点类型	研究角度	研究焦点	主要研究内容
盈利观	经济学角度	利润实现过程	探讨企业获取利润的主要途径，重点关注收入、成本、价格和产量等决定或影响利润的变量因素
交易观	管理学角度	交易运行机制	运营效率角度：主要集中于企业创造价值的流程，旨在提高企业营运效率；企业战略角度：包括市场主张、组织行为、增长机会、竞争优势和可持续性，旨在获取企业的竞争优势
价值观	市场学角度	价值创造	以价值创造为目标，将合作共赢理念融入商业模式，以实现顾客价值、伙伴价值与企业价值的有机统一

表5-3体现了三种主流商业模式研究观点的对比，同时也展示了学界对商业模式研究逐渐深入的过程。在不同的研究目标下，商业模式研究的焦点也不尽相同。盈利观以实现经济利润为目标，将利润实现过程作为商业模式研究的重点，在经济学角度尤其适用，但对于多重目标的复杂商业模式而言存在固有局限；交易观则是从管理学角度出发，关注企业通过运营机制和战略实施所达成的交易运行机制，即关注价值创造流程而非价值创造本身，也尚未触及企业价值创造的基本逻辑，对商业模式的研究有待深入；价值观则是在价值创造的基本思路下，将客户价值和资源使用引入商业模式构建中，综合考虑价值主张、价值网络、价值维护和价值实现多个维度，以期实现顾客、伙伴和企业"三维价值"的统一。

综合来看，价值观角度的商业模式研究应用最为广泛，个人认为这是因为价值创造不仅是商业模式产生和发展的根本原因，同时也是商业模式设计和运行的基本目标。对于生态环境领域的商业模式构建而言，如何实现价值创造，使生态产品实现高效地价值转化，从而实现生态价值与经济价值的有机统一，确保可持续发展，是其最为核心的构建逻辑。因此，基于价值观的商业模式视角，认为商业模式的本质即价值创造的逻辑。

商业模式概念界定上的模糊也体现在国内外学者们对于商业模式的具体内容与构成要素存在多种观点。在现有文献中，商业模式的构成主要包含价值主张、资源、收入模式、网络、顾客、服务提供、战略、财务、渠道与采购等要素。不同学者由于秉持的分析视角不同，其构建的商业模式框架中也会采纳不同的要素。例如哈梅尔（Hamel）和特鲁德尔（Trudel）的商业模式模型只包含战略、价值网络与顾客界面3个要素；佐特（Zott）等认为商业模式由价值网络、价值创造、价值主张、价值传递和价值获取5个模块组成；而奥斯特瓦尔德（Osterwalder）和皮尼厄尔（Pigneur）则采用更为综合的视角，构建了包含价值主张、细分市场、渠道、顾客关系、关键资源、关键活动、合作伙伴、成本结构和收益9个具体要素的商业模式画布。

从上述商业模式构成要素分析来看，共有24个不同的要素被这些国外文献提及，15个要素被不同的研究者重复提到，其中提到最多的是价值提供/主张（12次），然后依次是经济模式（10次）、顾客界面/关系（8次）、伙伴网络/角色（7次）、内部结构/关联行为（6次）和目标市场（5次）。

由此可以看出，基于不同观点的商业模式界定对应了不同的构成要素。因此，本书基于价值创造的基本逻辑，将商业模式划分为价值创造流程上的四个阶段，分别是价值主张、价值创造、价值获取和价值实现，然后将主流文献中商业模式的各个构成要素分别匹配到这四个阶段中，从而将商业模式的构成要素进行体系化地梳理。商业模式要素分析框架如图5-1所示。

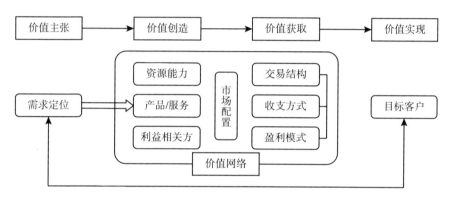

图5-1 商业模式要素分析框架

在商业模式要素分析框架中，主要是依托价值的传递过程来设计各个阶段，同时将对应要素匹配。价值主张回答了"谁是客户？"以及"企业能给他们提供什么价值？"的问题，价值创造关注的是如何向客户提供其产品或者服务，价值获取详细说明了如何从价值创造产生的收入中获取价值。首先，为了满足客户的需求，企业要有自己的价值主张，在这个环节明确目标客户，以及核心用户的需求定位，基于此衍生出对产品或服务的要求。其次，在价值主张完善的基础上，基于价值网络进行价值创造和价值获取，包括企业在市场配置的机制下，运营自身的核心资源能力，与利益相关者共同完成价值创造环节；同时，交易结构体现了价值创造机制的设计，收支方式反映企业现金流量机制，二者共同构成了企业的盈利模式。最终，在此基础上完成了价值获取和价值实现。

与商业模式概念、构成要素的研究类似，目前对商业模式分类的研究也十分多元，分类标准和分类方式都各不相同。随着互联网的发展，商业模式的分类也变得更加复杂多样。目前公认的分类方法是按照参与对象的不同，将商业模式分为企业对企业（B2B）、企业对消费者（B2C）、消费者对消费者（C2C）和线上购买加线下门店（O2O）等类型。但这样的分类方法过于粗略，不能满足多元业务的需求，因此需要进一步对商业模式进行分析和分类。

在对商业模式进行分类前，首先要确定分类标准，根据分类标准层次的不同，分为单层分类法、双层分类法、二维分类法等，这几种分类方法也代表了学术界对商业模式分类研究的演进过程。单层分类法是按照某种标准，将商业模式分为若干大类。比较著名的分类方法有蒂默斯（Timmers，1998，1999）的基于价值链的分类和韦尔和维塔莱（Weill and Vitale，2001）的原子商业模式分类。蒂默斯将商业模式分为11种，分别是：电子商店、电子采购、电子购物中心、电子拍卖、虚拟社区、协作平台、第三方交易场所、价值链集成、价值链服务、信息中介、信用服务。这种分类方式主要是针对企业价值链元素的分解和重构，在基于价值创造的商业模式下有其合理性，但也存在分类标准单一、主观性较强的问题。

随着新的信息技术的不断发展和商业需求的不断变化，商业模式也在更新与变化，早年的单层分类法逐渐不能体现企业复杂多元的业务和盈利机制，因此双层分类法被普及。双层分类法与单层分类法的区别在于，双层分类法中的每个大类又细分为若干小类。典型的双层分类有拉帕（Rappa）分类和班伯里（Bambury）分类。拉帕（2004）将商业模式分为经纪、广告、信息中介、销售商、制造商、关联、社区、订阅、效用9大类别。不过拉帕的分类标准并不清晰和一致，无法对商业模式进行不重不漏的分类。班伯里（1998）提出一种对现存互联网商业模式的经验式分类方法，他将互联网商业模式分为两个大的类型：移植模式和禀赋模式。移植模式又可分为邮购模式、广告模式、订阅模式、免费试用模式、直销模式、房地产模式、激励模式、B2B模式等；禀赋模式又可分为图书馆模式、免费软件模式、信息交换模式、数字产品和数字送递模式、互联网服务提供商模式、网络宿主服务模式等。不过该分类法也存在大类内各个模式标准不明确的问题。

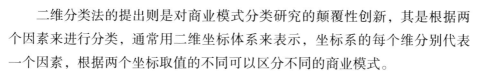

二维分类法的提出则是对商业模式分类研究的颠覆性创新,其是根据两个因素来进行分类,通常用二维坐标体系来表示,坐标系的每个维分别代表一个因素,根据两个坐标取值的不同可以区分不同的商业模式。

二、生态产品价值实现的商业模式研究

(一) 生态产品价值实现模式分析

自党的十八大以来,生态文明建设被提到战略高度,"两山"理念的重要性凸显,而此时生态产品价值问题研究作为"两山"转化的重要实践途径,也成为政策制定和实践试点的重点。2021 年中共中央办公厅、国务院办公厅印发了《关于建立健全生态产品价值实现机制的意见》,与此同时,各地积极开展实践探索,通过开展试点将理念逐步转变为实践。2020 ~ 2021年,自然资源部陆续发布了三批共 32 个生态产品价值实现典型案例,这些案例涵盖了不同类型生态资源和不同类型价值实现路径,为推进生态产品价值实现机制的理论和实践探索,发挥典型案例的示范作用和指导意义。其中生态产品的价值实现模式主要有四类:生态资源指标及产权交易、生态治理及价值提升、生态产业化经营和生态补偿。这些模式是在生态产品价值实现的实践探索中总结出来的,既因地制宜地充分利用了案例中特有的资源禀赋,同时也对后续生态资源开发和商业模式设计有着广泛的示范作用和指导意义,具体如表 5 - 4 所示。

表 5 - 4　　　　　　　　　生态产品分类及价值实现路径

分类	表现形式	价值实现路径	价值实现模式
公共性生态产品	产权难以明晰,生产、消费和受益关系难以明确的公共物品,如清新的空气、宜人的气候等	政府路径为主	依靠财政转移支付、财政补贴等方式进行购买和生态补偿
经营性生态产品	产权明确、能直接进行市场交易的私人物品,如生态农产品、旅游产品等	市场路径为主	通过生态产业化、产业生态化和直接市场交易实现价值

续表

分类	表现形式	价值实现路径	价值实现模式
准公共性生态产品	具有公共特征，但通过法律或政府规制的管控，能够创造交易需求、开展市场交易的产品，如我国的碳排放权和排污权、德国的生态积分、美国的水质信用等	政府与市场混合路径	政府通过法律或行政管控等方式创造出生态产品的交易需求，市场通过自由交易实现其价值，例如生态资源指标及产权交易

　　表5-4梳理了生态产品的分类及其对应的价值实现路径。生态产品价值实现的路径包括：市场路径，主要表现为通过市场配置和市场交易，实现可直接交易类生态产品的价值；政府路径，依靠财政转移支付、政府购买服务等方式实现生态产品价值；政府与市场混合型路径，通过法律或政府行政管控、给予政策支持等方式，培育交易主体，促进市场交易，进而实现生态产品的价值。这三种路径分别适用于不同类别的生态产品，同时也对应着实践探索出的四种主要生态产品的价值实现模式：生态资源指标及产权交易、生态治理及价值提升、生态产业化经营和生态补偿，具体如表5-5所示。

表5-5　　　　　　　　　　　生态产品的价值实现模式及内涵

生态产品的价值实现模式	模式内涵
生态资源指标及产权交易	该模式是针对生态产品的非排他性、非竞争性和难以界定受益主体等特征，通过政府管控或设定限额等方式，创造对生态产品的交易需求，引导和激励利益相关方进行交易，是以自然资源产权交易和政府管控下的指标限额交易为核心，将政府主导与市场力量相结合的价值实现路径
生态治理及价值提升	该模式是在自然生态系统被破坏或生态功能缺失地区，通过生态修复、系统治理和综合开发，恢复自然生态系统的功能，增加生态产品的供给，并利用优化国土空间布局、调整土地用途等政策措施发展接续产业，实现生态产品价值提升和价值"外溢"
生态产业化经营	该模式是综合利用国土空间规划、建设用地供应、产业用地政策、绿色标识等政策工具，发挥生态优势和资源优势，推进生态产业化和产业生态化，以可持续的方式经营开发生态产品，将生态产品的价值附着于农产品、工业品、服务产品的价值中，并转化为可以直接市场交易的商品，是市场化的价值实现路径

生态产品的价值实现模式	模式内涵
生态补偿	该模式是按照"谁受益、谁补偿，谁保护、谁受偿"的原则，由各级政府或生态受益地区以资金补偿、园区共建、产业扶持等方式向生态保护地区购买生态产品，是以政府为主导的价值实现路径

我国生态保护补偿法治建设正在加快推进，国家明确提出，要加快相关领域制度建设和体制机制改革，为深化生态保护补偿制度改革提供更加可靠的法治保障、政策支持和技术支撑。

中共中央办公厅、国务院办公厅 2021 年印发的《关于深化生态保护补偿制度改革的意见》明确规定，按照生态系统的整体性、系统性及其内在规律，完善生态保护补偿机制，促进对生态环境的整体保护。充分发挥政府开展生态保护补偿、落实生态保护责任的主导作用，积极引导社会各方参与，推进市场化、多元化补偿实践。数据显示，目前中国的公益林补偿每年中央财政投入 181 亿元，草原生态保护补奖机制投入 187 亿元/年，重点生态功能区财政转移支付资金突破 1000 亿元/年。中国生态补偿从最早的森林补偿（1999 年）开始，逐步扩展到草原生态补偿（2003 年开始的退牧还草和 2011 年开始的草原保护补助奖励机制），流域生态补偿（2005 年）、水源区等水流生态补偿（2005 年），区域综合补偿（2008 年开始的重点生态功能区转移支付），海洋生态补偿（2010 年山东、厦门等试点），荒漠生态补偿（2013 年），湿地生态补偿（2014 年）、耕地生态补偿（2016 年）、水生生物资源养护补偿（2020）。目前，中国生态补偿已覆盖 8 个领域。[①]

中国生态补偿的特点之一是政府投入补偿的资金占比大，这是中国政府贯彻环境保护基本国策的体现。其中中央财政占中国生态补偿资金投入总量的大部分，仅重点生态功能区转移支付一个生态补偿政策，2023 年中央财政投入就达 1061 亿元。截至目前，京津水源上游流域生态补偿已实现全覆盖。自补偿机制建立以来，京津冀三地在资金拨付、联防联控、流域保护、污染

---

① 生态补偿法治建设进程加快，国家将推进市场化多元化补偿实践［EB/OL］. （2024 - 02 - 24）. https：//m. yicai. com/news/102002665. html.

治理等领域持续发力。张家口、承德两市累计获得密云水库上游横向生态补偿资金 33.945 亿元，承德、唐山两市累计获得引滦入津上下游横向生态补偿资金 29.9 亿元。①

为深入贯彻党的二十大精神，建立生态产品价值评价机制是生态产品价值实现的关键基础。建立生态产品价值评价机制，就是要在摸清生态产品基础信息的基础上，构建一套科学规范的价值评价体系。建立生态产品价值评价体系，要针对生态产品价值实现的不同路径，探索构建基于行政区域单元生态产品总值（GEP）和特定地域单元生态产品价值（VEP）两套评价体系。

行政区域单元生态产品总值（GEP）是指一定行政区域内各生态系统在核算期内为人类福祉和经济社会可持续发展提供的各种最终产品与服务价值的货币价值之和。主要工作程序包括确定核算区域范围、明确生态系统类型、编制生态产品目录清单、数据收集与检测调查、生态产品实物量核算以及生态产品总值核算。其特点主要是客观性、开放性、循序渐进以及基于交换价值。针对不同生态系统生态产品价值核算指标，主要包括物质供给、调节服务和文化服务三大类型，分别按照实物量与价值量的核算方法进行生态价值总值核算。

特定地域单元生态产品价值（VEP）是指特定地域空间内以生态系统为主要依托的适宜产业在未来开发期限内各类生态产品收益的贴现值，衡量的是生态系统未来估值。评估流程包括确定特定地域空间范围、编制生态产品目录清单、挖掘最优开发模式、综合评估生态产品价值、政府主导与市场运作以及创新设计绿色金融产品。始终遵循"生态扰动最小化、价值实现最大化"的原则。针对物质供给、调节服务和文化服务三种类型生态产品，综合考虑生态产品供给特点、内在联系和实际开发需要，对区域内土地和生态产品整体打包进行评估。在明确特定地域单元各类生态产品经济价值实现路径、生态项目开发的基础上，由第三方评估机构选用剩余法、收益还原法等评估方法，对不同类别生态产品的市场交换价格进行综合评估。

VEP 与 GEP 所衡量的均为生态产品的价值量，与 GEP 相比，以项目为主体的 VEP 可以在更小的维度上为生态产品市场化发展提供支持。二者在核

① 生态补偿法治建设进程加快，国家将推进市场化多元化补偿实践 [EB/OL]. (2024-02-24). https://m.yicai.com/news/102002665.html.

算内容、核算方法等方面均存在不同之处。特定地域单元生态产品价值（VEP）主要是针对市场应用层面，核算的是某一特定地域内生态产品的市场价值，主要用于生态产品经营开发、生态资源权益交易、担保信贷等市场发挥作用的生态产品价值实现领域。生态产品经营开发过程中要结合特定地域单元范围内不同区域或地块生态资源特征，按照生态产品物质供给、调节服务、文化服务三大类功能属性，明确其经济价值基本实现路径和可能的生态产品开发业态或开发模式。从生态产品价值核算评估、技术方案、投资收益、利益分配等多个方面进行比选和交叉验证，确定特定地域单元最优开发模式和方案，指导生态产业化发展。在生态产品市场交易层面则是探索建立基于生态占补平衡原则的生态产品市场交易机制及配套支撑体系，参考美国"湿地银行"运作模式，鼓励破坏生态环境的责任主体，通过认购生态产品方式，开展特定地域单元生态产品市场化交易；根据特定地域单元生态产品价值核算结果，开发生态贷款、"两山"基金、绿色证券等绿色金融产品，搭建交易市场，打通"生态＋金融"的生态产品价值实现路径，吸引更多资金、科技力量参与生态保护和绿色发展。此外，VEP还可用于生态工程项目评估。将特定地域单元生态产品价值、项目级生态产品价值核算结果用于生态工程项目评估，特别是评估重大生态工程项目建设成效，生态产品价值升高，表明山水林田湖草系统保护修复有成效；反之，则表明山水林田湖草系统保护修复无成效。在生态工程实施前后分别开展生态产品价值核算，根据两次核算价值量及其变化情况来评估生态系统保护修复情况，建立重大生态保护修复工程建设效益评价制度，确保生态产品保值增值。

VEP的应用主要与生态产业开发项目相结合，VEP核算结果是项目开发对于生态产品价值实现的增量，其运作模式是以价值增量为基础，对接资本市场，寻求企业和金融机构的支持，如加快推动企业入股VEP项目开发，支持金融机构开发更多金融产品等，其核算结果的价值实现蕴含在项目开发运营的过程当中。

北京市首个特定地域单元生态产品价值（VEP）实现探索项目——京西古道沉浸式生态小镇项目位于北京市门头沟区王平镇。该项目旨在探索政府主导、企业和社会各界参与、市场化运作、可持续的生态产品价值实现路径。

目前最重要的实践成果就是推动特定地域单元的生态产品价值核算，以西王平村京西古道沉浸式生态小镇项目为试点，探索构建 VEP 核算方法。将过去"难度量、难抵押、难交易、难变现"（四难）的生态产品价值，通过科学地系统测算，给出具象的价值。

京西古道沉浸式生态小镇项目位于永定河山峡段门头沟区王平镇西王平村，由永定河流域投资有限公司作为项目开发主体，规划面积 493.55 公顷。项目将在守护生态本底、保护利用古村肌理的基础上，以科技赋能环境体验，植入"乡村旅游、文化传承、教育研学、健康休闲"等相关主题，打造集度假宿集、文旅商街、亲子乐园、山地户外于一体的生态小镇。

对于利用 VEP 模式开展北京市西王平村项目实践，门头沟区给出了"五步法"，一是划定特定地域单元范围，确定空间范围和实施主体，以西王平村为特定地域单元。综合平衡生态保护、资源本底、市场基础、辅助要素的集中度等来划定建设单元，并按照生态产品分类摸清资源要素，形成生态产品及其辅助要素清单。通过产业发展挖掘生态价值，将西王平村的林场资源、古道资源作为辅助资源加以利用，其中生态产品供给区面积占特定地域单元的 99.16%，辅助要素区占特定地域单元的 0.84%。二是确定最优保护利用模式，选定最佳空间保护结构和最优保护利用模式，政企银协同合作，制定最优开发模式，以最小扰动为原则保护生态。三是评估特定地域单元生态产品价值，即 VEP 核算，根据剩余法、收益还原法、市场价值法等方法进行核算，计算生态产品在项目期间内的增值。一套测算的方法论，以 20 年租期为依据，综合收益还原法、市场价值法等方法，评估出西王平村的生态产品市场价值为 36073 万元（GEP）。同时，构建模型计算项目基于特定生态产生的纯生态溢价为 2406 万元（VEP）。四是对接资本市场，实现核算结果可应用。项目基于良好的运营模式和稳定的现金流预期，已获得国开行北京分行的建设期贷款支持，按照计算的生态产品总值，预计授信额度约 2 亿元，后续将以项目公司取得的生态资产做抵押给予二次授信，考虑到生态资产良好的保值和增值性，国开行在额度、年限和利率方面给予利好性倾斜。根据财务测算数据，在最优开发模式下，前期该项目利润率为 12.92%，投资收益率 13.57%，资本金收益率 9.88%。同时实现对生态效益和经济效益的双重反哺，预期项目期内集体经济获得分红近 2000 万元。五是提升多方主体效益，实现可持续。项目主体、村集体和生态资源收储主体都成为该项目的受益人。经测算，西王平项目期内集体经济在固定租金等收益外，预计可获得额外生态分红金额近 2000 万元，即年均 100 多万元。同时，每年还会从生态补偿资金、分红收益或盈利收益扣除成本后的净利润中拿出约 5% 的资金，用于厚植特定单元生态本底，实现生态可持续。

西王平村保护性利用古村古道实现"生态溢价"，沿着 109 国道、顺着蜿蜒的永定河，盘旋着进入门头沟区王平镇西王平村，两侧山清水秀，老村委会所在地如今已经变身 VEP 展厅，几乎每天都吸引着来自各地的"取经人"。这意味着，西王平村周边的山、水、林、地、旅游资源等都已经成为宝贵的生态产品，并具化成价值，参与到融资和收益分配中。在专业团队市场化运作下，将推动"使用价值"转为"市场价值"，村民也成为"股东"享受分红，西王平村京西古道沉浸式生态小镇项目正在成为打通"两山"转化市场化路径的有益尝试。

（二）生态产品价值实现商业模式案例研究

本书关于生态产品价值实现路径的构建是以生态产品从产生至消亡整个生命周期为依据，在既定系统边界范围内，以生态产品生命历程关键节点为单元过程，构建生态产品价值实现路径体系。有学者结合生态产品特点，将生态产品价值实现路径细化为生态系统、生态产品、核算、权衡、生产、交易、消费七个单元过程，本书在此基础上作了进一步简化，将生态产品价值实现路径划分为核算、生产、交易、消费四个阶段。下面将结合自然资源部划分的生态资源指标及产权交易、生态治理及价值提升、生态产业化经营和生态补偿四种生态产品价值实现模式，分别选取代表性案例，结合生态产品价值实现路径的核算、生产、交易、消费四个阶段进行商业模式的分析。

案例 5-1　生态资源指标及产权交易模式
——福建三明林权交易和碳汇改革

福建省三明市森林资源丰富，森林覆盖率达到 78.73%，集体林占比高。

三明市发挥森林资源优势，深入推进集体林权制度改革，探索实践了林票、林业碳汇等价值实现路径，逐步打通森林生态价值转化为经济价值的渠道，实现了生态环境保护与经济发展协同共进。

首先，通过林权制度改革对森林生态资源进行核算，三明市用两年多时间基本完成了集体林权承包经营，并推动林权发证及配套改革，包括规范林权类不动产登记，探索林权"三权分置"改革，明确林地所有权，落实农户承包权，放活林地经营权。通过林权的确权登记，实现了产权的明晰，从而为生产环节的林票制度改革和林业碳汇产品设计提供了基础。三明市制定了《林票管理办法》，探索了以"合作经营、量化权益、市场交易、保底分红"为主要内容的林票改革试点，引导国有林业企事业单位与村集体或林农开展合作，由国有林业企事业单位按村集体或个人占有的股权份额制发林票。其次，三明市探索开展林业碳汇产品交易，主要通过人工经营提高森林固碳能力，再将经过核证签发的森林碳汇量，有序转化为林业碳汇产品，借助碳排放权市场或自愿市场进行交易。最后，消费环节的国有林业单位、村集体、林农个人通过林地林票的投资、经营和收益完成价值实现；企业通过购买碳排放权交易配额帮助实现该环节的市场化价值增值。图5-2展示了三明市通过林权交易和碳汇改革实现生态产品价值实现的整体商业模式，反映了将森林生态资源通过产业化经营和市场化交易实现价值创造和价值实现的过程。

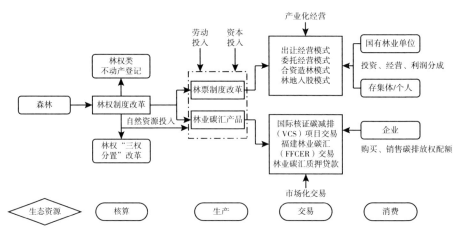

图5-2 福建三明林权交易和碳汇改革商业模式示意图

案例 5-2 生态治理及价值提升模式
——广西北海市冯家江生态治理与综合开发

北海市地处广西壮族自治区南端，其中全长 16.9 公里的冯家江自北向南贯穿主城区，是城区内的最大水系和主要排涝河道，受雨污直排、虾塘和养殖场的污水和养殖废水排放影响，湿地生态系统衰退，直接影响了银滩国家旅游度假区和金海湾红树林区域的水质和环境。2017 年，北海市启动了冯家江流域生态治理与综合开发工作，以"生态恢复、治污护湿、造林护林"为主线，建设冯家江滨海湿地，以统一规划管控和土地储备为抓手，系统改善片区人居环境，发展绿色创新产业，打造了人与自然和谐共生的绿色家园。图 5-3 展示了冯家江生态治理和综合开发的商业模式。

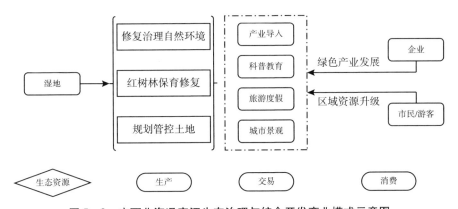

图 5-3 广西北海冯家江生态治理与综合开发商业模式示意图

此案例中的生态产品属于广义，除了直接的物质供给，还包括生态调节服务、生态文化服务等生态系统服务能力。北海市通过自然环境修复治理，将污染严重的虾塘、养殖场逐步恢复为兼具洪水调蓄、截污净化等功能的湿地和浅滩生态系统；开展红树林保育和修复，增加湿地红树林的物种多样性和生态系统稳定性；统一规划管控和土地储备，系统改善人居环境，使冯家江湿地公园的生态服务功能与周边城市功能互通共融。在完成这些生态产品"生产"的基础上，实现了产业导入、科普教育、旅游度假和城市景观等价值创造方式,即"交易"环节,最终通过企业、居民等消费端的导入,实现全价值链的商业模式构建。

案例5-3 生态产业化经营模式
——云南省元阳县阿者科村发展生态旅游
实现人与自然和谐共生

近年来,阿者科村依托特殊的地理区位、丰富的自然资源和独特的民族文化,以保护自然生态和传统文化为基础,以发展"内源式村集体主导"旅游产业为重点,探索出一条生态保护、文化传承、经济发展、村民受益的人与自然和谐共生之路,具体如图5-4所示。

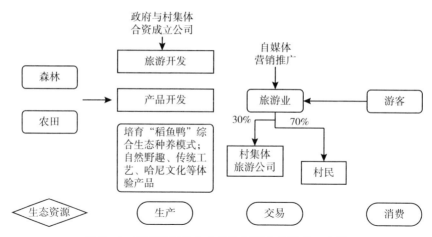

图5-4 阿者科村生态产业化经营商业模式示意图

阿者科村的森林和水田是自然生态系统的重要组成部分,也是村民赖以生存和发展的基石,此外,阿者科村还有哈尼族的文化遗产,这些共同构成了该村通过生态产业化经营来实现脱贫之路的基础。政府与村集体联合成立阿者科村集体旅游公司,由政府出资30%建设游客中心、厕所等旅游基础设施,村民以房屋、梯田等旅游吸引物和资源入股70%,政府持股部分不参与分红。阿者科村将产品定位为"小团定制产品、深度体验产品",将纺织染布、插秧除草、捉鱼赶沟等哈尼族传统生产生活活动进行重新设计,推出了自然野趣、传统工艺、哈尼文化等主题性体验产品，受益范围覆盖全村。此外，驻村团队通过拍摄阿者科优美的人文与自然美景小视频，在短视频社交平台上定期更新，吸引大量游客前来观光"打卡"，这些营销推广促进了"交易"环节的价值创造和实现。

案例 5 - 4　生态补偿模式
——浙江省杭州市余杭区青山村建立
水基金促进市场化多元化

青山村是浙江省杭州市余杭区黄湖镇下辖的一个行政村，拥有丰富的毛竹资源，村民为增产增收在竹林使用大量化肥和除草剂，造成周边水库氮磷超标等面源污染，影响饮用水安全。2014 年开始，生态保护公益组织"大自然保护协会"（The Nature Conservancy，TNC）等与青山村合作，采用水基金模式开展了小水源地保护项目，通过建立"善水基金"信托、吸引和发展绿色产业、建设自然教育基地等措施，引导多方参与水源地保护并分享收益，具体如图 5 - 5、图 5 - 6 所示。

图 5 - 5 和图 5 - 6 分别展示了"善水基金"信托的运行结构和青山村水基金生态补偿商业模式。由图可知，"善水基金"信托借鉴国际上成熟的水基金运行模式，建立了由各方利益相关者参与进来的运行结构和交易机制。当地村民可以将林地承包经营权以财产权信托的方式委托给基金管理，从而成为投资人；其他机构、企业和个人也可以通过投资或捐赠的方式出资。此外，"善水基金"成立"水酷"公司作为市场经营主体，带动生态农产品、传统手工艺及文创、生态旅游等市场化项目的挖掘开发，即完成了价值实现路径中的"生产"环节。另外，在"交易"环节，"水酷"公司持续发力，完成产业开发和市场运营，收益主要用于支付信托的日常运营费用、村民林地承包经营权的生态补偿金、信托到期后的分红和水源地的日常保护管理费用等。在"消费"环节，包括杭州、上海等地的游客、企事业单位、学校及文创企业等，最终完成价值实现环节。

四种价值实现模式典型案例总结如表 5 - 6 所示。

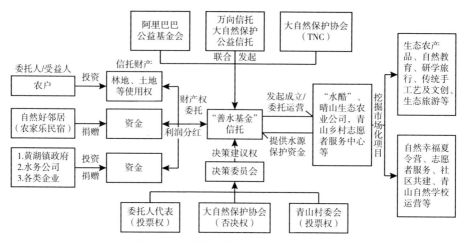

图 5-5　"善水基金"信托运行结构

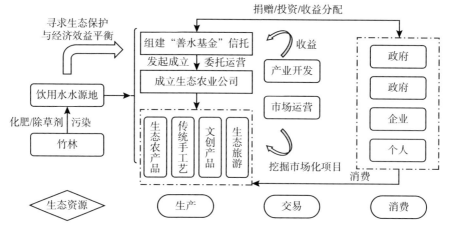

图 5-6　青山村水基金生态补偿商业模式示意图

表 5-6　　　　　　　　　　四种价值实现模式典型案例总结

生态产品的价值实现模式	典型案例	核算	生产	交易	消费
生态资源指标及产权交易	福建三明林权交易和碳汇改革	林权制度改革	林票制度改革 林业碳汇产品	森林集中化、产业化经营；碳排放权交易；林业碳汇质押贷款	企业购买碳排放权配额；国有林业单位、村集体和个人完成投资、经营和利润分成

生态产品的价值实现模式	典型案例	核算	生产	交易	消费
生态治理及价值提升	广西壮族自治区北海市冯家江生态治理与综合开发	—	修复治理自然环境；红树林保育修复；规划管控土地	产业导入；旅游度假；城市景观	企业入驻，居民及游客消费，绿色产业发展和区域资源升级
生态产业化经营	云南省元阳县阿者科村发展生态旅游实现人与自然和谐共生	—	"稻鱼鸭"综合生态种养；自然野趣、传统工艺、哈尼文化等主题性体验产品；文化旅游项目开发	旅游发展；短视频平台，网红村	游客消费、消费者通过线上平台购买商品
生态补偿	浙江省杭州市余杭区青山村建立水基金促进市场化多元化	—	生态农产品、传统手工艺及文创、生态旅游、自然教育、研学旅行	产业开发、市场运营，文创	游客、企事业单位、学校及文创企业

三、生态产品价值实现商业模式构建

（一）生态产品价值实现商业模式要素分析

普遍来说，商业模式是指为实现各方价值最大化，把能使企业运行的内外各要素整合起来，形成一个完整的、高效率的、具有独特核心竞争力的运行系统，并通过最好的实现形式来满足客户需求、实现各方价值，包括客户、员工、合作伙伴、股东等利益相关者，同时使系统达成持续赢利目标的整体解决方案。商业模式描述与规范了一个企业创造价值、传递价值以及获取价值的核心逻辑和运行机制。商业模式最核心的三个组成部分分别是创造价值，传递价值，获取价值。

创造价值是基于客户需求，提供解决方案；传递价值是通过资源配置，活动安排来交付价值；获取价值是通过一定的盈利模式来持续获取利润。商业模式还具备基础的六个要素，包括定位、业务系统、关键资源能力、盈利模式、自由现金流结构和企业价值。六个要素是互相作用、互相决定的，相同的企业定位可以通过不一样的业务系统实现；同样的业务系统也可以有不同的关键资源能力、不同的盈利模式和不一样的现金流结构。

生态产品商业模式基本要素与一般商品商业模式六要素相似，商业模式的核心主要是指实现各方价值最大化，通过创造价值、传递价值以及获取价值运行机制最终完成价值实现。生态产品商业模式基本要素可以划分为定位、关键资源能力、业务系统、盈利模式、自由现金流结构以及产品价值。

1. 定位

需求定位是企业商业模式中特有的，作为价值主张环节的主要构成要素，主要解决"客户是谁以及客户对企业所提供的商品或服务有哪些需求"的问题，与价值实现环节的"目标客户"相呼应；而生态环境领域的价值实现模式设计并非单纯以"客户需求"为导向，而是综合考虑生态治理、经济效益与社会效益提升等多方面的需要，基于每个案例的个性化定位需求，"因地制宜"地完成生态产品价值实现。生态产品的目标客户通常是那些对环保、可持续发展和生态平衡具有高度关注和需求的个人、家庭或组织。

2. 关键资源能力

企业的资源能力涵盖范围相对广泛，包括有形的人、财、物，以及无形的研发技术、伙伴关系等；生态领域的资源是生态产品形成的基础，主要包括山水林田湖草沙等生态资源、劳动力以及资本等。生态产品的关键资源来自自然环境，而部分珍贵的自然资源具有不可复制、不可替代、不可再生的重要属性。

3. 盈利模式

生态产品在进行开发时，可以作为商品进行直接市场交易的产品通过销售达到直接盈利，经过生态恢复的地区多采用产业融合的方式，通过农业产品或文旅服务实现盈利。企业商业模式的利润分配主要是价值链上下游间的定价和利润分配问题，而生态领域由于其外部性，涉及政府、市场和社会参与多方，各方获得的收益除经济利益外，还包括生态效益和社会效益，因此在交易环节设计时需要考虑的因素更多。

4. 业务系统

业务系统是指企业达成定位所需要的业务环节、各合作伙伴扮演的角色以及利益相关者合作与交易的方式和内容，业务系统是商业模式的核心。企业主要关注生产者、消费者、合作伙伴三方，即价值链上的各个环节；生态领域则包括政府、企业、社会等多个利益相关者，与企业的价值链不同，生态领域的参与者是多维且立体的。

5. 自由现金流结构

自由现金流结构是经营过程中产生的现金收入扣除现金投资后的状况，其贴现值反映了采用商业模式的企业的投资价值。不同的现金流结构反映企业在定位、业务系统、关键资源能力以及盈利模式等方面的差异，体现企业商业模式的不同特征，并影响企业成长速度的快慢，决定企业投资价值的高低、企业投资价值递增速度以及受资本市场青睐程度。在生态产品市场上，由于多方主体共同参与，现金流结构不仅局限于企业之中，更包括政府对环境治理的补贴。

6. 产品价值

企业在研发生产、营销交易和服务体验等环节发力，而生态领域的自然资源禀赋一定，影响价值创造的主要是机制的设计，所以在商业模式中交易机制、价值增值机制的设计尤为重要。目前我国生态产品价值日益丰富，生态产品价值除了体现在对生态保护带来的环境效益外，更结合了技术手段、金融市场等多种途径不断提升经济效益。

表5-7展示了基于逻辑推理和案例归纳，分别得出经济学和管理学中的商业模式的主要环节及构成要素，以及生态产品价值实现案例中的商业模式主要环节及构成要素。实践中的生态产品价值实现路径中的生产、交易和消费各环节与企业的价值创造、价值获取和价值实现环节——对应，相应各环节的构成要素也具有相似性。

表 5 - 7   商业模式及生态产品价值实现要素构成对比

商业模式		生态产品价值实现	
主要环节	构成要素	主要环节	构成要素
价值主张	需求定位	核算	生态资源
价值创造	资源能力 产品/服务 利益相关方	生产	资本/劳动投入 生态产品
价值获取	盈利模式 市场配置	交易	政府购买 生态补偿 市场化交易 产业化经营
价值实现	目标客户	消费	政府/市场/社会

（二）生态产品价值实现商业模式构建——以天津大黄堡湿地为例

1. 大黄堡湿地的资源禀赋分析

天津大黄堡湿地自然保护区总面积 105 平方公里，按照保护等级分为试验区、缓冲区和核心区。共辖 33 个自然村，人口密度稀疏，地域广阔，其中耕地面积 1 万亩，水面面积 3.3 万亩，养殖水面 3.3 万亩，苇塘 3.5 万亩。保护区内物种多样性丰富，鸟类 214 种（其中国家一级保护鸟类 4 种、二级保护鸟类 35 种）、哺乳动物 17 种、两栖爬行动物 16 种、鱼类 33 种、昆虫 395 种、浮游动物 76 种、底栖动物 61 种。保护区内植物种类繁多，约有 400 种左右，植被类型以水生植被为主，拥有国家二级保护植物野生大豆及多种中药材植物。水中浮游生物和野生动植物构成良好的生物链条，是我国北方地区原始地貌保存最好的典型芦苇湿地。

表 5 - 8 展示了湿地生态资源的主要类型和效益，由此可以反映出湿地丰富的资源禀赋，即湿地不仅可以提供丰富的动植物性产品，还有调节气候、涵养水源、固碳释氧等功能，不仅是物种多样化的自然栖息地，同时也可以作为科研教育与休闲旅游的场所。在了解湿地生态系统自然禀赋的基础上，可以更有针对性地设计生态产品及交易机制。

表 5-8　　　　　　　　　　湿地生态资源价值及效益

服务类型	价值类型	效益	效益类别
调节服务	调节气候	改善人类生存环境，提升生活舒适度	生态效益、社会效益、经济效益
	净化水质	降低水处理成本	生态效益、经济效益
	涵养水源	水资源的储蓄	生态效益
	调蓄洪水	减少自然灾害，降低财产损失	生态效益、社会效益
支持服务	自然栖息地	提升物种多样性，建设保护区	生态效益
	固碳释氧	缓解气候变化，让人们呼吸到新鲜空气，减少疾病	生态效益、社会效益
供给服务	动物性产品	鱼、虾、蟹等淡水食物产品	经济效益
	植物性产品	芦苇等产品原材料生产，藕、莲等食用植物产品生产，经济林种植等	经济效益
文化服务	科研教育	为人类提供科研基地和自然教育基地	社会效益
	休闲旅游	为人类提供旅游观光地和休闲康养地，使其心情愉悦、身心健康	社会效益、经济效益

2. 大黄堡湿地的生态产品

大黄堡湿地生态产品中开发出的生态产品可以分为经营性生态产品和公益性生态产品，其中经营性生态产品包括物质提供产品和文化服务产品：

（1）农林牧副渔产品，通过生态品牌化经营来实现经济价值。（2）开发经营休闲旅游、湿地康养、美学体验等文化服务产品，发展旅游业。（3）建立线上交易平台，充分发挥直播带货、小视频拍摄宣传等网红效应。

公益性生态产品包括空气、水源、土壤等自然环境产品，以及生物多样性、固碳释氧等供给服务产品的交易，其交易模式有环境权益交易、产业化发展、金融补偿三种模式。通过建立权益交易市场，将湿地的使用权、经营权、地役权、监督管理权和碳排放权等权益流入市场进行交易，并通过生态产业化、产业生态化和金融等手段创新可持续发展路径。

3. 市场化交易与产业化经营设计

大黄堡湿地生态产品交易与价值获取如表 5-9 所示。

表 5 - 9   天津大黄堡湿地生态产品交易与价值获取

生态产品类别	生态产品种类	交易与经营模式	价值获取方式
经营性生态产品	农林牧副渔产品	生态品牌化经营、产业化经营	线上交易平台,充分发挥直播带货、小视频拍摄宣传引流等网红效应
	休闲旅游、湿地康养、美学体验等文化服务产品,旅游业	产业化经营、专业化公司管理	
公益性生态产品	空气、水源、土壤等自然环境产品	环境权益交易、产业化发展、金融补偿	建立权益交易市场,将湿地的使用权、经营权、地役权、监督管理权和碳排放权等权益流入市场进行交易
	生物多样性、固碳释氧等供给服务产品		

4. 消费者分析

大黄堡湿地生态产品的消费者根据产品类别的不同有所区别,主要以个人消费者、企业为主,因为这部分人群不仅是农林牧副渔等动植物产品的消费主力,同时也是拉动湿地旅游、湿地康养的重要客户群。此外,事业单位也是休闲旅游、湿地康养等文旅服务的主要目标客户,因其良好的自然资源禀赋和科教属性,非常适合单位团建和教研。碳排放权等权益依托交易市场,其涉及的消费者包括政府、企业等;碳汇相关金融产品从设计到发行也会涉及政府、企业和个人投资者。

5. 天津大黄堡湿地生态产品价值实现的商业模式设计

图 5 - 7 为天津大黄堡湿地生态产品价值实现的商业模式设计,该设计基于价值创造和生态产品价值实现的各环节,充分利用湿地资源禀赋,开发出了适合大黄堡的湿地生态产品价值实现商业模式。

在核算环节,首先要在大黄堡自然保护区管委会的帮助下盘点湿地使用权、经营权、地役权、监督管理权等的权属及其各自范围,在完成确权登记的基础上才能依托生态资源对生态产品进行设计。生产环节是将湿地的生态资源配合劳动力资源与资本投入生态产品设计和开发的过程。在此过程中,大黄堡拟采用政府联合村集体共同出资设立生态公司的方式,将专业化运营与市场化产品挖掘的任务委托给生态公司。在生态公司的设计下,基于大黄堡湿地自然资源禀赋的各项物质产品、旅游、康养等服务以及碳汇相关的衍生金融产品逐渐设立。在交易环节，前述产品通过产业化的经营和市场化的交易实现价值变现，从而实现了大黄堡湿地生态产品的经济价值。在消费环节，个人消费者、企事业单位和政府等通过市场机制参与进来，最终完成了大黄堡湿地生态产品的价值实现。

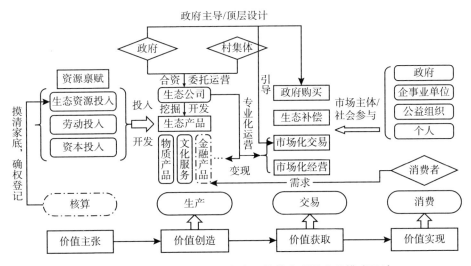

图5-7　天津大黄堡湿地生态产品价值实现的商业模式设计

第三节　生态产品价值实现与绿色金融

全国绿色金融改革创新试验区第三次联席会议于2020年8月召开，该会议总结讨论了绿色金融改革创新的进展。自2017年6月国务院正式批准成立全国首批8个绿色金融改革创新试验区以来，各地陆续探索出了许多操作路径。

总体上，各试验区绿色金融发展已经取得了较大进展，不仅在产业引导、技术更新等方面起到支持作用，而且还逐渐延伸至社会治理领域，形成了"产业优化—资源增值—社会治理"的综合效益。绿色金融和自愿型、控制型环境政策工具有机结合，逐渐展现出复合性政策工具的特征，发挥着三重效益。

一、绿色金融有利于推动地区产业优化升级

绿色金融的核心是通过金融手段促进地方绿色发展和结构转型，使得金融资源配置、信贷投向、融资结构更加绿色化和实体化。在试验区的绿色金融创新改革实践中，如何进行绿色企业或项目的识别是必须回答的问题。探索建立绿色金融标准及评价体系，筛选确定绿色项目库，定期开展绿色企业、绿色项目的遴选、更新和发布，及时进行政、银、企对接是有效手段。

绿色金融通过投融资工具引导资金流向低能耗、低污染、低排放行业。特别是对于许多人口规模和经济体量较小但自然资源丰富的中小城市而言，绿色金融的引入无疑会对城市发展、产业升级起到更强的推动作用。

比如，在绿色金融的有力支撑下，浙江省湖州市经济发展稳中有进，绿色转型取得积极进展，将"金融 +"和"生态 +"深度融合，推出了环境污染责任保险、园区贷等多种绿色金融产品。湖州银行推出的园区贷产品，为吴兴区砂洗城园区建设和园内企业生产经营提供了贷款，不仅帮助园区实现了统一供能和污染排放处理，也促进了传统小微企业入园集聚和转型发展。据测算，小微企业入园后每年可减少污水排放 100 万吨、节电 1300 万千瓦时、减少粉尘排放 12.6 万吨。湖州市还率先搭建了绿贷通银企对接服务平台，创新信贷超市和银行抢单两种模式，建立绿色企业信息服务平台，为银行提供以"公共信用信息 + 绿色信息"为主要内容的企业绿色信息档案查询服务。2018 年，绿贷通平台累计帮助 5719 家企业获得银行授信 479.14 亿元。[①]

二、绿色金融能够促进自然资源要素流动、合理配置和溢价增值

许多试验区将地区内生态资源确权，建立其所有权、使用权、收益权、

---

① 绿色金融的三重效益 [EB/OL]. (2020 - 09 - 23). https：//m. gmw. cn/baijia/2020 - 09/23/342/3422. html.

经营权、管理权等多种权益，探索建立水权、排污权、用能权等环境权益交易市场，打造生态文化产品，让环境治理、节能低碳的企业优先获得土地、人才等政策扶持。比如，湖州市安吉县成立了两山生态资源资产经营有限公司，通过梳理筛选县域生态资源，按照区域、产业分类，邀请优秀策划团队，将生态资源整合为集中连片优质的项目包，再进行产权收储和资源再提升，最终推向市场进行价值评估、项目增信和市场交易。在这一过程中，国有资本、社会资本、策划团队、金融机构、高校研究机构等有序参与，对村镇的集体产权改革、自然资源整体保护等都进行了创新探索。

三、绿色金融能够助力现代化社会治理

通过绿色项目、产品、企业等识别，可以逐步构建以"绿色"为标识的社会信用体系。比如，浙江省衢州市构建了全市统一的绿色金融信用信息共享平台，个人和企业的绿色信用程度、历史都在这一平台上显现；同时，衢州市金融管理部门创新平台建设，将"评价、监管、应用"三大体系有机嵌入，贯穿在融资、贷款、申请补贴、行政审批等若干环节，提升了整个社会的信用水平。

丽水市则通过"两山贷"促进乡村治理。在丽水市云和县雾溪畲族乡，以村民生态信用积分管理评级为基础，对水源地保护、参加植树造林、正确垃圾分类等一系列生态环保行为进行正负面清单的评定，基于评分对生态信用好的农户给予一定额度的贷款，最高可以达到 500 万元授信额度。这不仅解决了农户融资难的问题，也对乡村发展绿色产业起到激励作用，激发了村民保护生态环境的热情，引领乡村治理现代化。

通过观察梳理试验区的各类创新实践发现，绿色金融既促进了资金流向节能环保技术、工艺和产品，也对自然资源自身的价值进行了金融量化，更将绿色信用、绿色意识融入了社会治理中。企业实现了生产服务绿色化，公众提升了环保素养，社会形成了环境守信氛围，禀赋优良地区释放了自然资源的价值，城市治理逐步提高了现代环境治理水平。

第六章

生态产品价值实现中的社会参与机制

本章导读： 生态产品价值实现的最终服务对象还是惠及人民，让老百姓能够实实在在从"绿水青山"中收获满意感，让生态产品的发现、挖掘、转化和价值释放都由"绿水青山"的感受者充分参与。这既是生态产品价值实现的利益相关者参与过程，也是唤醒社会公众自然保护、重新认知自然的独特方式。本章主要从社会参与角度，分析生态产品价值实现中社会相关利益方如何参与、评价生态产品的价值实现。区别于传统商业社会的可交易产品，生态产品的价格信号主要体现在"社会"参与后的价值体现。其外部性的社会效益，最终被社会大众进行感知和评判。而且，这类价值的感受具有"群体性"特征，是一种公益性、宏观性的集体感知。

第一节　生态产品价值实现中的社会参与角色与机制

一、生态产品价值实现中的社会参与角色

生态产品价值实现中包括政府、市场、社会三方的参与。在生态产品价值实现的相关研究中，尚未找到对这三种参与角色的系统性划分的明确描述，前几章对政府市场的角色和职能进行了阐释与分析。根据农村公共文化服务体系、农村社区建设等领域研究中明确提出的"政府主导、社会参与和市场

配置的多元参与合作模式"，本章对生态产品价值转化中的各参与方角色进行进一步阐释。

（1）政府主导——"掌舵者"：政府是生态产品价值实现中的主导者，一方面政府作为政策的制定者和执行者，对生态产品价值实现的各关键点有着"掌舵者"的地位，即政府要宏观把控，基于顶层设计做好生态产品价值实现的组织、协调工作；另一方面，政府的主导不代表政府是生态产品价值实现中的唯一主体，而是要充分调动市场、社会各方面力量共同参与到生态产品价值转化的路径探索和实践中来。政府主要提供服务平台，设计相关标准，提供资金保障等。

（2）市场主体——"划桨者"：市场参与是在政府主导基础上的补充，市场的交易和资金融通等职能对生态产品价值实现不可或缺。其中，企业是市场参与的主体，也是生态产品市场化发展的重要载体。企业可以利用特色资源挖掘、品牌打造、产品营销等优势项目，推动生态产品的市场化价值实现。另外，企业在资源向资产转化的过程中，提供的专业化资产管理、运营服务，以及融资信贷支持等都是促进生态产品实现产业化、资源资产化、资本化的重要支撑。企业依据自身经营特点，市场发展规律，挖掘或推动价值链、供应链和产业链发展。

（3）社会参与——"平衡者"：相比于政府参与、市场参与的重要作用与各自职能机制，社会参与在生态产品价值实现中意义更大，更加符合生态产品这类产品的独有特点。引入社会参与，在理论层面上是因为会补充"政府失灵"和"市场失灵"，即政府部门由于其垄断性和封闭性会出现公共政策制定偏差、效率低下等问题；以企业为代表的市场主体会由于其外部性和信息不对称而出现自利倾向、短暂性倾向、投机性倾向等问题。而各个主体也具有相对优势，政府部门具有宏观性和稳定性；市场主体具有充足资金和丰富产出。因此，为了平衡优势和劣势，更好地促进生态产品价值实现，引入社会参与，使得三方相互借鉴，相互补充，能够提升生态产品价值转化的效率。在生态产品价值实现中的"社会参与"应该是比政府市场外的"第三部门"更广义的概念，除了非营利组织、非政府组织等，还包括学者、行业专家、第三方机构、媒体、农民等。张二进（2024）提出社会组织是乡村生态产品价值实现的重要力量。充分发挥社会组织在乡村生态产品价值实现工作中供需两侧的桥梁纽带作用，加强社会组织的功能发挥非常有利于工作的推进。首先，社会力量可以缓解政府主体的压力，这里所说的社会力量主要指社会金融组织（如基金会等）可以给予政府一定的支持。政府的"不计成本"和市场的"不当竞争"都使得乡村生态产品价值实现工作存在不确定性，这时村集体可以发挥作用，联合绿色信贷、绿色债券、绿色发展基金、绿色保险等社会资本进入，较好地解决乡村缺少资金的问题。其次，集体行动可以形成社会动员，提升凝聚合力，村民的自我管理与村委会形成共同体，扩大了决策范围，提升了支持力度。村民作为长期生活在乡村的主体，他们对本村的情况非常熟悉，会以本村的村规民约进行自我管理和自我服务。这种社会参与可以较好地提高生态产品价值实现路径的科学性，扩大社会大众在生态产品价值实现中的获得感，形成价值实现中的治理机制，防风险机制。

二、生态产品价值实现中的社会参与机制浅析

社会参与机制是以社会公众对自身利益的关心和对社会公共利益、公共事务的自觉认同为基础，通过对社会发展活动积极参与实现发展的过程和方式。

关于生态产品价值的社会参与机制，当前学界研究较少，主要是结合乡村振兴战略、美丽乡村建设等工作展开。以"共同富裕视角下乡村生态产品价值实现"为主题的文献中初步阐释了生态产品价值实现中社会参与角色的主要内涵及运行机制。

乡村生态产品价值实现主要以共同富裕的推动为主要动力，社会公众，尤其是基层的农村居民，对如何通过生态产品价值实现来增收、缩小贫富差距，以及其效果都知之甚少。因此，专家学者的宣传有助于提高社会对乡村生态产品价值实现可行性的认知水平。不过需要注意的是，专家学者的政策宣传更多还是作用于各级政府、党政机关等决策部门，要想向下渗透到基层，还需要媒体配合发力。在乡村生态产品价值实现的过程中，农民是社会参与

的主体。换句话说，只有农民积极投入劳动力、土地等生产要素，生态产品价值实现的路径才能形成闭环。在当下，乡村生态产品更多是因地制宜，综合考虑当地资源禀赋和地域特色作出的探索，因此，当地居民作为最了解地方资源的一类人群，积极参与到生态产品的设计中，有助于生态产品多元化的培育。

对于基层的农民来说，通过生态产品价值转化实现增收的方式和效果都未可知，这就需要第三方机构如媒体在其中起到宣传推广的作用，一方面要用通俗易懂的语言解释相关转化路径，同时辅以成功案例；另一方面，媒体在宣传的方式上可以创新，例如可以通过直播，利用快手、抖音等短视频平台进行宣传推广。同时，对公共事务的监督是媒体行使社会治理职能的重要表现。自生态产品价值转化的顶层设计到成果转化的整个过程中，多个环节都可能存在疏漏，一方面可能存在地方政府官员为了政绩，不顾当地基本生态条件，进行激进的、破坏式的生态开发；另一方面，政企合作中也可能存在官商勾结的问题透支生态资源的使用效率，这些都会使得生态产品价值实现的效益下降。

虽然目前我国非营利组织在社会治理中的参与作用有限，不过随着近年来其信息披露水平的提升，其作用也逐渐被人们认可。比如环保类组织可以在生态产品价值实现的过程中对其生态价值进行评估，判断是否存在损伤生态价值以换取经济价值的行为及其程度，并对外披露。具体如，对于教育类机构而言，生态产品所提供的文化服务为其提供了丰富的教学素材，因此，教育类机构的参与是生态产品文化服务实现的重要支撑。红十字会和慈善总会可以立足本职工作，做好社会捐款捐物行为的登记和披露，确保社会支持可以有效地应用于生态产品价值实现的过程中。

这种第三方的介入也可以对生态产品的发展和社会价值的实现产生积极的影响。第三方机构通常具有丰富的市场资源和渠道，还可以帮助生态产品开发企业拓展销售渠道、开拓新市场。通过与第三方合作，生态产品可以更快地进入新领域，扩大产品影响力和用户群体。第三方机构可以对生态产品企业进行监督和评估，帮助企业提升透明度和责任感。通过第三方的评估，生态产品企业可以建立良好的声誉和信誉，增强消费者信任度。同时通过第三方机构还可以与政府、行业组织等合作，推动相关政策和标准的制定和实施。这有助于规范市场秩序，提高生态产品产业的整体水平，促进行业健康发展。

例如，新闻媒体在生态产品的发展和社会价值实现中扮演着重要的角色。新闻媒体可以通过报道和宣传，帮助生态产品企业扩大知名度，提升产品曝光度。通过新闻报道、专题报道、采访报道等方式，生态产品可以更广泛地被社会认知和了解，吸引更多用户关注和参与。积极的报道可以增强消费者对生态产品的信任，推动消费者转变观念，支持和购买生态产品。新闻媒体还可以对生态产品企业的发展和运营进行监督性报道，起到监督作用，帮助公众了解产品的真实情况，促进企业更加透明和负责任地经营。这有助于提高行业整体的透明度和规范性，推动不良行为的纠正。

再如，慈善机构可以向生态产品企业提供资金支持，帮助其进行研发、生产、推广等方面的投入。这种资金支持可以帮助生态产品企业加速发展，提高产品质量，推动生态产品的创新和进步。还可以与生态产品企业开展项目合作，共同推动环保和可持续发展相关的项目。慈善机构通常具有良好的社会声誉和影响力，可以通过宣传推广、社会活动、公共关系等方式，帮助生态产品企业提升品牌知名度和社会认可度。通过合作，慈善机构可以为生态产品提供技术支持、市场拓展、社会影响力等方面的帮助，促进生态产品的实际应用和社会效益的提升。

还有近年兴起的自然教育可以帮助公众更好地理解和认知环境保护的意义和紧迫性，提高个人和社会的环保意识。通过自然教育，公众可以了解到环境污染、资源浪费等问题的危害，并了解如何通过购买或支持生态产品来减少这些问题的影响。自然教育可以向公众传授可持续发展的知识和技能。通过了解环境的生态平衡、资源的合理利用和生态系统的相互作用，学习如何对生态环境进行保护和节约资源，从而促进生态产品的应用和可持续发展。通过自然教育还可以帮助公众更好地了解生态产品的特点和优势，推动消费者的消费升级。通过了解生态产品与传统产品的区别，以及生态产品的环保、健康等优点，消费者可以更加理性地作出购买决策，从而推动生态产品的市场需求和增长。

社会参与生态产品价值实现一方面能够强化或激发公民的生态环保意识，提高公众在构建价值实现机制的自主意识和空间，另一方面还可以推动环保组织、公共媒体、社区单元、乡村自治等机制的完善和成熟。提高公众的道德体系。

三、生态产品价值实现中的社会参与案例

为更好阐释生态产品价值实现中的社会参与机制运行方式，本节以福建南平森林生态银行为例进行分析介绍，如图6－1所示。

	资产端：采用购买、租赁、托管、股份合作等方式对森林生态资源进行集中收储；专业评估；信息管理；集中运营，提质增效	融资端：由政府投资成立生态资源运营管理公司，导入金融工具，引入其他资本方投资，优化专业管理团队，打包形成优质生态资源资产包	投资端：借用资本市场推进资源价值化，将优质生态资产包通过各产权交易平台进行项目策划、招商推介和市场交易；与企业合作；旅游项目
政府	·委派国有林场进行资源收储 ·在市具两级成立国有运营公司	·政府投资成立运营管理公司 ·协调金融机构提高贷款额度	·规划布局，对接产权交易机构 ·政府给出投资建议，指导投资森林康养、休闲旅游等项目
市场	·专业资产评估公司进行资源调查及评估 ·专业资源托管公司	·金融控股公司、融资担保公司提供资金支持 ·社会资本投资	·当地企业采购原材料和轻资产投资服务
社会	·林农通过购买、租赁等方式参与森林生态银行的资产端 ·非营利组织、环保组织对森林保育效果进行检查和监督	·通过授信审批的林农拿到快捷贷款	·林下经济项目帮助林农增收 ·当地农民为森林康养、旅游业贡献劳动力，打造名宿等

图6－1 南平森林银行参与机制

本案例中的社会参与角色相对较为单一，但却是重要群体，主要是林农。林农通过参与森林生态银行项目，促进了森林资源的合理利用和生态环境的保护。他们可以通过种植树木、采摘特产等方式，帮助森林生态银行实现森林资源的可持续管理和保护，保障了生态系统的稳定和健康发展。林农可以通过出让、租赁林木所有权和林地使用权等方式参与到森林生态银行中，即辅助政府自上而下设计的森林生态产品价值实现机制，不仅提升了自身的经济收入，同时也为当地创造了就业机会，促进了农村经济的多元化发展。此外，在森林康养、旅游项目中，林农可以租借房屋作为民

宿或者在相关度假疗养区工作，参与到生态产品价值转化的过程中同时获得更广的收入来源。林农作为参与者，也有机会接受相关的环境保护和可持续发展知识培训，提高他们的环保意识和可持续生活方式。这有助于推动环保理念的传播，在社区内形成良好的环保氛围，促进整个社会环保意识的提升。

若将视角放宽到森林生态银行从设计到应用的全过程，可以看到有更多的社会角色参与到生态产品价值转化的过程中。例如，在政府将森林资源打包成资产包并集中进行保育工作以提质增效后，相关非营利组织和环保组织可以对其效果进行检查和监督，还可以开展环境监测和评估工作，帮助评估森林生态银行项目对环境的影响和贡献。他们可以通过科学的数据收集和分析，监测森林生态系统的变化，评估项目的效果和成效，为项目提供科学依据和指导；在森林生态银行设计的初期大概率有生态学、林业学和经济学及其交叉学科的专家学者参与进来，专家学者们可以结合相关学科理论进行科学研究，深入研究森林生态系统的特点和规律，为生态银行的建设提供科学依据和技术支持。他们可以通过生态学、地理学、气象学等学科的研究，提供关于树种选择、种植密度、土壤改良等方面的专业建议，提高生态银行项目的效果和质量，也能够针对林农、防护人员以及村民开展自然教育和专业培训；媒体在前期宣传和后期经验成果总结中也会起到重要作用，媒体可以通过报道福建南平森林生态银行项目的进展和成就，向社会传递项目的理念和意义，提高公众的关注度和参与度，还可以承担监督报道的责任，对福建南平森林生态银行项目进行监督和跟踪报道，揭露问题、提出建议，促使项目的规范运行和改进完善。他们可以通过调查报道、曝光问题、追踪进展等方式，推动相关部门和单位加强对项目的管理和监督，确保项目的合法性和透明度。

从上述案例的介绍中，可以看出社会参与者在资金、监测、评估等环节有机参与角色，包括生态产品价值受益者、技术专家、环保组织、新闻媒体等，他们从不同角度、不同阶段选择介入价值实现工作。

第二节 国际实践中的生态产品价值社会参与模式

一、日本——森林康养产业模式①

20 世纪 60 年代，日本经济高速发展，国民空闲时间增多，而多数国民身心处于亚健康状态。由此，日本林野厅基于保护森林资源并提高国民福祉的目标，于 1982 年提出"森林浴"的概念，强调重视森林的健康保健功能。20 世纪 90 年代，日本政府制定了以森林文化为重点的环境保护政策。进入 21 世纪后，日本森林康养产业迅速发展，"森林浴"逐步延伸为"森林疗法"，更加突出了森林对人体健康的有益作用。

日本为发展森林康养产业采取了一系列具体措施，为找准定位，做细服务，多方社会团体参与，包括学者、社会人士等。在相关机构设立方面，2003 年"森林疗养学会"成立，负责开展森林疗养基地建设工作；2007 年日本卫生学会设置了"森林医学研究会"，主要进行森林医学相关研究以推进森林康养产业发展；2008 年"森林疗法协会（NPO）"应运而生，协会人员由政府、学者以及社会人士组成，通过定期举办活动宣传森林保健功能，从而深化国民对森林康养文化产品的认识。在森林康养基地建设方面，2004 年林野厅发布的《森林疗法基地构想》等政策文件开启了日本森林疗法基地的建设工作；2006 年正式开展基地认证业务，明确基地认证一般需要经过 13 个月的审查周期，主要包括生理及心理学参与实验、自然和社会条件评估、住宿设施评价 3 个方面。截至 2021 年，通过认证的森林疗养基地已达 60 余处，从北海道到冲绳县几乎覆盖了日本所有县。在森林疗养服务方面，2009 年设立了森林疗养师资格考试制度，制定了完善的森林疗养知识体系，规定获得一级资质可获得森林疗养师从业资格，获得二级资质可进行森林疗养向导工作。

同时，日本森林康养产业随着大量社会资本逐步涌入，政府财政压力得

---

① 王怀毅，林德荣，李忠魁，等．生态产品价值实现：国际经验［J］．世界林业研究，2022，35（3）：118－123.

到缓解，森林文化服务类生态产品价值得到充分体现。数据显示，目前日本年均参与森林康养服务高达 8 亿人次。2019 年仅在长野县信浓町接受森林康养服务的人数便高达 6000 余人，2015～2019 年直接产生的经济效益达 2.189 亿日元。日本森林康养产业的发展既通过多样化森林体验产品实现了森林"生态价值"到"经济价值"的转变，又通过对有关配套措施的深度开发，带动了区域经济发展，提高了当地居民收入。

二、新加坡——自然社区模式①

1963 年以来，新加坡开展实施了绿化计划，并经历了从"花园城市"到"花园中的亲生态城市"的演变。新加坡国家公园局制定了自然保护蓝图（NCMP）计划，致力于集合、协调、巩固和增强新加坡生物多样性保护工作。通过加强生态联系来建立生态弹性，有助于保护本土生物的多样性和适应气候变化带来的影响。

自然保护蓝图计划其中的目标之一是通过自然社区（CIN）计划增进整个社区的生态包容性。CIN 是 2011 年启动的一项全国性运动，旨在联系和促使社区中的不同群体成为新加坡自然遗产的共同拥有者，包括家庭、独立人士、教育和研究机构、大小型公司、非政府组织以及政府机构。

CIN 的一些举措包括：（1）将生物多样性纳入教育系统的各个层面；（2）制订强有力的公民科学计划，使公众、学校、科学家和业余自然学者参与到年度"生物多样性速查"，观察鸟类、蝴蝶、苍鹭和蜻蜓活动；（3）学校组织绿化活动，以增进生物多样性的实践经验，为学生提供实践生物多样性的调查，记录生物多样性和改善学校周围栖息地的机会；（4）维护新加坡生物多样性的数据库和分布地图，公众使用移动应用程序"SGBioAtlas"轻松地记录生物多样性；（5）按顺序组织一年一度的生物多元节（FOB），将有关新加坡自然遗产和生物多样性的知识传播到社区的中心地带。

此外，还有许多以社区为基础的平台可以让公众参与绿化和生物多样性

---

① 林良任，陈莉娜，鲁·艾德里安·福铭. 增进城市地区生物多样性——以新加坡模式为例 [J]. 风景园林，2019，26（8）：25－34.

保护，包括锦簇社区、乌敏之友网（FUN）、乌敏岛盛会和公园之友。这些不同的计划和平台共同运作，促使所有群体与新加坡人进行广泛而深入的互动。国家公园局还鼓励人们积极参与项目，甚至赞助企业的员工也作为实践志愿者参与他们资助的项目。

通过实施 NCMP，国家公园局使生物多样性保护融入城市发展历程，从而将新加坡发展成一个宜居和可持续的亲生态城市，一个人类和城市生物圈的模范城市。

三、美国——林业 PPP 模式①

近年来，美国的一些主要城市如纽约、洛杉矶、芝加哥等均利用 PPP 模式开展了"种植一百万棵树"项目，取得了较好成效。该项目主要是在城市中打造以行道树为主的城市森林景观，对城市森林实行可持续经营和管理，全面考虑了城市人工林的树种选择、种类配置、造林方式、后期管护等技术要求，提高了城市森林质量，增加了城市的生态、社会和经济效益。该项目的 PPP 模式参与主体较多，除了公共部门（市长办公室、林业局、水电局、环境事务局、公园娱乐管理局、社区重建局、港务局以及州政府等），还包括很多社会私营部门（私营企业、非营利组织和社区居民等）。

该 PPP 项目于 2010 年开始运营，总体来看，在缓解市政财政预算压力的同时扩大了城市森林面积，增加了森林覆盖率。其成功要点包括民选官员的正确领导、明确的任务分配、多样化的种植模式、居民赋权和可靠的资金来源等，其中参与 PPP 项目的各利益相关方之间的协同合作至关重要。市政公共部门提供多样化的城市植物和资金保障也非常关键。另外，通过植树获得碳信用额度，资金来自空气质量受益地区的赠款和由市长设立的私人基金会，弥补了运行期间的部分资金缺口。尽管该项目总体来看较为成功，但也面临一系列问题，主要包括缺乏具体可行的实施方案、市政预算的限制、缺乏有效的经济激励措施与透明的公共参与机制以及合作与协调机制不健全等。

---

① 姜喜麟，李想，李昌晓. 国外典型林业 PPP 项目经验借鉴 [J]. 世界林业研究，2019，32（1）：11 – 15.

美国的自然保护计划（CRP）也是一个成功的 PPP 案例，与我国的退耕还林工程非常相似，由美国农业部农场管理局负责，提供 10 ~ 15 年的补助以激励土地所有者退耕，通过恢复植被等方式改善环境卫生和质量，从而达到生态恢复和收入补偿的目的。实施 CRP 的土地类型包括河岸带、洪泛平原湿地、侵蚀强度大的土地以及蜜蜂栖息地等。CRP 项目已实施近 30 年，有效解决了补助到期后既得生态效果难以维系的问题。

为实施 CRP 项目，美国农业部农场管理局在特定时期从农民手中租赁项目用地。CRP 项目用地的选定与租赁是在竞争的基础上进行的，同时根据土地的环境效益和成本对地块进行排序。土地租用价格依据环境效益指数的不同而异。该指数考虑了野生动物栖息地的保护利益，可减少土壤侵蚀、径流和淋溶后的水质效益，减少土壤侵蚀后的农场效益，以及空气质量效益和成本。评定的资格标准还要求土地位于国家或州重点地域。

CRP 为基础设施建设提供 50% 的经费援助，例如建造围栏以支持轮牧以及改善草地覆盖率以吸引传粉昆虫等。CRP 项目对受到灾害影响的特定森林有专门的紧急应对措施，即紧急森林恢复计划和林木种苗援助计划。紧急森林恢复计划为私有林主提供补偿以恢复因灾害受损的森林，该计划由当地县级机构的工作人员负责实施，专门对因干旱/昆虫危害而受损的森林进行恢复。林木种苗援助计划则向符合条件的植树者提供财政援助以重新种植因自然灾害而失去的树木。

该项目建立于 30 年前，已被证明是非常成功的。成功的因素包括：有一套明确的目标、有很强的科学基础与理论依据、有一套明确的标准来确定哪些土地或者利益相关者有资格申请和纳入 PPP；具有科学合理并明确规划的预期实践与行动；支付方案公平合理，足以弥补利益相关者的损失；由一个强有力的行政机构进行运营，从联邦政府到州、县以及地方一级机构的工作人员直接与农民或其他利益相关者打交道；拥有非常好的交流工具，其交流主要通过网站、实况报道及当地推广人员的私下联系来进行；有一个可靠的监测程序来收集成功和失败的证据；政府机构和利益相关者之间建立起了长期的信任关系，双方的这种长期信任表明项目是公平合理的。

特许经营是指在国家管控的生态空间（如国家公园）范围内，设置生态旅游、文化体验等活动的经营许可权利，并转让给特定主体运营，通过收取转让收益的方式实现生态产品的价值，以更好地平衡经济发展和生态保护的关系。国外在特许经营方面已经有了比较成功的案例，也建立了相对完整的系统和完善的规章制度，如美国黄石国家公园特许经营政策。一方面，特许经营能够筹措大量资金。美国黄石国家公园通过特许经营的方式，为自然生态空间保护筹措了大量资金，仅 2018 年特许经营收入就达 2100 万美元，占总收入的 31.5%。另一方面，生态保护监管必须同步加强。美国国家公园管理局在 1965 年开始实施特许经营制度时，极大地激发了社会参与的热情，但也导致了国家公园过分强调其经济属性而削弱其生态属性。1998 年，为解决国家公园日益突出的经济和生态问题，美国国会通过法律、公开竞标、缩短合同期、提高准入门槛、强化监管等措施，维护了国家公园在特许经营与生态保护之间的平衡（如图 6 - 2 所示）。

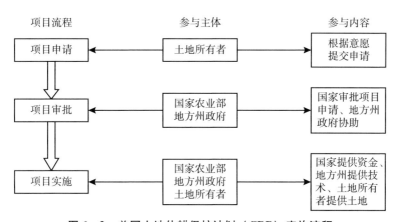

图 6 - 2　美国土地休耕保护计划（CRP）实施流程

四、德国——文旅产业模式①

德国鲁尔工业区是联合国教科文组织评定的世界第一个以工业旅游为主

---

① 高艳妮，王世曦，等 . 基于矿山生态修复的生态产品价值实现主要模式与路径［J］. 环境科学研究，2022，35（12）：2777 - 2784.

题的世界文化遗产，凭借五百万居住人口成为欧洲最大的聚集区之一，绵延一百多公里，在一百多年的时间里，从乡下农庄发展成为涵盖近20个城市的工业带。鲁尔区基于有利的地理位置和当地丰富的矿产资源，形成了以煤炭、钢铁、电力等重工业为主的产业结构，是德国的钢铁和煤炭中心。然而，自20世纪六七十年代起，鲁尔陷入了结构性危机之中，出现了主导产业衰退、就业岗位减少、生态环境恶化、基础设施短缺、人口外流等问题。对此，德国政府采取因地制宜的经济政策，通过产业结构的调整进行老工业区改造，实现了经济结构转变和产业转型，赋予了鲁尔区新的生命力。

在政策上，德国政府颁布法律，成立了鲁尔煤管区开发协会，作为鲁尔区最高规划机构。鲁尔区区域管理委员会 KVR 于 1989 年开始组织实施区域性综合整治与复兴计划——IBA 计划。为此政府制定和出台相应的投资政策，简化审批手续，以吸引外商投资。

鲁尔工业区在转型改造的同时，不同于以往对于工业基地以"拆除"为主的改造模式，而是更加注意保持本地区传统历史文化。由政府出资，将工厂和矿山改造成为风格独特的工业博物馆，转变为旅游资源，成为当地特色的老工业区风景线，并被联合国教科文组织批准成为世界文化遗产。不仅减少了大规模拆迁所带来的工业污染，而且为当地的旅游业带来丰富的资源。鲁尔区积极培育新兴产业，重点发展服务业，注重人才培养，引进高校和教育机构，为区域发展提供技术和人才支持。同时，政府还鼓励企业之间以及企业与研究机构之间进行合作，以发挥"群体效应"，并对这种合作下进行开发的项目予以资金补助。目前，全区有 30 个技术中心，600 个致力于发展新技术的公司。此外，鲁尔区还有多达 22 个博物馆和展区，分别以冶炼、机械、矿石、铁路机械、化工、化石、船舶模型等为主题。

德国鲁尔区的工业遗产旅游开发模式表现出多样性的特点，而从各个独立的工业遗产旅游地来看，又大致存在三种具体而不同的开发模式，首先是博物馆模式，通过将亨利钢铁厂、措伦煤矿等工业生产厂改造为露天博物馆，聘请工人志愿者作为导游，活化旅游区的真实感和历史感，打造"生态博物馆"氛围。充分利用工业遗产独特的历史工具，保护历史资料合理开发，运用纪念品促进二次消费，尊重历史的前提下与现代风格相融合。此外，鲁尔区的改造中还注重公共游憩空间的开发，位于盖尔森基兴的"北极星公园"建在一个煤矿废弃地上，便是典型的大型公共游憩空间的开发模式。为更好地提升该地的经济效益，鲁尔工业区还开发了一部分作为购物旅游区，将奥伯豪森等工厂废弃地改造为大型购物中心，配套建有咖啡馆、酒吧和美食文化街、儿童游乐园、网球和体育中心、多媒体和影视娱乐中心，以及由废弃矿坑改造的人工湖等，从而利用地理优势融合购物区概念吸引区域内的人们前往，保留原有工业建筑风格使之成为地标，填充可满足人们购物休闲娱乐消费的诸多业态。

改造后的鲁尔新区，是一个在完好保存原有景观的前提下，发展为融合遗迹观赏、旅游度假、文化娱乐、科学展览、体育锻炼、培训教育、商贸购物和市民宜居等于一体的区域。鲁尔区赋能空置厂房，将其变身为工业专题博物馆、景观公园等工业遗产旅游景点，其中最有代表性的工业旅游景点有亨利钢铁厂、光税同盟、杜伊斯堡景观公园、奥伯豪森中心购物区等。

德国鲁尔区利用煤矿的采矿机械设备和生产系统等建成了全球同类型最大的采矿博物馆，利用向地下输送矿工的数百米深管道和其他机器建设了展览室，利用长达数十公里的层层矿道建设了音乐厅、疗养室、旅馆等，与其他依托煤矿、钢铁遗迹等打造的文旅产业共同展示了鲁尔的百年工业遗产，并且由于其在煤矿通风系统、废水收集和循环利用等方面的丰富经验，带动了鲁尔及其所在州环保产业的发展，使其成为德国著名的环保人才聚集地，为全球提供服务。

五、荷兰——家庭农场模式①

荷兰家庭农场的组织化经营主要表现为"合作社一体化产业链组织模式"，这是荷兰农业和家庭农场快速发展、获得强大竞争力的重要组织基础。在该产业链组织模式中，家庭农场、合作社和公司三者组成了以股权为纽带的产业链一体化利益共同体，形成了相互支撑、相互制约、内部自律的"铁三角"关

---

① 肖卫东，杜志雄. 家庭农场发展的荷兰样本：经营特征与制度实践 [J]. 中国农村经济，2015（2）：83 – 96.

系。家庭农场是该组织模式的基础，是农业生产的基本单位。合作社是该组织模式的核心和主导，是家庭农场主以自愿自发方式组成的商业自治组织，它不以盈利为目标，其存在价值是全力保障社员家庭农场的经济利益。公司的作用是收购、加工和销售家庭农场所生产的农产品，以提高农产品附加值。

在农业补贴政策方面，荷兰主要执行欧盟共同农业政策（CAP），农业补贴的对象主要是家庭农场，CAP 的政策目标从单纯关注农业发展转向强调农业、农村并重发展，大力发展环保型农业，政策手段不断丰富和优化，由最初单一的价格支持发展到现在的价格支持、收入补贴、农村发展项目支持等多种综合补贴项目。

荷兰有着发达、高效和协调运行的农业知识创新和传播体系，并且这个体系与家庭农场之间建立了广泛而紧密的联系与对接。荷兰农业知识创新和传播体系的主要内容是农业科研、推广与教育三个支柱。首先，各种研究机构通过研究产生农业知识；其次，农业推广站、社会——经济推广协会等通过教育、示范、技术指导、咨询等形式将农业新知识、新技术传播给家庭农场经营者，为家庭农场提供各项农业生产性服务；最后，各类教育机构通过教育提高家庭农场主等农业从业者的受教育程度，并促进农业知识和技术的传播。三者协同发展、运行，这就是荷兰著名的"OVO 三位一体"。它具有四个特点：一是目标明确，即强调技术和知识的实际应用直接为家庭农场主提供服务；二是上下互动，即既有自上而下的农业知识和技术传播，又有自下而上的信息反馈；三是广泛参与，即农业知识创新和传播体系中的相关利益主体众多，包括政府职能部门、研究机构、教育机构、农业企业、农民组织、家庭农场等；四是农业、自然资源管理和渔业部统一对农业科研、推广和教育工作进行管理和协调。

六、新西兰——生态权属交易模式①

新西兰林业碳汇交易。为了应对气候变化问题，新西兰政府于 2002 年出

---

① 王怀毅，林德荣，李忠魁，等. 生态产品价值实现：国际经验［J］. 世界林业研究，2022，35（3）：118-123.

台《应对气候变化法》，明确规定了相关企业的减排责任，并统一温室气体计量单位。由此，政府部门通过权衡碳交易、碳税、补贴、行政监管等政策工具应对气候变化的作用，明确以建立碳交易市场为最优方案，于2008年1月正式启动排放贸易计划（NZ – ETS），并将林业作为第一个被纳入交易体系的行业。

此后，2008年和2011年分别提出修正法案，进一步对碳交易有关登记注册、管理机构、计量监测等方面做出详细规定，明确超额排放的企业可通过购买林业碳汇或其他企业多余配额抵消自身排放；同时提出将林业部门作为受援助部门，由国家免费分配额度。林业碳汇交易主要由农林部负责统筹规划具体工作。农林部将森林划分为"1990年前森林"和"1990年后森林"两类，并相应提出了不同的参与方式。其中"1990年前森林"指在1989年12月31日之前造林并沿留至今的人工林，规定若发生过毁林或变动超2公顷的现象将其强制纳入碳市场并补交相应碳排放额度，未发生则充分尊重林地所有者意愿，可自主选择是否领取碳排放额度。"1990年后森林"的参与者通常指人工造林的森林所有者，根据实际造林面积比较木材与碳汇收益自愿决定是否参与碳交易。此外，农林部提出一系列指南，进一步明确了交易的详细内容，对准入条件、参与者权利与义务、申请流程、交易规则、碳汇计量方法及惩罚措施等方面作出具体规定，保障了林业碳汇交易市场的顺利运行，如图6–3所示。

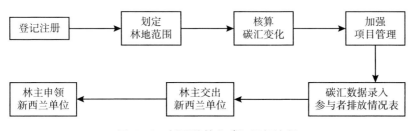

图6–3　新西兰林业碳汇运行流程

2010年整个新西兰碳交易市场中林业交易比重达到64%，林业碳汇交易成为碳交易市场的主力军；2011年6月至2012年6月，参与方高达1238家。

据统计，承诺期内新西兰林业碳汇交易抵消了其国内温室气体排放总量的25%~30%，对实现《京都议定书》规定的减排目标产生了重要作用。承诺期结束后，由于国家经济发展不稳定，新西兰政府决定延长过渡期，逐步将电力、航空、工业、农业、交通等领域纳入交易体系。经过两年过渡期的调整，2015年林业碳汇市场交易再次活跃，交易量达130万吨，交易额超过1000万美元，市场需求持续增加。总体而言，新西兰林业碳汇市场的发展既增强了公众造林和森林保护的积极性，保证了生态环境质量，同时充分实现了森林碳汇的生态产品价值。

从上述六个国际案例分析看，社会参与的角色较大，包括社会公众、专家学者等，参与的启动是从项目的启动开始全程介入，政府设计了社会参与的规则、流程、相关关键影响因素等，便于各方便捷、科学、有序参与项目建设。在社会参与项目的设计和策划方面，主要针对自然生态保护较多，或城市开发转型更新的地块，或农业农村业态更新等领域。

第七章

生态产品价值实现的社会效益和经济效率评估

本章导读：本章主要构建生态产品价值实现的经济效率核算框架和社会效益评估体系。通过将一般产品与生态产品进行价值辨析，明确生态产品的价值内涵以及其区别于一般产品所特有的生态价值，从"投入产出"角度出发，将生态效益融合进生态产品价值实现的经济效率核算体系，以期更完整、充分地体现生态产品价值实现效果。此外，基于生态产品价值实现的外溢性，本章构建了生态产品价值实现的"四位一体"社会效益评估体系，更充分、直观地展现无法量化的生态产品对居民福祉、人类健康、社会文明进步和其他产业、区域的贡献和提升作用。

第一节 一般产品的经济效率评估理论框架

尽管国内外对经济效率的研究较多，但对于经济效率的定义和内涵却研究较少。一般而言，在经济学中，新古典经济学家认为经济效率是指产品（包括产成品和要素品）在消费者之间、生产者之间以及生产者与消费者之间的最优配置效率。

托马斯·G. 罗斯基（1993）认为经济效率和经济效益之间没有一致的关系。微观经济理论区分为三种效率：配置效率、技术效率（X—效率）和动态效率（革新率）。王成秋（2006）进行了投资效率和投资效益的内涵辨析，认为投资效率的范畴比投资效益的范畴宽泛，不仅包括了一般意义上投入与产出的关系，还更多地包括了风险与收益的均衡关系。同时，投资效益关注的是投资所得，而投资效率既关心所得也关心所费，更关心它们之间的对比关系。宋小敏等（2002）在研究项目投资经济效益评价原理时认为纯经济效益＝所得－所费；经济效率＝所得/所费；纯经济效率＝（所得－所费）/所费。

经济效率评估有多种口径和方法，且选取的评价指标根据评价对象特点和核算目的而各有不同，表7－1展现了一些产品或项目的经济效率评价指标方法。

表7－1 一般产品的经济效率评价指标汇总

文献来源	评价对象	评价指标
杨天琪，2017	林下经济效率	投入指标：林下经济固定资产的投资额、从业人员数、土地投入面积、时间投入 产出指标：林下经济产值、财政收入、林农收入
张目与黄大志等，2016	城市经济效率	投入指标：资本投入、劳动力投入、土地投入、科技与教育投入、环境污染排放 产出指标：地区生产总值、财政收入
冯兰刚与赵国杰等，2015	钢铁企业生态经济效率	投入指标：资源投入、经济投入、劳动力投入 产出指标：经济产出、环境产出
罗凤凤，2014	县域经济效率	投入指标：固定资产投资额、年末从业人员 产出指标：地区生产总值、"三废"综合利用产品产值
陈金英，2016	房地产经济效率	投入指标：房地产开发投资额、房地产从业人员数 产出指标：房地产GDP

在具体研究和测算中，效率被简化理解为相同投入产出最大化或相同产出投入最小化。效益是衡量投入与产出的关系，效率是相同产出下投入的比较，或相同投入下产出的比较。从搜集整理有关测算项目或产品的经济效率的文献中可以看出，多数学者在衡量经济效率时主要是通过投入产出比率来

反映，只是针对不同研究对象在选取具体的投入和产出指标时不尽相同。在实际经济活动中，需要根据具体情况选用合适的衡量标准，高效率不等于高效益，项目投入不能盲目地、片面地追求高效率，而是要追求能带来巨大效益的高效率发展，并体现出以人民为中心的发展思想。

第二节　生态产品价值实现的经济效率核算体系构建

一、生态产品价值实现的现有评价指标体系

关于生态产品价值实现成效评价研究，目前多体现在实践案例的定性分析中，仅有少量研究成果集中在定量评价上，如雷硕等（2022）基于生态产品保护成效、价值转化成效、价值实现保障机制建设成效分别构建分指数的指标评价体系，运用熵值法和综合指标评价法评估长江干流流经的 37 个典型城市的生态产品价值转化实践成效与问题，并提出相关建议；王晓欣等（2023）从生态产品供给水平、交易环境改善、民生福祉改善 3 个方面构建生态产品价值实现成效评价指标体系，运用熵值法和综合指数法分别评估了自然资源部发布的 27 个国内案例的总体价值实现成效、不同类型生态产品价值实现成效和不同模式价值实现成效；林亦晴等（2023）提出了生态产品价值实现率的概念和核算方法，并以浙江丽水市为例，在计算 GEP 的基础上，评估生态产品价值实现率以及分析价值实现模式特征。此外，也有少部分学者从投入－产出实现效率角度进行定量评估，如孔凡斌等（2022）基于科学性、全面性和可操作性等原则构建了包含 GEP、林业固定资产投资完成额、林业产业从业人数、林业产业产值的投入产出指标体系，并运用 Super-SBM 模型和马尔姆奎斯特（Malmuquist）指数测算浙江省森林生态产品价值实现效率及其时空变化特征。

表 7-2 汇总了目前提出和运用的衡量生态产品价值实现情况的评价指标。

表 7 – 2　　　　　　衡量生态产品价值实现情况的评价指标汇总

指标	公式	具体方法
生态产品价值实现率	生态产品价值实现率 = 生态产品价值实现量（GREP）/生态产品总值（GEP）	物质产品价值实现量 = GEP 中物质产品价值 调节服务产品价值实现量 = 市场交易和政府补偿两种模式下实现的调节服务产品价值之和 文化服务价值实现量 = 消费者旅行费用支出 + 其他模式实现的产品价值
绿色 GDP（GGDP）	GGDP = 地区生产总值 GDP – 环境损失成本 PDC – 环境退化成本 EDC	GDP = 总消费 + 总投资 + 货物和服务净出口 PDC = 环境污染治理成本 + 环境污染退化成本 EDC = 水资源耗减价值 + 能源资源耗减价值 + 耕地资源耗减价值 + 森林资源耗减价值 + 渔业资源耗减价值
经济生态生产总值（GEEP）	GEEP = GGDP + 调节服务价值 ERS	ERS = 水源涵养价值 + 土壤保持价值 + 防风固沙价值 + 海岸带防护价值 + 空气净化价值 + 固碳价值 + 氧气提供价值 + 气候调节价值 + 物种保育价值
基于成本的评价方法	根据现时成本贡献于价值的经济学原理，通过生态系统所提供服务的成本反映其价值大小	机会成本评价法、有重置成本法、旅行费用法、影子工程法、恢复和防护费用法、享乐价格法
基于收益的评价方法	根据生态系统资产在生命周期内的预期收益，用适当的折现率折现为生态系统评估基准日现值	收益现值法、消费者剩余法、生产者剩余法 在生态系统没有市场交易或缺少市场交易的情况下：替代市场评估法、假想市场评估法、效益—费用分析法、综合模型法等
经济生态效益评价体系	以"经济效益—生态效益—成本投入"的评价逻辑构建评价框架	经济效益：项目经济效益、物质供给效益、生态权益流转效益、生态载体溢价效益 生态效益：公共性生态效益 项目成本：直接成本、机会成本
生态产品价值实现能力评价指标体系	熵权 TOPSIS 方法 生态产品价值实现综合能力 = 投入能力 + 运营能力 + 组织能力	投入能力 = 生态保护 + 污染治理 运营能力 = 产业生态化 + 生态产业化 组织能力 = 创新制度 + 常规制度

　　通过对现有生态产品价值实现的评价指标的梳理可以看出，目前学界对生态产品价值实现的评价标准尚未统一，选取的细分指标也不尽相同，且更

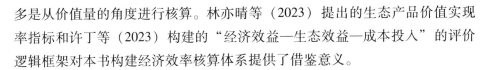

多是从价值量的角度进行核算。林亦晴等（2023）提出的生态产品价值实现率指标和许丁等（2023）构建的"经济效益—生态效益—成本投入"的评价逻辑框架对本书构建经济效率核算体系提供了借鉴意义。

二、生态产品价值实现的经济效率核算体系构建

本文从成本－效益的角度切入，根据三类生态产品的价值属性的不同，分别选取不同的经济效率核算方式，测算不同类别生态产品价值实现的经济效率，并从整体角度出发，构建整体生态产品价值实现的经济效率核算体系。表7－3阐明了本章的生态产品分类框架基础以及各类生态产品的经济效率评估方法。

表7－3　　　　　　　　生态产品价值分类框架

生态产品价值属性	生态产品价值分类	举例	价值实现主要方式	经济效率评估方法
完全非市场化的产品	公共性生态产品	主要指产权难以明晰，生产、消费和受益关系难以明确的公共物品，如清新的空气、宜人的气候等	中央政府转移支付、跨区域跨流域横向转移支付、资源环境类税费调节、政府购买	生态效益（公共性生态产品价值的现值）/（直接成本＋机会成本）（现值）
具有部分市场化属性的产品	准公共性生态产品	主要指具有公共特征，但通过法律或政府规制的管控，能够创造交易需求、开展市场交易的产品，如我国的碳排放权和排污权、德国的生态积分、美国的水质信用等	生态权益交易、资源配额交易	交易收入/交易成本（直接经济效益/成本）直接经济效益包括生态补偿资金、政府扶持资金等；直接经济成本包括生态税费、权属交易费用等
完全市场化的产品	经营性生态产品	主要指产权明确、能直接进行市场交易的私人物品，如生态农产品、旅游产品等	市场化交易	直接经济效益（产品产值）/成本

首先，本章将生态产品按照生态产品价值实现的途径分为经营性生态产

品、准公共性生态产品和公共性生态产品，明确各类生态产品价值实现的主要途径，并以此为基础构建生态产品价值实现的经济效率评估框架。

从生态产品分类角度切入，不同类型的生态产品价值实现的经济效率核算方法有所不同。公共性生态产品属于完全非市场化的产品，产权难以明晰，生产、消费和受益关系难以明确，无法在市场上交易，如清新空气、宜人气候等，其主要提供生态价值和社会价值，其价值实现途径主要由政府主导，包括中央政府转移支付、跨区域跨流域横向转移支付、资源环境类税费调节、政府购买等，本章拟用公共性生态产品价值的现值与政府投入的直接成本和机会成本现值的比值来衡量公共性生态产品价值实现的经济效率。直接成本包括为保护生态环境所做的生态修复投入、环境保护投入等。准公共性生态产品指具有公共特征，但通过法律或政府规制的管控，能够创造交易需求、开展市场交易的产品，比如生态权益交易、资源配额交易等，价值实现途径为市场和政府混合途径，其经济效率通过交易收入和交易成本的比值来计量，交易成本包括生态补偿资金、生态税费、权属交易费用、政府扶持资金等。经营性生态产品主要指产权明确的私人物品，如生态农产品、旅游产品等，通过市场化交易进行价值实现，可参照一般商品，按产品市场交易价格与产品生产成本的比值来衡量其价值实现的经济效率。

其次，本章拟构建全部生态产品价值实现的经济效率框架。需要说明的是，在测算单独的生态产品价值实现的经济效率时，未考虑间接经济效益。本章所述的间接经济效益主要是指生态产品价值实现过程所带动的周边相关产业发展产生的效益，例如由于生态保护区的存在，间接带动周边房地产价格的提升、其他产业收入的增加等，由于这类效益比较宏观，具有整体性特点，难以将其在三类生态产品中合理地区分，因此只在测算案例区域整体生态产品的价值实现的经济效率时进行考虑，如图 7-1 所示。

本章运用"投入产出"模型，将三类生态产品所带来的效益进行进一步的归纳和重分类，在效益方面分为经济效益和生态效益，其中经济效益进一步分成直接经济效益和间接经济效益；在成本方面分为直接成本和机会成本。直接经济效益主要由经营性和准公共性生态产品提供，表现为这两类生态产品的市场交易收入；间接经济效益表现为生态产品价值实现过程带动周边相关产业发展所产生的效益，该效益是由于整个生态区域的存在而产生的，主要通过核算周边其他产业获得的额外收入等指标来衡量；该模型中的生态效益主要是指公益性的生态效益，主要由公共性生态产品提供，核算口径为区域内无法通过市场交换而产生经济效益的调节服务与文化服务等公共性生态产品的价值量，包括水源涵养、固碳释氧等。

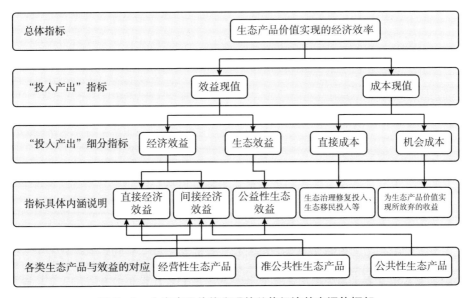

图7-1　生态产品价值实现的总体经济效率评估框架

在成本评价方面，分为直接成本和机会成本两种，直接成本包括政府等主体为区域内生态产品价值实现所投入的所有可计量的资金，例如环境保护投入、生态治理修复投入、生态移民投入等，具体项目根据核算主体的不同有所区别；机会成本包括为了实现生态产品价值而放弃的其他来源的收入，例如为保护某区域内生态环境，将区域内原有的企业、农民迁出，从而损失了这些企业、农民原本所带来的收益。

表7-4为核算生态产品价值实现的总体经济效率的具体指标说明，并结合广西壮族自治区北海市冯家江生态治理与综合开发案例，对该模型中各项指标的具体含义进行进一步阐述。

表 7 - 4　　　　　　　生态产品价值实现的经济效率评价指标说明

评价类别	一级指标	二级指标	指标来源	指标说明
经济效益	直接经济效益	物质产品供给效益	经营性生态产品的市场交易收入	评估区域内每年各类经济类自然资源产品供给的总价值量
		生态权益流转效益	准公共性生态产品的交易收入	评估区域内生态产品价值实现实践中形成的各类权益、配额所产生的交易收入
	间接经济效益	生态载体溢价效益	生态产品价值实现所带来的价值外溢现象	带动周边产业及住房收入的增长
生态效益	公益性生态效益	公益性生态效益	公共性生态产品价值量	区域内各类生态调节服务产品的年价值量
项目成本	项目成本	直接成本	生态产品价值实现的直接成本	环境保护投入、生态修复投入、生态移民投入等
		机会成本	为实现生态产品价值所放弃的收入	区域内原来的企业、农民等群体的年均经济收入

2017 年开始，北海市认真贯彻落实习近平总书记"把红树林保护好""把海洋生物多样性湿地生态区域建设好"的指示要求，确立了"生态立市"发展战略，启动了冯家江流域生态治理与综合开发工作，以"生态恢复、治污护湿、造林护林"为主线，建设冯家江滨海湿地，以统一规划管控和土地储备为抓手，系统改善片区人居环境，发展绿色创新产业，打造了人与自然和谐共生的绿色家园。具体做法及所带来的经济效益包括以下几点。

首先，在生态治理和修复所带来的生态效益方面，北海市进行了恢复自然原貌、推动治污沪江、红树林保育和修复、科学造林等工作。通过这一系列工作，丰富了当地公共性生态产品的数量、质量，提升了价值量，使得公共性生态产品的生态效益得到更显著的发挥。例如，通过引入改善水质的水生植物，将污染严重的虾塘、养殖场逐步恢复为兼具洪水调蓄、截污净化等功能的湿地和浅滩生态系统；通过封滩育林，增加湿地红树林的物种多样性和生态系统稳定性。这里的生态产品价值实现的效益主要表现在治理后该生态区域带来的水源涵养、土壤保持、空气净化、水质净化、丰富生物多样性等，通过核算上述生态服务的价值量来评估公共性生态效益，其中的投入成本就包括拆除两岸违章建筑和坑塘水泥护砌成本、种植植物成本、清淤和铺设管道成本等。

其次，在直接经济效益方面，北海市统一规划管控和土地储备，增强生态产品的储备和供给能力。通过建设生态、文化、景观共享区，打造湿地科普教育区，打造开放性城市公共绿地，连通多个区域旅游资源。其中，银滩景区2021年前十个月旅游收入是2017年全年的2.3倍。由此，直接经济效益表现为这些景观区域的直接旅游收入，成本为景观区域规划管控和建设投入。

最后，在间接经济效益方面，以北海滨海国家湿地公园为点，以冯家江两岸为带，通过叠加西部大开发、北部湾经济区开放开发等一系列优惠政策，逐步形成了国际高星级酒店群、科技企业群和金融企业群，着力发展以生态居住、休闲旅游、商业酒店、科技金融等为主导的商务区和向海金融产业区，吸引多家金融、科技、商务、服务类企业落户，2019~2023年累计营业收入155亿元、税收贡献12.52亿元。区域周边产业发展所带来的多产业收入提升、绿色产业进入以及区域资源升值是该区域生态产品价值实现所带来的间接经济效益。

第三节　生态产品价值实现的社会效益评估

一、一般产品的社会效益评价体系

该部分汇总了不同行业或研究领域对不同研究对象的社会效益评估框架，以期从中进行归纳总结，为后文构建生态产品价值实现的社会效益评估体系提供理论支撑，如表7-5所示。

表7－5　　　　　　　　　　　一般产品的社会效益评价体系汇总

文献来源	评价对象	选取的评价指标
张士海（2008）	土地利用	用地公平（人口密度、人口自然增长率、城镇化水平、人均耕地、交通用地比例）、居民生活质量（城镇人均居住面积、人均用电量、人均用水量、人均道路面积、人均公共绿地）、社会公平（城镇居民人均可支配收入、农村人均纯收入、恩格尔系数、城镇就业人口比重、人均GDP）、社会保障（粮食自给率、万人拥有医院病床数、百人电话数、万人公共交通车数、科技进步贡献率）
张正峰和陈百明（2003）	土地整理	土地整理对农村社会环境的影响；土地整理对农村社会经济的影响；土地整理对合理利用自然资源的贡献
李岩（2006）	土地整理	单位面积土地承载力增加率、农业劳动生产率增加值、人均耕地面积增加率、道路长度增加率、居民支持率、居民点基础设施配套率增加值
周维博和李佩成（2003）	灌区水资源	人均粮食占有量、人均GDP、居民年人均收入、农民年人均收入、年节约水量、节水灌溉增产效益、增加农业税收
纪颖波和王宁（2009）	工业化商品住宅	对社会经济的影响（国民经济、就业、收入分配、居民经济生活）、对社会环境的影响（相关利益群体、文化教育、科技进步）、社会互适性（社会环境条件的适应性、利益群体的态度、利益群体的参与程度）、社会风险分析（相关利益群体、技术、政策、市场、管理风险）

从表7－5可以看出，学者对研究对象的社会效益评价体系的构建具有较强的行业特征，不同行业领域的研究对象所带来的社会效益各有不同。涉及的内容包括对社会环境、科技文化、居民生活、生态环境等方面的影响。本章通过对以往文献选择的社会效益指标进行梳理和参考，并充分考虑生态产品的公益性、外部性等特点，拟构建较为完善的生态产品价值实现的社会效益评估体系。

二、生态产品价值实现的社会效益评估综述

在评估生态产品价值实现的社会效益方面，目前学界普遍认同生态产品能带来巨大的社会价值，但不同学者对生态产品的社会效益的具体分类方式

存在差异。

张颖（2004）在森林社会效益价值评价研究综述中得出结论，森林提供的社会效益包括就业机会、森林游憩和森林的科学、文化、历史价值。进一步的，林全业等（2009）将森林社会效益归纳为旅游效益、环境美化效益、疗养保健效益、景观效益、增加就业人数效益、优化产业结构效益、社会文明进步效益共七项。虽然森林不能代表所有生态产品类型，但能为我们构建生态产品的社会效益体系提供参考。王昌海等（2011）在秦岭自然保护区群的社会效益计量研究中认为其社会效益包括社会文明进步效益、人类健康效益和社会生产生活改善效益三部分。丁宪浩等（2010）认为，生态生产能改善环境，提供良好人居环境，增加生态资源、增值生态价值、积聚和转移经济效益，有利于促进物质资源、生态资源配置使用的代内公平和代际公平，从而有效提升居民幸福感和满意度，推动社会实现稳定持续发展，推进社会文明由工业文明迈向生态文明。赖昭瑞等（2005）认为，公共产品的社会效益应根据其对国家基本目标的贡献来定义。唐铭（2010）在构建湿地公园效益评价体系时认为其社会效益可分为增强城市文化魅力、理想的环境教育基地、科研价值三方面。张林波等（2019）认为，生态产品价值表现在生态、伦理、政治、经济、社会、文化、经济等多方面，除了生态资本价值、产品使用价值之外，还有增加就业价值、政绩激励价值和经济刺激价值。

三、生态产品价值实现的社会效益评估体系构建

生态产品价值实现除了提供经济效益和生态效益之外，还能提供广泛的社会效益，比如提升居民幸福感、促进社会稳定发展、改善人居环境、提升人均寿命、利好招商引资等。许多社会效益只能部分量化或根本不能量化，但对人类身心健康、人类社会结构、人类社会精神文明的可持续发展都有重要的促进作用，不考虑生态产品的社会效益会低估生态产品整体价值，因此，如何合理且全面地度量生态产品所带来的社会福利是一个值得研究的问题。

从前文对生态产品价值实现的社会效益评估的文献综述来看，学界普遍认为生态产品价值实现所带来的社会效益是广泛且客观存在的。不同种类的

生态产品所带来的社会效益有所不同，普遍包含生态、科学、文化、历史等多方面，但对于其社会价值的评估缺乏完整系统性的一般理论体系构建。本章拟采用指标评价法，在前文归纳总结一般产品的社会效益评价体系以及前人对生态产品社会效益的分析角度的基础上，构建了较为完善的生态产品价值实现的社会效益评估体系，如图7-2所示。

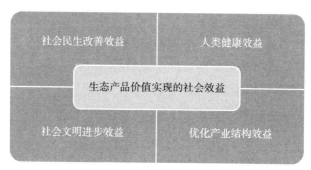

图7-2　"四位一体"社会效益评估体系

本章将生态产品价值实现的社会效益分为四个类别，包括社会民生改善效益、人类健康效益、社会文明进步效益和优化产业结构效益。每个一级指标下有多个二级指标，社会民生改善效益下细分居民幸福感、社会稳定发展效益和增加就业人数效益；人类健康效益下细分居民预期寿命延长效益、疗养保健效益和景观效益；社会文明进步效益下细分科研教育效益和人口素养效益；优化产业结构效益下细分优化产业结构。各二级指标下有相对应的评估指标，不同的评价对象适用的具体指标可能有所不同，将结合实际案例进行分析，评估体系如表7-6所示。

表7-6　　　　　　　生态产品价值实现的社会效益评估体系

社会效益一级指标	社会效益二级指标	评估指标
社会民生改善效益	居民幸福感	CGSS（中国社会综合调查）
	社会稳定发展效益	群体事件数量
	增加就业人数效益	区域内和周边产业解决就业岗位数

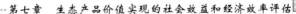

续表

社会效益一级指标	社会效益二级指标	评估指标
人类健康效益	居民预期寿命延长效益	居民平均寿命增长
	疗养保健效益	用保护区周边社区居民医疗支出和社会该项支付的平均值之差
	景观效益	为人们提供优美的观赏休闲景观
社会文明进步效益	科研教育效益	为科研和教学提供理想场所和资源
	人口素养效益	居民环保意识的提升、环保行为的增加
优化产业结构效益	优化产业结构	周边绿色产业增加数，产业种类增加数

首先，推进生态产品价值实现工作与人民群众的切身利益息息相关，能带来广泛的社会民生福利，主要包括提升居民幸福感、增加就业岗位、促进社会健康稳定发展等。例如，浙江省余姚市梁弄镇积极发展矿泉水产业，吸引浙江百岁山食品饮料公司投资建设百岁山矿泉水项目，为当地提供就业岗位100余个；通过进行土地整治，促进农民增产增收，农村集体经济发展的内生动力明显增强。

其次，推进生态产品价值实现对人类的健康发展大有益处，包括身体健康和精神健康，主要的效益指标包括居民预期寿命的延长、疗养保健效益和美学景观效益。各地政府积极开展了生态保护和修复工作，带来巨大的环境改善，包括退耕还林还草丰富了物种多样性，清淤治污改善了人居环境，建设生态公园给人们带来优美的景观享受等。例如，湖南省常德市开展了中欧合作的穿紫河流域海绵城市"水生态、水安全、水环境、水文化、水资源"五位一体建设，穿紫河的水体水质、水环境、水生态、水安全等得到了全面提升，生物多样性和生态系统稳定性明显增强，"臭水沟"变身为"城市中心绿色公园"，水质的优化、气候的改善让常德市城区人居环境质量得到显著提升。

再次，推进生态产品价值实现有助于社会科学文明的进步，主要包括科学技术和文化教育发展，为生态学、环境学等学科提供科研教学资源和场所，以及潜移默化地提升大众的环保意识、促进环保行为和环保活动的开展等。

例如，天津大黄堡湿地拥有丰富的动植物资源，为动植物学研究提供了丰富的资源，多个大学的专家考察组以及研究机构在此进行动植物、微生物、水生生物等资源的考察，该湿地为科研教学发展作出了巨大贡献。江苏省苏州市金庭镇发展"生态农文旅"，使得金庭镇干部群众的绿色发展意识逐渐增强，金庭人自觉保护生态环境，使得江南水乡特色、传统历史文化得以传承，生态产品的供给能力显著提升。

最后，生态产品价值实现工作的推动能给周边产业带来正向的辐射作用，良好的生态环境有利于招商引资，从而带动整个区域产业类型的丰富和产业结构的优化，进一步促进整个区域的生态经济协同发展。例如，厦门市对原先以农业生产为主的五缘湾片区进行了生态修复与综合开发，使得五缘湾片区内陆续建成多家商业综合体，吸引300多家知名企业落户，发展成为以生态居住、休闲旅游、医疗健康、商业酒店、商务办公等现代服务产业为主导的城市新区，推动产业结构升级，带动区域土地资源升值溢价。

第八章

生态产品价值实现中的
科技应用和风险管理

本章导读：当前，社会经济各领域不断向绿色化、智能化转型。生态产品价值实现作为推动经济模式向绿色化转型重要工具的同时，自身也在不断寻找合适的智能化工具提高实践效率。特别是随着大数据、人工智能、云计算等技术的不断迭代，生态产品价值实现中普遍存在的"度量难""交易难"等问题，有望依靠新科技工具得到解决。生态产品价值的核算利用计算机电子设备、大数据技术等提高价值衡量的准确性和效率。本章主要介绍如何运用一系列智能技术开展自然要素的生态价值核算，展示了生态产品价值实现中的科技运用场景。同时，由于生态产品价值实现将对于未来项目投资、政府治理等提供重要依据，其价值核算的精确性、模式的可持续性都将给相关工作带来风险，如是否认定该类价值的理念风险、自然要素产权界定风险、生态价值的会计核算风险，甚至还有科技向恶风险和商业模式风险等。这些风险都需要在生态产品价值实现工作中及时识别和预判，形成该领域的风险管理方案。

第一节　生态产品价值实现实践中的主要科技工具

由于生态产品具有较强的外部性，如何精准评估生态产品的受益主体、受益范围，准确核算生态产品的价值量，是实现生态产品价值绕不开的问题。要鼓励各地根据自身特点研发自然资源资产信息化管理平台。将自然资源资产负债表所涉及的海量资源信息和评估核算模块录入信息系统，依托遥感技术、空间高分数据和测绘信息，叠加各类功能图形信息，形成自然资源资产"一张图"信息化管理平台。鼓励有条件的城市建设生态系统生产总值（GEP）数字化服务平台。利用大数据、云计算技术，系统反映各类生态资源数量、质量、分布、价格、权属等信息，绘制市域"生态产品价值地图"，实现各核算地域 GEP 地块级精细化动态核算。

基于此，我们很自然地想到，最普遍应用的科技工具便是精确识别自然要素和准确使用计算模型。这类模型的基本思想为，运用集成资源受限设备（如传感器和引擎）和智能系统来识别或感知自然生态要素，进而从物理世界收集整理相关自然要素，并及时处理信息以归类、核算。当前，现实生活中常见的物联网就是典型的能够和物理世界联系的工具，其优势在于精确感知外界环境、及时开展信息处理和资源管理、提高生产力以及提升人们的生活质量，使他们能够与智能环境（如智能家居、智能健康、智能城市、智能工厂或其他周围或人类活动）进行交互。

"感知"——环境传感器是物联网中关键的物理工具，该设备具备智能行为，能够适应环境条件和电力可用性，并且使用非标准的无线电网络进行通信，从而允许无线网关将传感器数据路由到互联网。在环境物联网中，节点可以拥有互联网连接，使它们能够直接将数据发送到服务器，从而使用户能够更轻松、更可靠地与它们进行交互。生态产品价值实现中，物联网已具有广泛的应用，不少企业通过构建数字孪生系统、卫星遥感系统，全面覆盖所需要的核算范围，其资源管理功能可涵盖各种自然资源，包括动植物、行星、森林、鸟类、鱼类、煤炭和石油等生物和非生物可再生资源。这些资源都可能面临大量减少或受到污染、浪费和滥用等多种因素的影响。为了实现快速高效的管理技术，物联网可提供一种有效的方式，通过资源的传感器与研究和监控中心之间的通信，以便在这些资源的消耗方面作出适当的决策。此外，物联网还可以控制可再生资源如太阳能和风能的利用，以满足各种环境应用需求，例如移动式风力发电、光伏等可再生能源运用场景。

事实上，物联网在环境治理方面已有诸多应用。主要应用方面包括以下几点。

（1）智能传感器：利用各类传感器采集温度、湿度、气压、光照、噪声、气体组成等环境参数，传感器小型化、低功耗、低成本，可以大规模布局。

（2）数据获取：利用无线网络技术如蜂窝网络、Wi-Fi 等，将分布在不同位置的环境传感器的数据实时收集发送到数据中心。

（3）监控网络：通过环境监测站点的联网，构建起城市或区域范围的环境监测网络，实现对空气质量、水质、噪声等的监测。

（4）智慧城市：物联网是智慧城市的重要组成部分。利用环境监测网络，结合大数据和云计算技术，可以进行环境状况预测、污染源定位、环境管理决策等。

（5）远程信息处理：环境监测系统可以通过云平台实现数据的远程存储、管理和处理，方便数据共享和基于大数据的分析应用。

（6）数字化：物联网实现环境监测从传感器到网络的全数字化，提高了数据的精确性和可靠性。

（7）IP 数据记录仪：通过 IP 网络直接采集监测设备数据，进行数字化处理，也使监测设备的互联互通更简单方便。

如图 8-1 所示，物联网技术能在多方面实现环境监测智能化和网络化，为环境状况的全面掌握和污染治理提供了重要支撑。

在生态产品价值实现中，识别价值、转化价值是关键环节，而用好数字技术，不仅能够全面监测与精准核算生态产品的价值，也能够促进数字经济与绿色经济的协同发展。要依托数字技术推进生态产品供需精准对接。推进以高质量、个性化需求为导向的预定种植、社区直销等产销对接模式。大部分转化价值的案例主要聚焦生态农业数字化发展模式，例如，建设数字化生态产品价值转化示范基地，推广农田智能检测、养殖环境检测、设施精准控制等数字化农业技术。积极拓展生态文旅数字化发展模式。加快推进移动互联网、人工智能等数字技术与服务业融合发展，推进智慧旅游、智慧康养、智慧养老等新业态发展。挖掘生态产品的文化资源,打造数字内容产业链,培育数字文创产业。

图 8-1 物联网在生态产品价值转化中的应用场景

另外,在生态产品价值实现的交易平台建设方面,数字化、智能化是大势所趋。例如,浙江近年推广的"两山银行"模式,推动省域生态资源统一规划、统一收储、统一开发,着力解决生态资源和生态产品抵押变现难问题,逐步实现生态资源信息化管理平台与交易平台的嵌套管理。创新探索"大数据+绿色金融"模式。构建绿色企业和绿色项目的集成方阵,建立绿色评级公共数据库,鼓励金融机构建立企业绿色评级模型,为投资决策提供数据支持,筛选符合投资要求的绿色企业或项目。依托数字技术打造碳汇数字化交易平台,用碳汇数据落实碳标签推广、碳技术成果转化和节能降耗政策,推动形成碳汇产业聚集效应。

第二节　生态产品价值实现中的科技应用案例

一、自然生态商业价值拓展的科技应用——以张家界森林公园为例

自然生态系统通常具有公共产品属性，而在人为开发引入旅游等产业后，因游客数量的增加，使旅游景区产生了拥挤性和部分竞争性，使其具备了准公共产品的特质。而准公共产品的生态价值则可以通过环境自身价值与风景区智慧经营结合释放更多的商业价值。本节以张家界森林公园作为准公共产品的典型，说明科技运用对其价值的提升。

张家界森林公园于 20 世纪 80 年代初被外界发现，是张家界最早开发的风景区，1982 年国务院批准张家界森林公园成为我国第一个国家森林公园。在政府的主导推动下，以保护生态为核心基础，挖掘开发了武陵源群山、宝峰湖、黄龙洞胜景等多样化的自然景观的价值，不断完善形成了较为完善的旅游产业，将张家界丰富深厚的生态产品价值成功转化成了可持续实现的经济价值。张家界森林公园售卖多类门票，包括大门票，以及普光禅寺、贺龙纪念馆等多类观光场所门票，设有茅岩河漂流、江垭温泉等多样化的收费体验项目。园内还建设有天子山索道、黄石寨索道、水绕四门观光电梯、十里画廊观光小火车等收费交通设施，为游人提供了体验新鲜、便利舒适的交通工具。在张家界景区附近也聚集了多样的产业，形成了活力较强的产业集群，包括具有土家族浓厚民族特色的美食产业链、满足不同游客群体需求的特色民宿产业链，以及以张家界丰富的自然产物为原料的特色产业链等。而物联网可以结合各类改革新技术推动张家界森林公园的生态价值转化和提升旅游体验。下面从四个角度总结其具体的科技应用。

一是技术手段数字化。物联网通过连接传感器、设备和互联网，可以实现对生态环境的实时监测和数据采集。以张家界自然保护区为例，可以在景区内设置空气质量监测传感器、噪音监测传感器、温湿度监测传感器等，实

时监测景区内的环境参数。同时，可以通过 RFID 技术、GPS 技术等对游客、员工、车辆等进行定位和追踪，收集景区流量和游览模式数据。通过物联网技术，可以收集到更全面、准确的景区运行数据，为数字化管理提供支持。同时，物联网技术可以实现景区内外交通设施的智能管理。例如，景区内在索道、观光电梯等交通设施上安装传感器和智能控制系统，通过物联网技术实现对设施的远程监控和管理，提高安全性和运营效率。景区外实现交通信息的实时获取和智能导航，帮助游客更便捷地到达景区。

除此之外，物联网技术可以连接 AR、VR、MR 和 ER 设备，以及相关的传感器和摄像头，开设元宇宙体积视频、虚拟现实、3D 建模复刻景区山水等活动增加吸引力，实时采集设备使用情况、游客互动数据等。这些数据可以用于分析用户行为、提供个性化推荐，并为后续的决策和改进提供数据支持。物联网技术可以将 AR、VR、MR 和 ER 设备采集到的数据进行分析和处理，利用大数据和机器学习技术提取有价值的信息。

二是管理平台智慧化。基于物联网的数据，可以建立景区智慧化管理平台。平台可以连接景区内各类型物联网设备，进行远程实时监控。以游客管理为例，平台可以统计游客数量和流动路径，进行智能分析，实时调配景区资源，避免出现人满为患。同时，平台可以对环保设施进行监管，如果发现设施故障，可以第一时间派遣人员进行检查维修。例如，利用物联网技术建立景区智慧化管理系统，可实现智能巡检、智能导览等功能，建设旅游数据及网控中心、指挥调度中心，为景区网络管理、大数据存储与分析、各业务子系统及软件的运行打下坚实基础。在各平台的支撑下，结合三级指挥中心管理机制，实现了去风险、可视化调度和实时监测、预警，全方位提升景区的管理效率和游客的体验感。

三是思维理念现代化。物联网技术为景区商业模式带来新的思路。例如，可以推出基于位置服务的智能导览产品。游客使用手机 App 景区内置信标可以实时定位游客位置，并推送周边景点、餐饮信息，提供智能导航。这不仅可以方便游客探索，也可以根据游客分布情况合理配置商业资源，避免游客对生态环境过多的破坏。同时，可以根据物联网技术收集手机用户数据，开发独家小程序和独立域名的网站，逐步构建并完善以优质文旅资源为基础、

"吃住行游购娱"为核心的数字化、智慧化服务矩阵。此外，也可以运用虚拟现实、增强现实等新技术，开发寓教于乐的科普游戏产品。既满足商业需求，也有利于生态保护宣传。

四是数字经济集群化。物联网可以为数字经济集群化提供更多的发展机会和创新方向。通过连接物联网设备和传感器，可以实现生态产品与数字经济的深度融合。例如，张家界探索了"区块链+景区""云直播+景区"等新营业模式，推出建园40周年数字纪念票，发行景区数字藏品，设置核心景点的高清直播机位；在景区内安装传感器和摄像头，实时采集游客的人流量、行为轨迹等数据，并利用大数据分析和机器学习算法，进行用户画像和个性化推荐。同时，利用物联网技术将景区的特色景点、美食、民宿等信息与移动应用程序、社交媒体等互联网平台进行嵌入和推广，提升用户对景区的关注度和吸引力。

依托物联网技术，景区可以打造数字生态经济集群。例如，可以面向生态农业、特色手工艺等开放数据接口，支持第三方开发基于景区资源的数字化产品和服务。还可以举办开发者大赛，鼓励开发针对保护区的 App、小程序等。形成以景区为核心的数字生态经济群，可以为景区带来新的增长点，也有助于提升景区知名度和影响力。

张家界还可以通过物联网技术进一步拓展景区商业模式。例如，设置基于定位的智能广告平台，或者开发面向儿童的室内互动娱乐项目等。只要坚持以生态保护为先，物联网技术就可以为景区商业开发带来更多可能性，如图 8-2 所示。

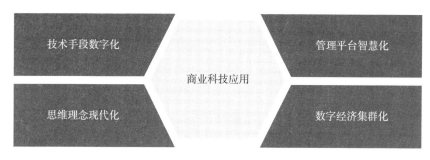

图 8-2 商业科技应用实现方法

二、自然生态本底价值厚植的科技应用——以大黄堡湿地自然保护区为例

前几章多次谈到，生态产品价值的根源来自自然生态本底是否健康、生态资源是否丰厚等，维护好、管理好自然生态本底是形成生态产品价值的重要前提。本节以天津大黄堡湿地自然保护区为例，对如何应用科技工具有效保护自然保护区进行具体剖析。天津大黄堡湿地自然保护区于2005年设立，位于天津市武清区东部，是天津市城市总体规划"一轴两带三区"中的"七里海－大黄堡洼"湿地生态环境建设区，总面积104.65平方公里。该区域湿地资源丰富、水网密布、芦苇茂密、气候凉爽、空气清新、动植物种类繁多，是一个由草甸、沼泽、水体、野生动植物等多种生态要素组成的湿地生态系统，称得上是一个动植物基因宝库。为保护大黄堡湿地的生态系统，管委会结合物联网的技术，通过传感器、数字化监控、整体网络体系协同实现数据的联网和自动化的处理，更加高效地实现生态价值。具体科技工具和做法主要包括以下几点。

（1）监测数据动态化。物联网连接的设备和对象可以实时获取环境参数（如温度、湿度、水质等）的数据，并将其传输到中心系统进行分析。这样可以实现对湿地保护区的环境变化进行实时监测和数据收集，提供准确的环境信息。通过物联网的连接，可以将各个设备传输的数据集中管理和分析，实现对不同环境参数的综合分析，深入了解湿地保护区的生态状况和变化趋势。同时，物联网技术还可以应用先进的数据分析算法和人工智能技术，提供更全面和深入的环境评估结果。

例如，在大黄堡湿地，可用无人机探测芦苇的面积和高度。当前，光谱无人机逐渐应用到农业生产中对作物长势的监测环节中。使用光谱无人机，我们可对湿地区域进行全方位监测，探测芦苇长势，包括其面积、高度等。芦苇根系发达，根系分为主根与毛细根，能过滤掉水体中的氨氮、亚硝酸盐、重金属元素以及各种有毒物质，成为湿地系统中宝贵的"天然净水器"，亟待对其分布进行摸底。

在湿地区域布设物联网传感节点，集成温湿度、气压等环境传感器，监测湿地生长环境参数。用多光谱无人机对湿地区域进行低空飞行拍摄。无人机搭载可见光、近红外等多个波段的摄像头。无人机采集的图像包含芦苇的空间信息和光谱特征。将这些图像输入到深度学习算法中训练。测量样方内实际芦苇长度，建立训练数据集，使算法学习芦苇的光谱特征与长度之间的关系。数据及模型可对整个湿地的高清无人机图像进行智能分析，输出每个地块的芦苇长度分布图。将无人机探测结果与物联网传感器的数据进行数据融合，建立芦苇生长模型，评估环境因素对芦苇生长的影响，实现湿地生态监测。

研究人员可在电脑或移动端浏览芦苇长度分布交互可视化结果，进行湿地生态管理，可更快地识别疾病，及时采取防治措施，了解湿地的健康状况。保持芦苇的生长面积以及覆盖率，对大黄堡湿地的其他动植物生存环境保护与湿地生态系统平衡的保持有着重要的积极作用，也为湿地生态价值的深度转化筑牢了基础。

（2）预警系统自动化。物联网技术可以实时监测环境数据，并根据设定的阈值或规则进行告警和预警。一旦环境参数异常或出现风险情况，系统可以立即发送通知，从而及时采取措施进行应对，保护湿地的生态环境。如采用智慧大屏幕监测湿地保护区的气温相比周边1公里、3公里、5公里地区的气温差异。

湿地生态系统具有物质产品提供、生命支持系统维持、环境调节及精神生活享受等作用。其中，环境调节，尤其是气温调节，对地区宜居性提升和环境优化有直接益处。

智慧气象大屏幕可以通过各类传感器设备监测空气温湿度、光照、降雨量、风速、风向、大气压力、气体浓度等数据。在湿地关键位置布设物联网气象站，安装气温、气压、湿度、风速等传感器，实时监测气象参数。设置视频监控和水位传感器，监测水域环境和水文变化。将传感器的数据通过无线网络传输到后台服务器，并在大屏幕上实时可视化展示。后台服务器同时接入气象部门的气象预报数据和预警信息。

智慧气象大屏幕还可满足气象日常监测需要，如支持对地面气象、高空气象、空间气象、雷电等各领域气象态势进行综合监测,对气象变化趋势进行智能分析,对恶劣气象情况进行预警告警、详细信息查询,辅助用户有力掌握气象运行态势。还可满足气象灾害监测的功能需要,如支持直观展示重点区域的分布、范围、边界等信息,对火险灾害、地质灾害、水旱灾害等各类影响因素进行实时监测和分析。

利用 GIS 地理信息系统,在大屏幕上叠加气象灾害风险区域的空间信息。当监测数据显示有气象灾害风险时,系统可自动匹配预警信息,在对应区域显示预警提示。针对不同类型灾害风险,大屏幕可显示环保部门制定的应急预案信息。系统集成语音提示功能,气象监测数据异常时可自动播报语音提醒。管理人员可据此指挥游客撤离相应区域,减轻气象灾害损失。完成一次灾害应急后,总结经验优化预案,实现气象防灾能力的持续提升。

(3)监控控制智能化。通过物联网连接的设备和对象,可以实现远程监控和控制功能。黄堡湿地自然保护区环境优美、景色宜人,共辖 33 个自然村,人口密度稀疏,地域广阔,其中耕地面积 1 万亩,水面面积 3.3 万亩,养殖水面 3.3 万亩,苇塘 3.5 万亩,为各类鸟儿提供了生活栖息的乐园。黄堡湿地保护区科考队开展科学考察以来,先后发现大量珍稀鸟类和野生动植物,如中白鹭、绿啄木鸟以及数以千计的鸥类、鹬类、鹭类、鸠鸽类、雀类等。据了解,保护区内共有鸟类 230 多种,其中国家一、二级保护鸟类就有 33 种,国家一级保护鸟类有黑鹳、丹顶鹤、白鹤、白头鹤、大鸨 5 种;国家二级保护鸟类有灰鹤、白枕鹤、白琵鹭、大天鹅、小天鹅等 28 种。

庞大的迁徙候鸟群,丰富了大黄堡湿地的生物多样性,反映了湿地良好的健康状况。目前,中国湿地面临着面积持续减少、水体污染严重、生态功能退化等威胁,位于中国人口最为稠密、经济最发达的东部沿海地区的滨海湿地受到的影响也最为严重。因此,保护大黄堡等湿地生态系统的健康成为构筑国家生态安全体系的重要举措,以及经济社会可持续发展的重要基础。

为探测候鸟和留鸟的种群、数量,部分湿地公园采取管理人员通过瞭望塔进行人工监测或使用无人机进行空中检查的方法,然而该方法存在监测范围有限、监测不及时、位置不准确等缺陷，易导致数据缺漏或延时性问题；湿地自然保护区区域广阔，人工监测对人力消耗过大，而效率却不高。因此，借助远程红外线监控系统，可以强化监测区域的巡护和对鸟类的观察，及时掌握候鸟留鸟各种类的实时数量、活动、集群情况等动态信息。

针对大黄堡湿地自然保护区的地理特点与鸟类的习性、分布情况等特性，管理人员可先熟悉各项情况，在保障保护区内野生动植物生活环境、水源安全、生态平衡的前提下，在湿地区域高点设置物联网桅杆，集成高清红外摄像头、音频传感器等。将全天候的现场图像、数据等传输并保存至管理中心，以供管理人员与科研人员随时调取查阅具体地点的情况以及特定鸟类的具体情况。

保护区管理部门可在各个候鸟栖息点安装红外热像仪用于数据采集，在高处无异物遮挡的地方安装无线网桥用于视频数据传输，在中心机房安装无线网桥用于数据接收等。在监控管理中心，管理人员便可通过红外探测等设备组成的数据监控系统随时掌握保护区内的各类现场信息。当保护区内发生非法闯入、污染物排放、水警等突发事件，或鸟群异常等情况时，管理处可及时发现并调派人员进行处理，消除重大事故隐患，将损失降低到最低状态，确保鸟类等野生动植物生活环境安全，防止偷猎等非法行为。

鱼类同样是大黄堡湿地自然保护区内生物多样性的重要组成部分。在湿地水域关键位置设置物联网水下音频传感节点，集成声纳探鱼器。声纳探鱼器发出不同频率的声波，并解析回声信号，可检测水域中的鱼群数量、大小、运动方向等。将声纳的数据通过水下移动通信网络传输到后台服务器。服务器上搭建鱼类识别模型，根据鱼群回声特征，识别不同品种的鱼。研究人员通过客户端软件，选择关注的水域区域，查看声纳探测结果，如鱼群分布图等。平台可提供鱼类数量统计，判断盛产期及变化趋势，评估湿地生态系统健康状况。系统可设置阈值预警，当探测到快速减少或过量增长时，发出预警。监测数据支持湿地渔业资源管理，实现对渔获量的循环利用。物联网设备可运行一年以上，实现湿地鱼类全年全天候监测，实现对湿地保护区生态的远程监控和管理，减少人力资源的消耗。

（4）数据交流系统化。物联网连接的设备和对象可以实现数据共享和合作，不仅可以在湿地保护区内部进行数据共享和交流，还可以与其他保护区或研究机构进行远程数据共享和合作。这样可以促进湿地研究和保护的跨区域合作，提高湿地保护工作的效率和准确性。例如，用 Python 侦测天津武清区的房价年度变化，证明湿地的商业价值。

湿地被誉为"地球之肾"，是地球的水之源、木之本，既表现在其具有物质生产功能、科研文化功能、休闲旅游功能等经济、社会、文化功能，更表现在其具有显著的生态服务功能，具体包括固氮释氧功能、气候调节功能、降解污染物功能、涵养水源功能、调蓄洪水功能、生物栖息地功能等。湿地是天然的"空气净化器"，其丰富的植物群落能够吸收大量的二氧化碳气体和空气中的粉尘及菌落，并持续释放氧气，从而通过有效调节大气组分达到调节局部小气候的效果。湿地是"水体过滤器"，能够吸附水体中的重金属离子和有害成分，并过滤、分解、净化污染物。人类排放的农业面源污水、工业废水和生活污水，可以经过湿地的自净功能，被分解为无害的物质。湿地可作为直接利用的水源或补充地下水，同时能够缓解季风气候区降水量时空分布不均所带来的洪涝与干旱灾害。湿地是"海绵城市"建设最重要的地理载体，在丰水期能够吸纳大量的水，在枯水期将水释放，有效实现了水资源的时空高效配置。湿地是众多动物、植物特别是野生珍稀动植物繁衍栖息的场所，很多珍稀水禽的繁殖和迁徙离不开湿地，因此湿地又被称为"鸟类的乐园"。

湿地的宜居性成为不争的事实，也使湿地成为人们如今居住的热门选择。由于湿地的特殊性、稀缺性、宜居性以及对空气有较强的改造能力，湿地的打造越来越受到各地政府的支持和地产开发商的青睐。在现代化都市中，静谧舒适的公园生活变得弥足珍贵，特别是超大面积的湿地公园，俨然已经成为可望而不可及的奢侈品。因此，天津武清区的住房也因大黄堡湿地自然保护区受到更多青睐，随着常住人口的增加与商圈住宅区投资建设的增加，也会提高当地经济的活跃性，带动经济增长。

利用 Python 可以侦测天津武清区的房价年度变化，预测房价走势。对大黄堡湿地自然保护区加强保护与适度合理开发，将吸引更多购房者和投资者关注天津武清区，带动当地房地产行业与周边经济的发展，为天津武清区带来更大的商业价值。

收集武清区主要房地产交易网站和房价信息发布平台，如链家、贝壳找房等。使用 Python 中的爬虫框架，如 Scrapy、BeautifulSoup 等，定期爬取这些网站上的房源信息。从网页源代码中提取出房源的关键信息，比如位置、户型、价格等，存储到数据库中。对收集到的房价信息进行清洗和分析，计算出不同地段、不同时期的房价平均值和变化趋势。以大黄堡湿地为中心，选择不同距离区间，绘制房价热力图。通过与湿地的相对位置，判断湿地对周边房价的影响。与大黄堡湿地改造前后的武清区平均房价进行对比，计算房价涨幅，评估湿地提升周边房价水平的程度。监测新建楼盘距离湿地的远近情况，来评估湿地景观是否为卖点之一。

以上分析可定量证明大黄堡湿地对周边地区房地产市场的拉动作用，证明其重要的商业价值。

除此之外，还可以利用大社会监测系统对大黄堡湿地自然区做更好地科学管理和规划。管理工作中若出现数据质量意识淡薄、内部管理措施不到位、弄虚作假等情况，可能会导致重大事故，危及湿地保护区的生态系统稳定性、生态价值以及当地居民的切身利益等。

在保护区总部的人才监管中，可以构建并不断完善监管制度，运用大社会监测系统做好全过程监管。如搭建数字化监管平台，利用 Python 对天津总部信息进行文本分析，对湿地保护区各项工作及负责人的任务详情、采样照片、样品信息、监测报告等数据进行记录与备案，实现全过程留痕；定期更新人员、设备、资质能力等基础信息，对管理人员进行信息化系统管理，持续构建完善的监管制度体系。总部也应实时察看监测系统记录，定期抽查工作中是否存在生态环境监测活动不规范、工作要求落实不到位等情况，在保护区内各项管理工作中，管理人员也需要掌握信息化技术和大社会监测系统的应用技术。加强大社会监测的系统应用，以实现精准监管，筑牢监测数据质量底线，为湿地保护区的维护与发展提供有力支撑，应用案例总结如图 8 - 3 所示。

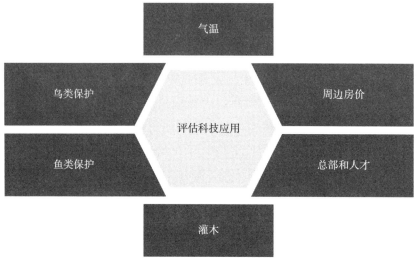

图 8-3 评估科技应用案例

三、生态产品价值智慧管理的科技应用——以杭州西湖西溪湿地为例

随着移动互联网的发展和智能移动终端的普及，生态产品价值实现中相关的"智慧管理"概念应运而生，运用物联网技术将区域内自然资源统筹使用并安排，最大范围将自然资源要素价值进行挖掘释放。以西溪湿地为例，作为杭州著名的湿地，西溪国家湿地公园一直致力于打造"智慧西溪"。2018 年 9 月，未来景区样板间西溪国家湿地公园公开展示，未来景区战略中的智慧票务、智慧导览、智慧景区大脑率先得以落地。云计算在未来景区战略中负责智慧景区大脑的建设工作。通过将业务系统、IoT 物联数据、视频信号、第三方数据融合，对景区及商区的详情分析、酒店经营、舆情监测进行可视化，帮助景区实现智能管理和数字化运营。物联网技术可通过与以上技术相结合，推动西溪湿地智慧旅游业的发展，以提高其生态价值。下面我们归纳了湿地管理者优化景区管理的一些方法。

（1）数据管理可视化。通过物联网技术，建设基于可视化理念的智慧景区管理大脑，以地理信息系统为主，数据指标为辅，监控调度景区各项智慧系统，集监测、控制、维护、管理功能于一体，实现各系统联动指挥调度、大数据分析决策。西溪湿地关键区域布置物联网环境传感器，如温湿度传感器、图像传感器、音频传感器等，实时监测湿地环境参数和客流量等数据。采集的数据汇聚到大数据平台，通过数据清洗、分析等流程进行处理。将处理后的数据进行可视化呈现，构建包含多维交互图表的数字化监控平台。

通过地图主题显示湿地不同区域的实时环境及人流分布，用折线图显示每日客流量变化曲线，使用饼图比较不同区域游客量等。设置可视化系统的预警功能，当监测数据达到预设阈值时，进行异常报警。大数据以可视化技术为支撑，构建跨平台、跨网络、跨终端的西溪智慧旅游景区管理大脑，通过景区大脑打通景区各个信息孤岛的数据，实现数据的实时展现。通过提供景区空气、门票信息、便利设施位置、客流监控、实时路况、推荐路线等，提供贴心享受的智慧服务，为游客提供可体验、可享受的现代信息技术感知。通过数据的管理追踪和实时展现，景区管理者能通过该平台展开实时监控和行业监测，用可视化节省管理成本及时间。

（2）周边商圈联动化。除了景区内部，周围商圈可利用物联网技术实现智慧运营。如在湿地周边酒店、商场等区域布设 Wi-Fi 热点和蓝牙传感器，实时监测游客流量和停留时间。在酒店内设置 RFID 电子标签，监测房间使用情况和游客行为数据。收集所有监测数据到大数据平台，建立数据模型，使用机器学习等技术进行智能化分析。从数据中分析出不同时间段的游客人数、停留热区等信息，评估酒店房间供需平衡情况。分析不同楼层、房型的入住率，提供酒店智能定价策略。利用游客年龄段、区域分布等数据，实现酒店精准营销。

在商场部署摄像头，联合 Wi-Fi 定位，分析客流量，优化商品陈列位置。构建数据可视化平台，通过报表、可交互地图等形式呈现结果，辅助决策。利用 5G 等技术，实现酒店服务数字化，如线上预订、无人值守入住、智能导览等。

通过可视化大屏，可以展示西溪湿地酒店的实时入住情况、客人的来源分布、客房营收、入住退房时间分布、订单渠道来源等与酒店经营相关的数据信息，有助于管理人员对酒店的业务进行有效的管理。

通过接入地理围栏数据、设备运行数据、客流分布数据、店铺营收信息，经营大屏为景区管理者提供景点分析、酒店分析、商业分析功能。例如，分析各个商户是否达到了最佳租金，当前业态下是否还有减少多余成本的可能，如何优化可以实现更多盈利，营销活动是否达到了预期，对到访游客量进行预测，实现市场格局的洞察，展开智慧营销。

西溪湿地智慧旅游景区管理大脑以数据的方式助力景区和商圈的智慧运营，实现高效及时的智慧管理。通过数据的管理追踪和实时展现，景区管理者能通过该平台展开实时监控和行业监测，用可视化节省管理的时间和相关成本。

（3）营销宣传网络化。物联网技术结合大数据还可以用在对旅游景点的宣传推广上。如在西溪湿地 official website、微博、微信公众号等平台接入评论插件、在线客服等，通过语义分析、情感识别等技术，实时监测网民对湿地的评价、建议、投诉等内容。搭建舆情分析系统，使用爬虫技术采集涉及西溪湿地的社交媒体内容，判断其正负面比例和热门话题，形成舆情预警。将舆情数据与景区其他监控数据如环境参数、客流量等进行关联分析，判断网络热议事件与实际情况的吻合度，以及可能的原因。根据分析结果，进行场景化营销，如舆论持续偏负面，可在网站等发布解释说明或道歉信息；偏正面，可迅速在社交平台扩散。发现潜在问题，如门票预订抱怨较多，则开通更多预订渠道，并在页面醒目位置增加订票入口。建立闭环管理机制，及时反馈处理结果给游客，建立良好口碑。

杭州西溪湿地的舆情大屏接入了来自网站、两微一端、论坛和搜索引擎的实时舆情数据、情感分析、舆情热词和重点事件监控数据，通过对游客的点评、游记、景区相关新闻报道、热门事件的监控实现实时的舆情监控和应急预警功能。

西溪湿地的智慧转型给很多景区提供了智慧景区的模板。无论是自然景区还是人文景区，为增强其竞争力都运用物联网技术和数字化、可视化相结合，将科学管理理论同现代信息技术高度集成，实现人与自然和谐发展的低碳智能运营景区。

四、生态产品价值识别核算的科技应用——AI 技术的场景实践

随着乡村振兴数字化建设的快速发展，AI（人工智能）应用于乡村生态设计也成为学界关注的话题。乡村拥有丰富的自然景观，这不仅是乡村区别于城市的独特资源，也是乡民生活、产业、经济的重要来源，因此，保护自然生态是乡村建设中的重要工作。这不仅指通过对大气、水、土壤、生态、气候的全面认知来提高环境治理的精细度、维护自然生态，也包括通过提高资源性生态产品的产出效率增强地方生态产品的变现价值。

案例 8 – 1

AI 助力提高环境治理水平。AI 技术介入使信息化技术在生态环境领域的应用得以深化，它将传统环保管理模式向智慧、高效两个维度纵深推进。卫星遥感、无人机巡查、在线监控、视频监控、用电监控和大数据分析等手段使非现场数据收集与检查更加便利；"数据平台＋手机 App"的智能管理模式有助于实现报警信息实时推送、网格监督员及时检查、处理结果按时反馈的精准监控，能够实现靶向治理。AI 技术的引入也加快了污染源自动监测检测、环评审批线上受理、生态环境数据中心建设，加大公共设施"云开放"力度；将物联网、5G 应用引入危险废物转运处置、环境宣传教育等领域，增强了生态环保综合决策能力，提升环境执法监管效率。

在环境治理中引入了大量的监测设备及分析仪器，怡升科技一直主张将人工智能原创技术成果与环保产业场景深度融合，致力于用科技守护绿水青山。为进一步解决 AI 技术应用中的算力和服务需求，2023 年 9 月 1 日，怡升科技与大连人工智能计算中心签署算力合作项目，并于 2023 年 9 月完成"生态环境多模态人工智能系统"与全场景 AI 框架昇思 MindSpore 的兼容性测试。水环境多模态模型矩阵包括 AI 水环境视觉识别模型、AI 水污染溯源分析模型、AI 水环境质量预测模型、AI 水环境成因分析模型，如图 8 – 4 所示。

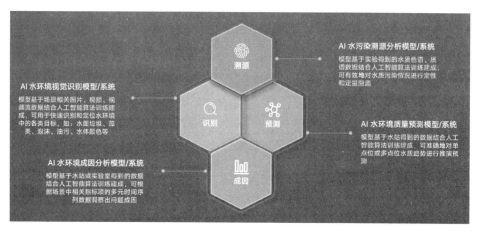

图8-4 怡升科技水环境模型

气环境模型包括 AI 气环境视觉识别模型、AI 大气污染溯源分析模型、AI 气环境质量预测模型、AI 气环境成因分析模型，如图8-5所示。

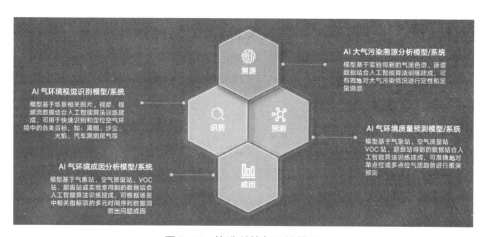

图8-5 怡升科技气环境模型

声环境包括 AI 自然噪声听觉识别模型、AI 噪声污染听觉溯源模型，如图8-6所示。

图 8 - 6 怡升科技声环境模型

案例 8 - 2

AI 提高生态产品变现价值。2021 年,浙江省衢州市创新搭建环境眼 AI 感知、环境码全面体检、环境芯智能分析、环境链协同治理"四位一体"数字化综合应用系统,被视为典范,并被大力推广。AI 在农业生产中的应用能够通过节省劳动力、节省水资源、避免浪费等手段来促进农业生态的改善。使用智能装备,如农业无人机、农业无人车、智能收割机、智能播种机和采摘机器人等协助农民分担农活,使农业生产在人力不足的条件下能够科学、规范、高效地进行。例如,无人机融合 AI 技术,利用包括雷达、激光、超声波、GPS、里程计、计算机视觉等多种技术来感知周边环境,通过先进的计算和控制系统来识别障碍物和标识牌,规划合适的路径来控制车辆行驶,执行精准农资运输、自动巡田、防疫消杀等任务,有效解决大面积农田或果园的农情感知及植保作业等问题。该实践本质是通过人工智能提高农业工作效率,进而提升农产品相关资源价值。

我国广州极飞科技 2020 年 7 月发布的全球首个量产农业无人车平台 R150,设有喷雾版、运输版、拓展版、播撒版和割草版五种功能类型和航线模式、往返模式、跟随模式、遥控模式四种作业模式,采用了手动遥控模式,以及 App 自动生成航线、一控多机的全自主作业两种交互方式。R150 拥有全新的 SuperX3Pro 车控系统,AI 行驶控制,确保每一次都能够精准驾驶、安全作业。它的革命性创新将农村的无人驾驶设备和无人化智慧农业生态推上一个新台阶,如图 8 -7 所示。

图 8-7　农业无人车 R150 模型

　　而美国 Harvest CROO Robotics 开发的农业智能机械人可帮助果农采摘草莓，每台收获机配备有 16 个可独立工作的视觉 AI 机器人，可以完成自动采摘草莓、草莓的分级和包装工作。在采摘中，机器人会对每个草莓进行 360 度图像扫描和分析，确定已经成熟后，采摘系统再识别草莓的坐标以保证采摘的准确度。草莓采摘机器人的应用不仅大大节省了劳动力（一天可收获 8 英亩草莓，相当于 30 个劳动力的工作量），同时显著减少了二氧化碳的排放，最大限度地减少草莓在田间的丢弃。上述这些案例主要是农业领域的生动场景应用，目标是运用新科技手段，提高农产品的生产效率，进而提高资源性生态产品价值。

案例 8-3

　　AI 支持生态产品识别和价值核算。在 AI 时代，数据的价值日益显著，人们对很多问题的看法从"凭感觉"向"凭数据"转变。在具体的技术应用中，一些科技公司售卖被动连接器 PUC，让农民将其安装在农业机械上，可将在农作过程中产生并获得的数据传至云端，利用 AI 对数据进行汇总分析，帮助农民获得优化的生产方案。例如，通过对农用激光雷达采集的果树生长过程的外形数据进行智能分析，如树的高度、树叶和果实的颜色与形态等，以获得当年果树的健康状况；通过对农民田间、土壤、天气数据的整合和 AI 分析获得种植的调整方案。美国堪萨斯州的农业数据公司 Farmobile、孟山都旗下的农业数据公司 The Climate Corporation 和拜耳旗下的数字农业公司 Xarvio 都是分析农业数据的 AI 公司。此外，智能化技术能让城市需求和乡村农产品供应对接：打造一套联系城乡的智能物流系统，打通农产品上行的快捷通道；从产地、品种、种植到冷藏、加工、包装、运输、销售的每一个环节对农作物进行智能数字化管控；运用 RFID（射频识别技术）、GIS（地理信息系统）、GPS（全球定位系统）技术自动化识别、实时化定位、自动跟踪显示农产品上行的路径状况，动态预测和空间性分析确保配送的顺利进行。同时，借助智能机器人、自动驾驶汽车、智能拣选车等设备实现农村物流行业中从供应到仓储、从搬运到配送等多个环节的智能化、自动化、无人化发展，确保物流各个环节的零误差操作。城市技术对数据的分析处理能力与乡村农业数据的提供相结合，共同促进农业生产及销售的高效化、科学化和规范化，更好地保障城市食品来源的安全性、稳定性和运送的快速性、精准性。

在价值核算和展示方面，2023 年 11 月 4 日，南昌大学"'点绿成金'生态产品价值实现平台"科研团队前往九江市武宁县罗坪镇长水村开展遥感测绘、入户走访调研等工作。在这个"生态 + 大数据"平台上，基于遥感影像数据和生态资源产权确权数据，小到一棵树都能落户入库，实现价值评估，助力生态产品的规模化收储、产业化运营，通过数字化手段促进生态环境保护和可持续发展。该平台结合了生态学领域的专业知识和大数据分析技术，实现了生态保护与数据科学的有机结合。科研团队利用空—天—地数据融合手段，使用无人机对当地土壤生产力、植被质量等进行遥感测绘，定位监测包括调节服务、文化服务以及物质供给服务等一系列生态产品价值指标。近年来，"'点绿成金'生态产品价值实现平台"科研团队在科学调研的基础上，构建起"生态系统 GEP 大数据展示平台"和"生态产品转化平台"，收储各类生态资源 5.3 万项（条），生态总价值 172.2 亿元，已实现交易生态资源 6.94 亿元。同时，团队还成立了生态产品运营管理公司，通过流转、入股、抵押、收储等市场交易形式，融入绿色金融和数字经济，构建科学合理的多方议价机制。

案例 8-4

AI 技术支持有效节约自然资源要素。以色列光合作用公司 Phytech 利用智能传感、数据分析技术，推出了植物传感器系统，并运用物联网技术设计了一套滴灌节水系统。该系统通过控制计算机，将传感器与土壤、植物茎秆、叶片、果实连接，对农作物的生长进行 24 小时全程监控，获得植物生长数据，并根据这些数据决定浇水时间和浇水量，同时根据果园想要的水果大小，追踪水果的生长轨迹，调控灌溉的量。这一智能系统节省了人力成本，同时节约了水资源。

案例 8 – 5

　　AI 支撑生态产品价值设计。目前 AI 新技术已介入乡村生态设计，能够整合"景、地、产、人、文"社区元素，改善传统设计方式，有效促进乡村环境生态、农业生态和文化生态的系统化生态建设，有力推进城乡技术数据对接、城乡教育资源互补和城乡多元文化共存的城乡互融共生。系统生态和城乡共生确保了乡村设计中内环境和外环境的生态，促成了内循环和外循环的形成。然而在数据化时代和新技术环境中，在乡村生态建设的过程中依然需要贯彻以村为主的在地化原则、以民为本的民主化原则和协同合作的开放性原则，同时要确保技术应用的适度性、数据使用的合理性、效率兼顾人文性。通过新技术的引入，在乡村生态布局、资源整合和价值实现路径方面都有了新的发展。

第三节　生态产品价值实现中的风险分析与应对

一、生态产品价值实现中的风险点分析

　　根据中共中央办公厅、国务院办公厅印发的《关于建立健全生态产品价值实现机制的意见》和实践案例来看，生态产品价值实现的几条路径主要有生态种养和加工、环境敏感型产业、生态旅游、生态资源权益交易、生态保护补偿等方面。总体来看，生态产品价值实现路径转化较为单一，以农文旅产业为主，经济效益不强，对地方经济带动作用有限。因此，如果没有对属

地的生态产品价值准确定位，将会衍生许多低效率产业。以下主要从两方面来看。

一方面，农文旅项目经济效益较弱。近年来，各地积极探索生态产品价值实现，创新结合互联网流量、网红模式、美学文创等，推动"生态农业 + 休闲旅游"等模式融合发展，积极培育精品民宿、露营、采摘、研学等丰富多彩的产品体验。如浙江省湖州市安吉县的深蓝计划、浙江省温州市永嘉县的乡村音乐节等，具有一定的热点效应，有效地促进了乡村振兴和当地居民增收就业。然而，整体上来说农文旅产业相对工业而言，建设周期较长、投入较大、产业链较短、经济产出和地方税收均较低，靠流量带来的网红效应也容易出现短期爆火、长期难以持续的现象，对地方经济增长拉动作用有限。

另一方面，环境权益交易市场活跃度难提高。碳排放权、用能权、排污权等环境权益往往是企业的发展权，初次配额由政府统一分配，想要增加配额往往需要重新审批，因此企业往往存在惜售行为，市场交易活跃度不高。此外，这些环境权益往往跟行政考核相挂钩，市场交易和区域间考核体系尚未完全打通，如 A 县企业多余的用能权出售给 B 县企业后，B 县能耗考核中尚不能把这部分能耗纳入，一定程度上降低了市场购买的欲望。

从价值核算发明来看，一是从核算结果来看，先天为主、后天乏力。在核算结果中，调节服务价值量占绝对主导地位，试算地区调节服务价值量明显高于物质供给、文化服务，普遍占 GEP 比例达 70% 甚至 90% 以上。调节服务价值量更多以体现生态系统气候调节、水源涵养、水土保持、洪水调蓄等天生的生态本底为主，这就导致天生自然生态系统面积较大的地区 GEP 相对较高。通过人为努力去推动生态产品价值转化，一般只能提高物质供给和文化服务部分，但由于这两部分占比太小，对总值的影响微乎其微。

二是从核算内容来看，注重数量、轻视质量。GEP 核算注重水域面积、森林覆盖率等生态系统的面积大小等数量层面，而对河流、大气、土壤等生态环境质量状况欠考虑。而且，物质供给和文化服务类生态产品的定价存在同质化处理的现象，比如浙江省仙居县的杨梅产品质量较好，市场定价较高，但在 GEP 核算过程中，杨梅都是以全省平均价格核算。这就导致了人为治理生态环境、提高生态产品附加值等努力没有在核算结果中显现，降低了应用核算结果推动地方改善生态环境、促进生态产品价值实现的可操作性。

三是从核算方法来看，将边际价值当成了存量价值。当前的生态产品价值核算基本上采取的是功能价值法，即确定拟核算的生态产品和服务的功能量，然后将生态产品和服务的价格与相应的生态产品和服务功能量相结合，计算出每一种生态产品和服务的经济价值量。其中，生态产品和服务的价格通常是指它在市场上进行交易的价格。实际上，在市场上进行交易的价格是指生态产品和服务的边际价值，它并不一定等于拟核算的生态产品和服务的存量价值。因为拟核算的生态产品和服务通常是自然资源存量，这些资源并没有进入市场，如果这些存量的生态产品数量比较大，一旦进入市场，就会对生态产品价格产生重要影响。因此，这种认为全部存量的生态产品都是可利用且是可交易的，即把生态产品的存量与流量看成是同质的，认为人们愿意为最后一个单位的生态产品付钱的想法，是不成立的。

由于生态产品价值实现存在识别核算不清晰、市场路径不明确等问题，在实践中会存在较多风险，大多数研究是在生态产品价值实现路径的主题下对目前生态产品价值转化面临的问题进行分析。结合学术论文、新闻披露或相关报告中公开的案例，我们总结了以下几类风险，如图 8-8 所示。

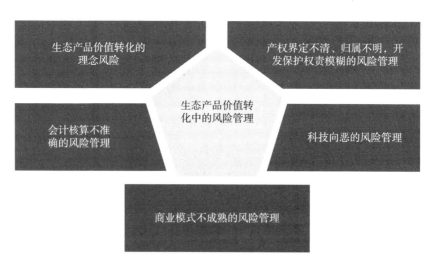

图 8-8　生态产品价值转化中的风险种类

（1）价值理念风险：生态产品价值转化的理念风险，包括一味追求经济效益、短期效益和过度管控、庸政懒政等。首先，由于我国曾长期采用粗放式的经济发展方式，一些人仍然保持着一味追求经济效益的"唯经济论"发展理念。近年来，我国大力推进生态文明建设，也出现了片面强调生态保护的"唯生态论"发展理念。其次，在发展生态产品价值转化时，部分开发者为追求效率而短视、片面，急于缩短生态产品价值转化周期，只关注短期效益而未考虑到长期影响。以云南滇池长腰山的开发为例，2015 年以来，昆明诺仕达企业在长腰山区域陆续开工建设滇池国际养生养老度假区项目。到 2021 年，长腰山 90% 以上区域已被开发为房地产项目，部分项目直接侵占了滇池保护区，致使长腰山生态功能基本丧失。同时，该项目名为开发健康养老产业，实际上产权登记为"市场化商品房"，单套网签备案价在 218 万 ~ 2992 万元。最后，当下我国生态产品价值转化机制并不完善，很多方面都没有国家统一出台的标准规范等。这就导致相关政府部门、机构的权力重叠或权力缺位，表现为过度管控和庸政懒政。

（2）产权界定风险：我国自然资源均为公有，但自然资源的使用权并未明确划分，导致生态产品权属界定模糊。张文明（2020）认为，我国生态产品产权主体界定不明具体表现为：产权边界不清晰，国家所有产权主体的法律地位、经济地位明显优于集体所有产权主体，以及中央和地方对生态产品所有权的代理关系仍未理顺。对生态资源资产管理制度的优化应做到所有者与监管者分离、健全生态资源资产所有权委托代理制度等。孙博文等（2021）认为生态产权界定的不清晰直接导致生态产权供求主体不明确。生态产权制度需完善，包括统一界定标准、划定使用权及所有权边界，同时创新所有权的实现形式，实现多层次市场化交易。

生态产品产权界定风险指生态产品产权界定不清、归属不明，开发保护权责模糊的风险。目前，我国对非私人生态产品的产权制度安排不明确，还未出台自然资源统一确权登记制度。这导致自然资源资产的所有权和使用权边界不清晰，在进行自然资源的出让、转让、出租、抵押、入股时权责归属可能存在争议，对生态产品的开发保护权责模糊。此外，我国的生态资源要素市场发展不完善。由于没有统一价值核算体系，生态产品价值难以确定。

目前存在的一些产权交易市场如排污权交易市场、碳排放权交易市场等地域性较强，市场参与主体不足，也不利于生态产品产权的认定。

（3）会计核算风险：目前我国还未形成统一、规范的生态产品价值核算体系。陈清等（2020）指出，我国不同地区对生态产品价值核算指标、方法的使用并未达成一致，存在较大争议。廖茂林等（2021）指出，我国不同地区生态产品价值核算的数据来源渠道差异较大。王夏晖等（2020）认为，生态产品价值核算体系不健全会使生态服务市场交易、生态转移支付等生态产品价值实现机制的建立缺乏科学依据，不利于生态产品市场化交易。因此，应重视核算风险，优先建立统一的价值核算体系，为生态产品价值实现夯实基础。廖茂林等（2021）提出可编制城市生态资源资产负债表，为生态产品价值实现提供统一的数据基础。

生态产品会计核算不准确的风险，包括生态产品价值的财务会计核算信息系统不健全，财务会计核算风险防范与监管机制不健全，财务会计工作人员的素质有待提升。首先，生态产品价值的财务会计核算信息系统不健全。目前我国对生态产品价值的核算体系不统一，指标体系不全面、不准确、不统一。对于生态产品价值的评估方法不完善，调查方法不合理，不同研究人员采用的指标类型和方法体系也不一样。这就造成同一生态系统评估结果的不一致，不同类型的生态系统不同程度的价值评估难以对比，价值评估结果难以信服，无法真正提供决策参考。生态产品的价值在技术上难以充分、准确地衡量。

其次，生态产品价值的财务会计核算风险防范与监管机制的不健全。由于我国对生态产品价值转化的实践仍处于发展阶段，许多地区生态产品的财务部门缺乏监管经验。部分地区生态产品的财务部门处于无人监管的环境中，或者监管部门设立后发挥的作用很微小，没有起到监管的作用，难以察觉财务会计工作中的漏洞，无法避免资金的损失，从而使生态产品价值转化率大打折扣。

最后，生态产品价值核算的财务会计工作人员的素质仍有待提升。生态产品价值作为我国新时代的最新重要抓手之一，管理建设时间短、经验少。相关财务会计工作人才储备并不充足，现有财务人员缺乏对生态产品价值转

化制度体系等的深入了解。

（4）科技向恶风险：生态产品价值转化中科技向恶的风险是指在生态价值转化的过程中，一些技术应用可能存在效果不佳、适配性低等问题。自近代以来，工业化的迫切发展需求使得国人过度追逐工业规模而忽略了生态环境的保护，甚至形成了"经济增长就要以牺牲自然环境为代价""先发展后治理"等错误认识。我国的传统经济高速增长更多是靠牺牲资源和环境换来的，当时开发生态环境和自然资源所使用的技术大多不能有效实现持续的生态产品价值转化，甚至可能对生态产品价值造成巨大破坏。生态产品价值转化需要发挥科技创新的引领性作用，同时也要预防科技向恶导致的消极影响。

（5）商业模式风险：我国生态产品价值实现的一个重要途径是通过市场交易。但目前我国生态产品价值转化市场中存在着准入机制不规范、交易技术流程不完善、各利益主体分配方式和相关办理办法不明确等问题（王夏晖，2020）。此外，生态产品市场供求关系不对称，需求信息不能及时反映。针对市场机制风险，考虑到生态产品的外部性，大多数研究认为应将政府推动和市场驱动相结合，完善扶持政策。此外王夏晖等（2020）、廖茂林等（2021）、吴平等（2022）均认为应推动绿色金融产品创新，引导非政府资金投入生态产品市场。此外，部分研究还提出了其他风险，如生态信用评价制度不完善、生态补偿机制不健全等（孙博文等，2021）。

生态产品价值转化商业模式不成熟的风险，包括生态产品的供给激发不起有效需求、缺乏有效的价值转化机制等。绿水青山向金山银山的转化过程，本质上是"绿色经济"的实现过程。这一过程的转化，需要依靠复杂的机制设计和政策环境。必须由多方主体共同努力推进。但在实践中，由于涉及的主体众多，部分生态产品本身又具有公共产品的特性，生态产品商业模式的构建面临着供需失衡的问题。大多数绿色经济的供给方都在使用比较传统的生产方式和经营方式，缺少技术创新、模式创新、制度创新，不仅不能激发有效需求；且生态产品价值缺乏有效的转化机制。优质的生态环境和自然资源的价值，很难通过市场来直接兑现。由于缺少具体的技术路线和制度保障，市场条件下也难以将这些价值可持续地、成规模地变现并转化为居民收入和地方财政增长。如2016年中央环境保护督察反馈指出，云南省对高原湖泊治理保护的长期性和复杂性认识不足，工作系统性和科学性不够，洱海周边旅游发展管控不到位，处于无序状态，导致了环境的破坏与群众的强烈反映，反映出商业模式不够成熟的弊端。

二、生态产品价值转化中的风险应对

对于生态产品价值转化中的价值理念风险、产权界定风险、会计核算风险、科技向恶风险和商业模式风险，应逐一采取风险应对措施。我国目前已有一些生态产品价值转化风险应对的优秀案例，结合这些实例，本章针对生态产品价值转化中不同风险提出若干风险应对措施。

1. 价值理念风险应对——以云南玉溪抚仙湖腾退为例

对于生态产品价值转化的理念风险，应处理好重点矛盾，坚持以生态效益价值挖掘和价值转化为第一要义，注重经济发展与生态保护效益的平衡、注重生态效益的长期价值，放管结合、优化管理体系。

以云南玉溪抚仙湖腾退为例，抚仙湖水质属国控重点湖泊 I 类水质，是我国重要的淡水资源库。但早年为发展经济，抚仙湖径流区内曾进行多年的磷矿开采。由于当时追求短期效益、忽视环境保护的错误发展理念，开发者对矿山进行了过度开采，造成森林覆盖率下降、水土流失，形成了大片矿山废弃地。片区内居民进行畜禽、水产养殖，对抚仙湖水质水量造成破坏。近年来，当地政府开展一系列措施，包括关停采矿点、实施生态移民搬迁、暂停区域内地产项目，启动修山扩林，建设万亩环湖湿地和生态调蓄带，修复生态环境。同时，在抚仙湖生态湿地开展旅游业和生态农业，发展当地生态经济。对抚仙湖生态环境的恢复和生态产业的发展，体现了寻求经济发展与生态保护效益平衡的发展理念和长期、全面的发展观。此外，应制定生态效益评价指标，合理优化价值评估和转化方式、绩效考核内容和体系，以进行长期评估。政府应坚持放管结合、优化管理体系、提升服务质量，以优化生态产品价值转化流程与效果为前提，减少过度管控、庸政懒政带来的发展阻碍，保障管理体系的长期稳定与高效运转。

2. 产权界定风险应对——以福建森林生态银行为例

对于产权界定不清、归属不明，开发保护权责模糊的风险，应统筹建立统一、规范的产权界定体系。鼓励发展多层次要素市场，完善生态资源要素定价、交易机制，有序推进自然资源确权登记，明确生态资产与生态产品的所有权、经营权、管理权及收益权。

以福建森林生态银行为例，福建省南平市顺昌县森林资源丰富。之前"分山到户"改革时，部分林农将林地林木简单"一卖了之"，面临"失山失林"等问题。而持有林地的林农往往是独自经营管理，受规模、技术、资金、开发条件等要素制约，林地收益低下。2018年，南平市依托国家试点，整合了国土、林业等部门的自然资源数据，形成当地自然资源资产"一张图"。目前，通过森林生态银行，林农可保留商品用材林的部分经营权，与森林生态银行进行股份合作经营，获得产权出让的一次性收益和林木分成收益。除股份合作经营外，森林生态银行还为林农提供了多种林权流转方式，且在不同方式下都对林地的所有权、经营权、管理权、收益权作出了明确划分。2020年，南平市全市共有421户林农入股，人均获得经营性收入3150元；带动54人就地就业，人均获得工资性收入3000元/月。通过森林生态银行机制，林地林木资源的产权得到界定，且明确了相应的监督管理职能。

3. 会计核算风险应对——以湖北鄂州生态价值实现机制为例

对于会计核算不准确的风险，应建立信息化的系统以及融合数字化平台的大规模应用，健全生态产品财务部门的风险防范机制与监管机制，提升财务人员在生态产品价值核算方面的关键工作能力和专业素养。

生态产品价值转化机制的前提是准确核算生态产品价值。目前我国还未实现全国统一的生态产品价值核算体系，在进行生态产品价值转化时往往会出现其价值无法充分衡量，或不同评估标准下得到的价值不一致的问题，对生态产品价值转化造成很大困难。湖北省鄂州市河湖纵横密布，滨江滨湖湿地资源丰富，但由于生态价值核算问题，鄂州市对当地生态产品的价值认定、价值实现受到限制。因此，鄂州市开始探索生态产品价值的核算体系建设。鄂州市自2016年开始着手编制自然资源资产负债表，将森林、湿地、耕地、水流、大气作为生态补偿的五大重点领域，采用当量因子法进行生态补偿价值测算，建立市域范围内的多元化生态保护补偿机制。在此基础上，鄂州市进一步发展自然资源资产的价值化、市场化、金融化。随着生态价值探索工作的推进，截至 2021 年 3 月，鄂州市梁子湖区获得了超过 2. 25 亿元的生态保护补偿资金，同时利用政府投资平台，以自然资源资产为抵押，在国开行、农发行申请生态项目贷款 10 亿元，组织实施优化产业结构、保护生态环境、改善群众生活等项目。当然，要将鄂州市的经验推广到全国，首先需要出台统一规范的价值核算标准，建立起完整全面的自然资源资产数据统计资料库，打造信息化系统以及融合数字化平台。在此基础上，对生态产品的会计核算应建立完备的风险防范机制和监管机制。最后，相关财务会计人员需提升生态产品价值核算方面的关键工作能力和专业素养，对生态产品价值转化制度体系等进行深入了解，避免主观层面的人为失误造成的风险和问题。

4. 科技向恶风险应对——以三峡水库为例

对于科技向恶风险，在生态价值转化的过程中，需要重点关注科技创新产品与技术的实际应用效果，做到及时反馈与客观评估，保留并不断优化优良科技成果，及时摒弃效果不佳、适配性低的技术应用，做到科技应用与生态环境的平衡相适应。近年来，互联网、大数据、云计算、人工智能、区块链等数字技术加速创新，生态产品价值转化的技术应用也应加快数字化绿色化协同转型。此外，在实现生态产品价值转化的过程中，由于生态环境形势的复杂性和艰巨性，需要新的理论、方法、技术作为指导和支撑，也需要创新管理体制机制，以提升生态产品价值转化的能力、效率和水平，加强对环境问题的超前预判，充分发挥环境科技在生态产品价值转化中的基础性、前瞻性和引领性作用。

以三峡水库为例，三峡大坝在修建过程中对上下游的水域水质均造成了一定程度的破坏。过去的污水处理系统已经无法满足人民日益增长的健康需要和优美生态环境需要，污水处理厂不堪负荷。效果不佳、不再适用于当下的污水处理系统成为三峡流域生态产品价值转化中的重大风险。2018 年，三峡集团与芜湖市合作，通过大量的摸排和调查找出问题症结——"污染在水里，问题在岸上，关键是排口，核心是管网"，并按照"厂网一体"系统治理理念启动了包括污水处理厂扩建增容提标改造、新建污水管网、存量管网排查整治等一系列具体工作，取得了良好的治理效果。三峡大坝未来的发展方向是加强科学管理和监测。三峡大坝的运行需要根据长江流域的水文、气象、生态等变化，及时调整水库的蓄放水、发电、航运等方案，实现多目标的优化配置。同时，需要加强对库区和下游地区的环境监测，及时发现和解决可能出现的问题，如泥沙淤积、生态退化、地质灾害等。

5. 商业模式风险应对——以山东诸城"榛子全产业链"为例

对于商业模式不成熟的风险，应推进生态产品市场化改革，打造良好营商环境，积极推动创新投向绿色经济领域，探究数字化技术在生态产品价值转化中的应用。

以山东省诸城市黄华镇"榛子全产业链"为例，黄华镇地处山区，土地瘠薄，基础设施差，种植传统作物收益低，致使很多旱、薄、沟、坡地被荒弃，很多百姓生活在贫困边缘。黄华镇曾经传统、低效率的生产经营方式也是我国许多地区在生态产品价值转化中面临的难题。近年来，黄华镇构建了一条"苗木繁育＋榛子收购＋深加工研发＋仓储物流＋平台交易＋线上、线下销售"的全产业链，以生产、研发、加工、销售为关键环节，向产前产后延伸。同时采用"＋旅游"思维，充分利用华山万亩榛子示范基地、马耳山、青墩子水库等丰富的旅游资源，大力发展生态旅游业，建设魏氏礼贤台、山地自行车越野60千米赛道、榛子采摘园、原始森林等景点。通过这条产业链，黄华镇森林覆盖率上升，生态产品质量提升，经济水平也持续提升。与传统生产经营模式相比，黄华镇的"榛子全产业链"吸引了更多资本流入，能激起更多有效需求，提升了生态产品价值转化效率和收益。在产业链的销售环节，黄华镇积极应用数字化技术进行线上销售。此外，当地政府积极举办全国榛子产业发展大会，重视产业科技研发，打造了良好的营商环境。黄华镇居民通过榛子产业链既享受到良好生态环境带来的幸福感，又从中获得了经济利益。

第九章

生态产品价值实现的
应用场景和典型实践

本章导读： 自 2013 年开始，随着生态文明的深入推进，关于生态产品价值实现的探索不断涌现，形成了许多较为成熟的生态产品价值实现渠道和模式。其中，第一种常见模式是生态保护补偿模式，如浙皖两省的新安江生态保护补偿、鲁豫两省的黄河生态补偿等，对流域生态保护产生了良好的影响；第二种常见模式是生态产业化与产业生态化，各地通过生态环境综合整治以及充分发挥生态优势，积极探索生态价值市场化转化渠道，形成了生态产品价值实现的多元业态。通过发展生态农业、农产品精深加工业、生态文旅产业，或者依托洁净水源、清洁空气、适宜气候条件发展洁净医药、电子元器件、光学光器件等环境敏感型产业促进生态产品价值实现。而产业生态化、绿色化、数字化、智能化改造深入推进，尤其是在"双碳"背景下，传统产业绿色低碳化改造、产业数字化与绿色化协同融合成为发展方式绿色转型的重要选择，显著促进了绿色低碳产品供需的精准对接。第三种常见模式是生态资源权益交易，相关部门出台多项政策支持水权交易市场发展，明确提出在长江、黄河等重点流域创新完善水权交易机制，对于提高区域资源利用效率起到了重要促进作用；碳排放权交易深入推进，2021 年底，以发电行业重点排放单位为主体的全国碳排放权交易结束第一个履约周期，碳排放配额累计成交量 1.79 亿吨；积极出台多项政策推动用能权交易市场发展。除上述市场外，基于政府管控或设定限额的绿化增量责任指标交易（如森林覆盖率交易、湿地占补平衡交易），以及国家核证自愿减排量（CCER）交易（如农业碳汇、林业碳汇、海洋碳汇等）也在深入探索中。本章将结合近年我国对于生态产品价值实现的实际案例，对应用场景和典型案例特点进行介绍和比较，也对当前的生态产品价值实现的探索路径提出思考。

第一节　生态产品价值实现现实应用场景梳理和比较

截至 2024 年，自然资源部先后发布 4 批 32 个生态产品价值实现典型案例，概括而言，生态产品的价值实现模式主要有四类：生态资源指标及产权交易、生态治理及价值提升、生态产业化经营和生态补偿。表 9-1、表 9-2、表 9-3、表 9-4 按照这四种价值实现模式对当前实践进行了整理。

表 9-1　　　　　　　　　　　生态资源指标及产权交易

典型案例	批次	具体做法	主要应用场景
福建省南平市"森林生态银行"	一	从 2018 年开始，选择林业资源丰富但分散化程度高的顺昌县开展"森林生态银行"试点，借鉴商业银行"分散化输入、整体化输出"的模式，构建"生态银行"	林地
重庆市拓展地票生态功能	一	地票改革试验，通过将农村闲置、废弃的建设用地复垦为耕地等农用地，腾出的建设用地指标经公开交易后形成地票，用于重庆市为新增经营性建设用地办理农用地转用等	耕地、林地、草地
重庆市森林覆盖率指标	一	将重庆市 2022 年森林覆盖率达到目标值作为每个区县的统一考核目标，促使各区县政府由被动完成植树造林任务，转变为主动加强国土绿化工作，切实履行提高森林覆盖率的主体责任	森林
福建省三明市林权改革和碳汇交易	三	通过集体林权制度改革明晰了林权，开展"林票"制度改革，引导林权有序流转、合作经营和规模化管理；借助国际核证碳减排、福建碳排放权交易试点等管控规则和自愿减排市场，探索开展林业碳汇产品交易	林地、林业碳汇
德国生态账户及生态积分案例	三	政府规定生态账户及生态积分的评估、登记、使用和交易等规则，形成了由占用者或第三方建立生态账户、获得生态积分并进行交易的市场	土地

续表

典型案例	批次	具体做法	主要应用场景
澳大利亚土壤碳汇案例	三	开发农业土壤碳汇项目并建立了严格的基线采样、碳汇计量和项目运行机制，通过"反向拍卖"规则开展市场交易	农田、土壤碳汇

表 9 - 2 　　　　　　　　　　　　　生态治理及价值提升

典型案例	批次	具体做法	主要应用场景
福建省厦门市五缘湾片区生态修复与综合开发	一	开展陆海环境综合整治，实施生态修复保护工程，推进片区公共设施建设和综合开发	陆海综合治理、综合开发
山东省威海市华夏城矿坑生态修复及价值实现	一	威海市采取"政府引导、企业参与、多资本融合"的模式，对龙山区域开展生态修复治理，持续开展矿坑生态修复和旅游景区建设，探索生态修复、产业发展与生态产品价值实现"一体规划、一体实施、一体见效"	矿山修复、产业发展
江苏省徐州市潘安湖采煤塌陷区	一	以"矿地融合"的理念推进潘安湖采煤塌陷区生态修复，将千疮百孔的塌陷区建设成湖阔景美的国家湿地公园，并带动了区域产业转型升级与乡村振兴	矿山修复、湿地、产业发展
湖南省常德市穿紫河生态治理与综合开发	二	开展穿紫河生态修复治理工作及中欧合作穿紫河流域海绵城市建设，将穿紫河治理成为集"文化河"、"商业河"和"旅游河"于一体的城市生态系统和生态价值实现平台	河流治理、综合开发
江苏省江阴市"三进三退"护长江促生态产品价值实现	二	综合运用土地储备、生态修复、湿地保护、旧城改造、综合开发等措施，建成了"八公里沿江、十公里运河"的城市"生态T台"，形成了滨江公园、城郊湿地、环城森林带、沿河绿道等丰富多样的优质生态产品供给区	湿地保护、旧城改造、综合开发
广东省汕头市南澳县"生态立岛"	三	积极推进海洋生态保护修复，实施海岛农村人居环境整治，发展海岛旅游等产业，促进了当地发展和群众增收	海洋、海岛、农村旅游
广西壮族自治区北海市冯家江生态治理与综合开发案例	三	以"生态恢复、治污护湿、造林护林"为主线，建成以冯家江滨海国家湿地公园为核心的生态绿廊；推动片区综合开发，系统改善人居环境，发展绿色创新产业	湿地
海南省儋州市莲花山矿山生态修复	三	推动生态修复、环境治理、文化传承、产业发展"四位一体"联动，解决历史遗留矿山的生态环境问题，引进社会资本推动产业发展	矿山

表9-3　　　　　　　　　　　　生态产业化经营

典型案例	批次	具体做法	主要应用场景
浙江省余姚市梁弄镇全域土地综合整治	一	以推进全域土地综合整治为抓手,逐步构建了集中连片、产业融合、生态宜居、集约高效的国土空间新格局,促进了生产、生活、生态空间的统筹协调,有效提升了优质生态产品的供给能力	农田、湖泊、河流、湿地、森林综合治理
云南省玉溪市抚仙湖山水林田湖草综合治理	一	坚持"节约优先、保护优先、自然恢复为主"的方针,围绕突出问题,推动抚仙湖流域整体保护、系统修复和综合治理,探索生态产品价值实现机制	湖泊、流域治理
河南省淅川县生态产业发展	二	开展山水林田湖草系统治理和监控监管,构建生态农业、绿色工业、生态旅游等促进生态产品价值实现的产业体系	土地治理、储备林建设、矿山修复、生态旅游、综合开发
福建省南平市光泽县"水美经济"	二	光泽县积极发展"水美经济",通过植树造林、产业调整、污染治理,精心绘制全域水美生态图景,涵养优质水资源;搭建"水生态银行"运营平台,对水资源生产要素进行市场化配置	水资源利用
江苏省苏州市金庭镇发展"生态农文旅"	二	金庭镇坚持生态优先、绿色发展的理念,按照"环太湖生态文旅带"的全域定位,依托丰富的自然资源资产和深厚的历史文化底蕴,积极实施生态环境综合整治,推动传统农业产业转型升级为绿色发展的生态产业,打造"生态农文旅"模式	生态农业、生态文旅
云南省红河州阿者科村发展生态旅游	三	依托地理区位、自然资源和民族文化,发展"内源式村集体主导"旅游产业	乡村旅游
吉林省白山市抚松县发展生态产业	三	面对禁止开发区域和限制开发区域占比高的现状,坚持生态优先、绿色发展,因地制宜地发展矿泉水、人参、旅游三大绿色产业	水、生态旅游
宁夏回族自治区银川市贺兰县"稻渔空间"一、二、三产业融合	三	在土地整治、改良盐渍化土壤的基础上,开发了集农业种植、渔业养殖、产品初加工、生态旅游于一体的生态"农工旅"项目,实现产业融合和农民增收	渔业养殖

表9-4 生态补偿

典型案例	批次	具体做法	主要应用场景
湖北省鄂州市生态价值核算和生态补偿	一	实施鄂州市生态价值工程，在生态价值计量、生态补偿、生态资产融资、生态价值目标考核等方面开展制度设计和实践探索	湖泊、淡水养殖
美国马德福农场	三	综合运用多种路径，对于能直接市场交易的产品采用市场化路径；对于公共品一方面利用政府管控形成的交易市场，另一方面采用生态补偿	农场
浙江省杭州市余杭区青山村	三	与生态保护公益组织合作，探索采用水基金模式进行水源地生态保护及补偿；引导多方参与水源地保护并分享收益	水源

　　从现有研究来看，生态产品价值实现路径的推动主体可归纳为三种，即政府路径、市场路径和政府与市场相结合路径。如谭荣（2020）认为地方在推进生态产品价值实现过程中政府发挥作用的路径主要有三条，分别为政府有为、政府直接购买和政府管制。徐瑞蓉（2020）基于对流域生态产品体系的构建，提出"生产—转化—产出"的流域生态产品发展路径和"价值转换＋效益转化"的流域生态产品市场化实现路径。金铂皓等（2021）将市场主导型、政府主导型和生产要素参与分配型看作实现生态产品价值的三种主要路径。石敏俊（2021）认为生态产品价值实现的"转化"和"保护"两种逻辑分别对应市场化和政府调节两种不同路径。

　　围绕上述三大路径，部分学者对不同场景下的生态产品价值实现模式进行了探讨，如张林波等（2019）总结出生态保护补偿、生态权益交易、资源产权流转、资源配额交易、生态载体溢价、生态产业开发、区域协同发展、生态资本收益八大类实践模式；王夏晖等（2019）提出依托丰富自然资源和优质环境质量促进物质供给类产品价值实现、发展生态旅游和特色文化产业深化文化服务类产品价值实现、探索生态补偿和资源权益出让推动调节服务类产品价值实现三种模式；李胯等（2021）分别从森林、水资源、耕地和湿地价值实现方面梳理了政府支付、社会支付、金融扶持以及储备交易四种模式。也有学者通过对一些具体实践案例的总结分析提炼出具有地方特色的典型实现模式，如邱少俊等（2021）以福建南平"生态银行"的实践试点探索为例，分析了水生态银行、森林生态银行、矿产生态银行、古镇生态银行等多种"生态银行"的生态产品价值实现模式，并总结出政府主导推动、市场化运作、建立标准流程等南平"生态银行"经验；叶艳昆等（2021）以厦门市五缘湾片区为例，探索了以土地储备为抓手，将生态修复与土地综合开发相结合的生态产品价值实现模式；赵云皓等（2022）结合重庆广阳岛、安徽马鞍山、山东日照、库布齐沙漠等国家生态环境导向的开发（EOD）项目试点实践案例总结了四种典型生态产品价值实现模式，分别为"城市环境综合整治＋土地利用""矿山修复治理＋存量资源经营""农村人居环境整治＋生态种养""荒山荒地综合整治＋清洁能源"。综上所述，当前生态产品价值实现模式研究呈现多样化，但整体来讲，这些模式基本上是对生态资源指标及产权交易、生态修复及价值提升、生态产业化经营和生态补偿四大模式的深化和拓展。

第二节　生态产品价值实现与"双碳"战略的融合

2020 年 9 月，中国明确提出 2030 年"碳达峰"与 2060 年"碳中和"目标。"双碳"战略倡导绿色、环保、低碳的生活方式和生产方式。加快降低碳排放步伐，有利于引导绿色技术创新，提高产业和经济的全球竞争力。中国持续推进产业结构和能源结构调整，大力发展可再生能源，在沙漠、戈壁、荒漠地区加快规划建设大型风电光伏基地项目，努力兼顾经济发展和绿色转型同步进行。"双碳"战略提出后将带来一系列新兴的产业和商机，其中与"双碳"目标紧密联系的产业主要有可再生能源产业、低碳交通产业、碳排放权交易市场、低碳金融服务以及其他的碳中和技术产业。随着"双碳"战略的实施，可再生能源产业将迎来发展的黄金时期。同时，太阳能、风能、水能等新能源的开发和利用将成为重要方向，包括光伏发电、风力发电、水力发电等。电动汽车、新能源汽车的发展，建设充电基础设施，推广公共交通工具的清洁能源化，都将促进低碳交通产业的发展。双碳战略的提出将对整个经济产业链产生广泛的影响，除了直接与"双碳"战略紧密相关的产业，还催生了一些与"双碳"战略间接关联的产业。这些产业虽然与"双碳"战略的直接目标不同，但在实施"双碳"战略的过程中起到了重要的支持和补充作用，例如新能源设备制造产业，随着可再生能源的快速发展，相关的新能源设备制造产业将迎来巨大机遇，包括太阳能电池板、风力发电机组、水力发电设备等制造产业。为了支持低碳交通的发展，相应的可持续交通基础设施建设产业也将得到推动，包括充电桩建设、智能交通系统等。

"双碳"战略对于生态产品的价值实现提供了更加多样的路径。"双碳"战略通过减少碳排放和增加碳汇来实现碳中和的目标，而生态产品是以生态环境保护为主要目的，通过各种生态修复手段来挖掘各地具有生态环境保护功能和价值的产品，例如绿色食品、有机农产品、生态旅游等，来实现地区生态效益和经济效益的共同发展。"双碳"战略下发展的碳排放权交易市场、碳捕集与碳封存技术产业，以及低碳金融等都与生态产品的价值转化和实现息息相关。可以说，双碳战略主要是扩大了生态产品的覆盖范围和价值实现方式。

在环境要素权益交易方面，碳排放权交易作为实施"双碳"战略的重要手段之一，将会催生碳交易市场，相关的碳交易平台、碳市场分析和咨询服务等也将随之兴起。碳排放权交易对于促进生态产品的发展具有重要的推动作用，有助于引导企业生产更多对环境友好的产品，提高生态产品的市场份额，推动经济向着更加环保、可持续的方向发展。通过建立碳排放权交易市场，政府可以设定碳排放指标和分配碳排放权，企业可以根据自身的排放情况购买或出售碳排放权。这样一来，碳排放权交易将激励企业购买更多的碳排放权以弥补其超出排放指标的部分。这就意味着企业需要寻求各种减排措施以降低自身的排放量，带动对生态产品的需求，例如清洁能源、节能设备、碳捕集与封存技术等，从而促进这些生态产品的发展和应用。

在促进金融工具使用方面，低碳金融和绿色金融通过风险管理工具，为生态产品提供了更加稳定和可持续的经营环境。低碳金融和绿色金融与政府的环保政策相辅相成，通过金融工具的创新，推动了环保产业的发展，提升了生态产品的市场地位，促进了环保产业结构的优化升级。对于符合绿色标准的项目，金融机构可以提供更加灵活的融资条件，降低项目运营风险，增强生态产品的市场竞争力。绿色金融同时为生态产品的生产、研发和推广提供了资金支持。例如，通过发放绿色贷款或专项信贷，为生态产品的生产企业提供资金支持，降低其生产成本，促进生态产品的生产和推广。

在技术开发方面，为了减少二氧化碳排放，碳捕集和碳封存技术将成为重要研究方向，包括碳捕集设备、碳封存技术等。碳捕集技术的应用不仅可以促进单个企业的转型升级，还可以推动整个生态产品产业链的发展。推动碳捕集技术产业的发展，将带动相关产业链的壮大，为生态产品的供给提供更多保障，推动生态产品在市场中的推广和普及。碳捕集与碳封存技术产业与生态产品价值的实现是相辅相成的，这些低碳技术的应用可以带动生态产品的创新和市场认可，推动企业转型向低碳、环保的方向发展，促进经济的可持续发展。碳捕集与碳封存技术的发展也为生态产品的创新和推广提供了机会。通过引入这些先进的低碳技术，生态产品的生产过程可以更加环保和可持续，产品的碳足迹得以降低，符合消费者对于环保产品的需求。同时，基于碳捕集与碳封存技术的产品也可以获得碳中和认证，提升生态产品的附加值和竞争力。

开发和应用碳中和技术，如植树造林、碳汇项目等碳中和实践也将为生态产品价值提供更加多样化的实现路径。碳汇（carbon sink）指的是从大气中吸收二氧化碳等温室气体的过程、活动或机制，能吸收和固定二氧化碳的都可称为碳汇。树木在近几年以碳汇的形式快速进入人们视野的一大原因是全国碳市场的开启。2021 年 7 月，全国碳市场正式启动上线交易，作为全国碳市场的补充机制，重点排放企业在履约时可以使用 CCER 最高可抵消其应清缴碳排放配额的 5%。国家核证自愿减排量（China Certified Emission Reduction，CCER），虽然也包含其他类型的自愿减排项目，例如可再生能源等，但林业碳汇始终是最受欢迎的温室气体自愿减排项目。我国林业碳汇项目最开始的发展很大程度上得益于 2005 年正式生效的《京都议定书》。当时，《京都议定书》为了使各国完成减排目标，引入了三种基于市场的机制：国际排放交易机制（IET）、联合履行机制（JI）和清洁发展机制（CDM）。

2005 年，在国家林业局的支持下，云南省林业厅与保护国际（CI）、美国大自然保护协会（TNC）合作实施了"森林多重效益项目"，这是一个基于气候、社区、生物多样性标签（CCB）下的清洁发展机制造林/再造林碳汇试点项目。该项目营造了467.6公顷的混交林，其中37.6公顷直接与高黎贡山自然保护区相连，78.2公顷与保护区毗邻，项目产生的CER（临时核证减排量）可用于国际碳汇市场的交易。云南绿色环境发展基金会应对气候变化部提供的资料显示，在该项目中，农户免费提供土地并与林场签订项目参与合同，参与项目与合同规定农户在项目计入期内得到所有自己土地上的林产品和非林产品，并获得一定的劳动力服务报酬，林场提供种源、肥料、农药和森林经营管理并提供技术服务和承担相应的风险，作为回报他们获得出售的CER。但在2013年，欧盟限制大型的CDM项目进入欧洲碳市场，只接受最不发达国家新注册的CDM项目。一篇发表在生态学报的论文《近20年我国森林碳汇政策演变和评价》显示，由于清洁发展机制下的造林再造林项目申报流程复杂，开发要求严格并且主要在低收入国家实施等因素，限制了此类项目在我国的发展，因此在后期，国际核证碳减排标准下的林业碳汇项目成为我国参与的主要国际碳汇项目。

我国2023年有森林面积34.65亿亩，森林覆盖率24.02%，预计在2035年将达到26%的峰值。国家林草局2023年10月的一项调查结果显示，国内现有可用于造林的地块，大部分在降雨线400毫米以下的西北、华北地区，林地质量差、造林难成林、扩大森林面积空间有限。从总体控制来讲，国家碳市场也会把碳汇项目的供给控制在一定范围内，并且也会有相应的高门槛，只有一小部分符合条件的高质量的森林碳汇才可以去申请交易，这也就意味着，即使国内的CCER市场重启，新的林业碳汇开发仍受到两方面的限制：第一，国内目前可用于新造林项目的地块有限；第二，全国碳市场未来的交易活跃度对林业碳汇开发有着很大影响。中国预计到2060年实现碳中和，森林系统在其中发挥的作用十分重要。据专家估计预计我国到2060年仍然有20亿~30亿吨的碳排放无法消除，这部分就主要需要生态碳汇来吸收。

近年来，为激励企业、家庭和土地所有者主动减少碳排放和增加碳储量，澳大利亚联邦政府提出要购买最低成本的碳汇产品。同时，澳大利亚的气候变化战略也明确了投资新技术以降低排放、帮助土地和农业部门减少温室气体排放等 8 个方面的减排举措。为推动上述措施落地，根据 2011 年"碳信用（碳农业倡议）法案"，澳大利亚 2015 年专门成立了减排基金（Emissions Reduction Fund，ERF），之后在此基础上又成立了气候解决方案基金（Climate Solutions Fund，CSF），用于支持土地所有者、社区和企业开展的各类减排项目，推动政府实现"到 2030 年排放量比 2005 年减少 26% ~ 28%"的目标。气候解决方案基金在农业、草原火灾管理、石油和天然气、运输、废弃物处置等多个领域设置项目。其中，农业领域针对牧场和耕地设置了土壤碳汇项目，主要是通过保护性耕种等合格的土地管理活动，将碳储存在土壤中，提高耕地、牧场等土壤碳水平，并通过碳信用额等方式参与碳市场交易，减少大气中的温室气体水平，市场主体可以通过运行土壤碳项目获取碳汇信用额度，并将其出售给澳大利亚政府、公司或其他私人买家，以实现土壤碳汇价值。

澳大利亚推出土壤碳汇项目管理，工业、科学、能源与资源部是气候解决方案基金的主管部门，负责制定政策、技术规则、相关立法及监督；清洁能源监管机构（the Clean Energy Regulator）负责基金的实际运行、技术规则（方法）的具体起草，并代表政府进行碳减排采购（碳信用额购买）。在项目规划阶段，申请者需要参加由清洁能源监管机构组织的资格审查，需要制订全新的土地管理计划，通过"适合人选评估"以及评估项目回报与成本。正式的交易一般由清洁能源监管机构组织反向拍卖，从项目中购买碳汇信用额度。项目发起人可以向清洁能源监管机构提交申请，经审核通过后进行拍卖注册并获得拍卖资格。每个参与者在拍卖窗口期间提出单一的、保密的出价，价格最低的出价最有可能胜出，并与代表澳大利亚政府的清洁能源监管机构签订碳减排合同，该价格将代表政府收购碳汇的最佳性价比。

澳大利亚土壤碳汇是对生态系统碳汇价值实现机制的有益探索，既利用耕地生态系统拓展了碳汇新类型，又实现了对耕地资源的有效保护，形成耕地保护的经济链条和良性循环。一是有利于耕地资源保护。作为土壤碳汇形成的重要方式，各类保护性耕作有利于增加土壤中的碳含量。二是有利于建立土壤碳汇体系。澳大利亚通过财政支持建立气候解决方案基金，制定土壤碳汇测定方法、信用产生办法、交易办法等措施，形成了政府购买土壤碳汇的补偿机制，提高了各方参与土壤碳汇项目的积极性，同时带动了土壤碳汇信用的生产及其在市场交易中的活跃度，有利于建立完整的生态系统碳汇体系，助力碳中和。三是通过经济手段促进了生态价值实现。澳大利亚设置农业土壤碳汇项目以来，其有效申请数量逐年上升，2021年上半年，澳大利亚农业土壤碳项目达到了45个，农业碳项目产生的ACCU达到27.56万个单位。同时，澳大利亚政府为每个ACCU付出的补偿资金由2019年6月的约10美元，增长至2021年6月的14.5美元，有利于促进土壤碳汇产品的价值实现和形成耕地保护的良性循环。

除了澳大利亚外，新西兰提出了碳耕作计划（carbon-farming-program），目标是释放农田土壤巨大的碳中和能力，透过出售碳信用额而增加收入，同时为企业带来稳定的减碳方案。新西兰的林业投资者采用树木覆盖地产的方式，通过树木从大气中吸收的碳而非售卖木材来获取经济利润。根据碳排放交易机制，碳密集型产业必须购买信用额度以抵消其排放。其中，许多信用额度是从森林所有者那里购买的，随着信用额度价格的飙升，林业投资者正试图通过购买农田来兑现，碳交易机制成为新西兰在2050年前实现碳中和的关键因素。

"碳达峰碳中和"对我国高耗能高排放企业提出了更高的节能降碳要求，其中钢铁行业将面临较大的减碳压力。我国钢材总产量从2017年到2020年一直处于上升趋势，2020年达到13.25亿吨。从碳排放的角度考量，近十年来我国碳排放总量在90亿吨上下波动，钢铁行业碳排放量也比较稳定，有小幅上升。

宝钢股份是中国宝武钢铁集团有限公司的子公司。中国宝武钢铁集团有限公司简称宝武集团，其先后对武汉钢铁（集团）公司、马钢集团、太钢实施联合重组，在2020年实际控制重庆钢铁并托管中钢集团，是中国最大、最现代化的钢铁联合企业。宝钢股份积极应用钢铁行业低碳工艺的前沿技术，推进内部能源结构优化，实施城市生活垃圾发电、煤气化工产品化和光伏发电自愿减排项目，研发一系列先进低碳冶金技术。其光伏屋顶发电项目减排二氧化碳6.5万吨，每年可以为宝钢股份节省超过200万元的碳排放合规成本。同时，公司开始探索碳捕集、利用与封存技术（CCUS）、碳汇技术，形成钢铁行业碳中和概念模型。在提升能效的基础上，宝钢股份积极参与碳市场交易。公司宝山、东山、青山基地分别参与当地的试点碳市场，逐步建立起稳健的碳资产管理体系，2020年通过市场拍卖、二次市场交易和线上邀请比价方式足额购买碳配额和CCER，全部顺利完成履约。

宝武在钢铁行业中率先提出"双碳"目标，建立了碳中和工作推进体制，优化技术创新体系，形成管理高效的研发模式；重点推进碳中和目标落实落地，发布低碳冶金技术路线图，深度策划炼钢、热轧、冷轧等工序的低碳工艺技术；加快建设绿色钢厂，深化"三治四化"，优化能源结构，提升极致能效水平，能源环保绩效水平持续进步；搭建国际交流平台，成立全球低碳冶金创新联盟，发布低碳冶金创新基金指南。同时，建设碳数据管理平台、碳资产管理（CAMS）平台，构建绿色金融支撑体系，强化创新领军人才建设，提升全员低碳意识，不断完善绿色低碳转型发展新生态。

第三节　国内典型实践案例评析

我国生态产品价值实现需要处理好保护与发展、政府与市场、多元供给主体、区域城乡共治及不同环节利益分配五个方面的关系。从当前浙江丽水、江西抚州两个试点地区的经验分析，都在六大机制方面开展了大量探索工作。在生态产品价值核算评估应用方面，发布了地方核算标准，将GDP融入政府考核机制。在市场交易体系构建方面，将生态补偿、乡镇合作社、金融工具、产业转型、品牌打造等进行有机应用，尽可能解决生态产品"变现难"问题。同时，在生态资源权益质押、生态信用评价等方面，也形成了许多积极政策。

刘哲等（2022）基于生态产品价值实现机制问题，对鄂州市生态保护补偿模式以及普洱市生态产业模式典型案例进行分析。鄂州市位于湖北省东部、长江中游南岸，拥有湖泊133个。由于钢铁、水泥和传统的珍珠养殖业导致鄂州部分水系的水质恶化为Ⅳ类以下，梁子湖出现水面面积和库容减少、野生鱼类资源逐年下降等问题。鄂州市以湖北省首批自然资源资产负债表和领导干部自然资源资产离任审计试点为契机，实施鄂州市生态价值工程，在自然资源确权登记的基础上，将各项生态价值计量为无差别的货币单位，最后将价值计量的结果应用于各区之间的生态补偿。2017～2019年，梁子湖区分别获得生态补偿5031万元、8286万元和10531万元，由鄂州市财政局、鄂城区和华容区共同支付。鄂州市的生态保护补偿模式是对生态产品价值实现路径的有益实践，为生态产品的价值实现提供了一条可选路径和前期的实践参考。生态保护补偿模式凸显了资源消费者付费和保护生态者受益的理念，使得"生态优先，绿色发展"成为全社会的价值观。

云南省普洱市生态环境优越、自然资源丰富，但经济水平却落后于全国平均水平。为协同生态环境保护和经济高质量发展，普洱市依托境内优越的气候条件和丰富的自然资源禀赋，重点发展林下经济、茶叶、咖啡和清洁能源等绿色产业，形成了林下种植、养殖、采集加工和森林旅游的林下经济发展新模式，打造了云南特有的普洱茶和咖啡豆等绿色食品品牌，发展了水能、风能、太阳能，促使电网建设不断完善，使得清洁能源产业成为普洱的支柱产业。普洱市的生态产业模式是将自身独有的自然物质产品等优势转化为经济效益的成功探索，通过变"新"产业结构、变"绿"产业模式、变"优"产品质量，使得生态优势转化为发展优势，让绿色自然资源变成百姓致富的财源，并为脱贫攻坚贡献了重要力量，是生态效益、经济效益和社会效益的多赢。但其在发展过程中也存在着制度体系不完善，绿色产业规模相对较小，未能充分将生态优势转化为经济优势，环境质量、空间和数量控制共同挤压发展空间等问题。因此，还需补齐制度短板，提供制度保障。加大建设绿色产业基地，扩大绿色产业规模，探索将生态优势转化为经济优势的最佳路径。同时，还需对空间、数量和环境质量的政策进行优化，探索经济发展与环境保护的平衡点。

近几年，我国许多地方积极开展水生态产品价值实现的实践探索，如浙江天台县塔后村、浙江丽水市景宁畲族自治县等。杜雪莲、常滨丽（2023）提出水生态产品作为生态产品的重要组成部分，也是生态产品的主要类型。

湖南省常德市穿紫河水源补给不足，河水自净能力较弱；城市发展产生的生活垃圾、废水过量排放，使穿紫河水体污染加剧、生态环境破坏严重。

为治理穿紫河恶化的生态环境，增加水生态产品供给，促进生态保护和经济发展协同并进，常德市开展了穿紫河生态环境治理与综合开发工作。首先，做好顶层设计。注重水敏性城市发展和水资源的可持续利用，将城市雨水、污水、地下水等进行综合整体规划，用可持续发展的理念开展城市水系治理修复。其次，开展系统治理。通过修复地下水管网、建设改造沉积池等方法增强穿紫河水源补给；清洁河道、连通水体，盘活穿紫河水源，不断更新水体；建造植被缓冲带、设置生态浮岛、放养多种鱼类，不断加强水生态建设。最后，促进生态效益转化。常德市不断加强穿紫河两岸风光带的配套设施建设，大力发展商业、文化、旅游、住宅等产业，使水生态产品的价值与其他产品相结合，促进水生态产品增值与价值实现。通过一系列综合整治工作，常德市穿紫河流域洪水调蓄能力显著增强，水资源、水环境、水生态、水安全等全面提升；依托良好的生态环境，穿紫河沿岸经济快速发展，经济效益增长显著，居民幸福感不断增强。

浙江省景宁畲族自治县作为瓯江、飞云江两大水系的发源地，境内河道密布，水资源量大且优。为进一步巩固水生态优势，并将其转换为发展优势，景宁畲族自治县采取了一系列措施。首先，夯实生态基础。综合运用山洪防御、岸坡治理、清淤疏浚、截污纳管等措施改善水岸基础设施、水生态质量和文化景观功能，不断提升水生态产品的生态效益。其次，积极促进水生态产品产业化发展。景宁畲族自治县水域具有天然的落差优势，适宜建设小水电站，将生态优势转变为经济优势。同时，景宁畲族自治县依托优质的水生态环境，吸引了大量人力资本、人造资本的加入，发展垂钓休闲、水上娱乐、教育基地、水上运动等产业，促进了水生态产品的生态效益向经济、社会等效益转化。最后，促进多种生态产业协同发展。依托优质水资源禀赋，推动"水美乡村"建设，发展水果种植采摘体验、精品农业，农文旅、生态康养等产业，进一步盘活地区自然资源。通过这些生态产业，景宁畲族自治县不断打通"两山"转化路径，水生态产品供给能力持续增强，生态效益向经济、社会、文化等效益持续转化，人民生活水平显著提高。

目前，我国关于生态产品价值实现在各地都涌现出大量的成功案例，生态产品价值实现路径日益完善，生态产品在我国的落地发展受到了政府政策

的支持和社会需求的推动，政府通过出台相关政策法规、设立基金或实践平台支持、推动生态产品认证等方式，鼓励和引导企业和社会各界积极投入生态产品领域，致力于推动生态文明建设，提倡绿色发展和环保理念。随着社会环境保护意识的提高和产业链的不断完善，生态产品价值实现的未来在中国将会迎来更加广阔的发展空间。

第十章

结论和展望

第一节　生态产品价值实现的
理论创新和实践结论

生态产品价值实现提出以来，国内学术界进行了大量研究并取得了一定进展，已有研究成果极大丰富了相关理论体系，同时对于我国生态产品价值实现实践工作也具有积极的指导意义，我国对生态产品价值实现提出了"六大机制"，从确权登记、监测、评价、经营开发等多环节形成了机制设计要求。相关地区也因地制宜开展了试点探索。但总体来看，当前不管是在理论上还是实践中我国生态产品价值实现均处于探索阶段，其研究的范围与深度，仍然有较为广阔的空间。当前的理论和实践探索关于生态产品价值实现研究的不足之处及未来方向，主要有如下几个方面。

第一，当前对生态产品概念与分类尚存在争议，在对其概念进行界定时，与自然资源、生态系统服务、环境友好产品等相混淆，同时也就未明确生态产品是属于存量还是流量的概念，将这些内容混为一谈往往使得后续的研究难以开展或产生较大区别，故探讨生态产品时首先明晰其外延范围和识别边界，避免将过去和现在凡是与"生态"相关的内容都纳入其中开展研究，从而失去了生态产品价值实现研究的重点和意义。此外，在分类上还存在交叉重叠、操作性不强等问题，在对生态产品价值实现理论探讨的同时也兼顾满足价值实现的现实需要。从当前的政策和实践来看，我国生态产品的范围较广，基本涵盖了环境、生态、节能、降碳等多个方面。

第二，生态产品价值核算指标体系、方法、标准等仍未统一，直接应用至价值实现实践中存在一定困难。已有核算体系（GEP 核算为主）以生态系统服务功能的潜在效用为价值进行核算，主要为国家、政府制定宏观政策服务，忽略了市场主体开发等微观经济因素。学者多从马克思主义价值论出发探讨生态产品价值问题，但较少从该角度入手量化生态产品价值，探讨价值核算方法，从而构建生态产品价值核算体系。当前生态产品价值核算与价值实现之间是割裂的，建议探讨价值核算与不同价值实现路径之间的逻辑关系和相应的对接机制，使核算结果真正服务于生态补偿、市场交易等活动，简言之，生态产品价值的市场化认可还存在核算方法科学性的问题。

第三，生态产品价值实现路径机制探讨仍需进一步深化创新。从前述文献梳理总结可知，学者们对生态产品价值实现路径模式做了许多有益探索，如搭建交易中心、产业生态化、品牌认证、权益交易等，但当前这些路径模式的可推广性还较差，缺乏内在机制探讨和科学性、适宜性评价，建议对于不同路径模式进行深入的机理剖析，并根据区域特性开展模式适用性分析和选择。路径机制创新上，建议从多要素、多领域融合入手，探讨不同水平下的人造资本、人力资本和自然资本如何有效结合，此外，可进一步创新设计生态用地占补平衡模式、金融模式、社会公共参与模式等。目前的路径主要仍是归纳提炼，对符合生态产品价值自身特点的实现机制学理性分析不够充分。

第四，生态产品价值实现成效的定量评价研究鲜少，问题研究多停留在广泛的定性分析。已有研究成果多是通过建立反映不同方面成效的指标体系进行综合评价，缺乏对生态产品价值实现程度的测度，虽然有研究初步提出实现率的概念，但在概念界定、评估方法、指标设置等方面还比较粗略，特别是指标设置上，需要准确、科学地反映生态产品价值转化的情况；生态产品价值实现成效评价可与问题探讨相结合开展实证研究，并进行专门性、根本性、深层次的原因分析，以此来针对性地优化创新相关路径、模

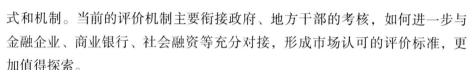

式和机制。当前的评价机制主要衔接政府、地方干部的考核，如何进一步与金融企业、商业银行、社会融资等充分对接，形成市场认可的评价标准，更加值得探索。

总体而言，未来对于生态产品价值实现的研究需要建立起涵盖理论、技术、方法、路径、机制、政策、制度等内容的完整研究体系，并与实践应用进行紧密联系，以进一步推进我国生态文明建设和"两山"转化工作。

第二节　未来的展望

自 2021 年 4 月，中共中央办公厅、国务院办公厅印发《关于建立健全生态产品价值实现机制的意见》以来，各地因地制宜开展了一系列具有地方特色的探索，形成了形式多样的生态产品价值实现模式，呈现出景村共生、城乡共富的新图景。与此同时，实践中还存在地方生态产品目录不全面、经营开发的产业化手段不成熟、生态产品溢价效应等问题。对地方而言，健全生态产品价值实现机制，拓宽生态优势转化为经济优势的路径，就是要"大开脑洞"，突破原有经济学视角下的操作模式，创新找出符合生态系统独有特点的转化路径。为更好推进生态产品价值实现的开展，未来值得思考的方面包括以下几点。

第一，进一步厘清区域范围内的生态产品目录清单。推进生态产品价值实现，首先还是要摸清"生态家底"，才能进一步筛选生态产品，挖掘其中蕴含的生态价值。从调查监测到价值评价，从经营开发到保障机制，生态产品价值的实现，一方面是对原有生态经营模式进行再归纳，另一方面鼓励各地识别之前忽视的、科技手段暂时无法明确的生态产品，形成地方的目录清单。国家发展改革委和统计局 2022 年 5 月出台的《生态产品总值核算规范》，主要是针对"森林、草地、农田、湿地、荒漠、城市、海洋"等实物量和价值量明确了核算方法。但自然界中的生态系统形态丰富、功能多样，按类型可分为水域的淡水生态系统、河口生态系统、海洋生态系统等，陆地的沙漠生态系统、草甸生态系统、森林生态系统等，仅从学术研究层面来看就达上百种。因地制宜地梳理和分析所在地区的生态系统类型，是实现生态产品价值的基础。例如，大兴安岭地区编制了全国首个开放式寒温带陆域生态系统生态产品目录清单，对"冻土""冰雪"等特有的自然生态进行了核算。由于生态系统与人类活动相互制约、相互影响，厘清区域内的生态系统类型，有利于分析生态系统的复合价值，例如北京门头沟、浙江湖州安吉等地选取特定区域开展价值开发模式，围绕农业农村、水利设施、交通设施、生态林业、绿色能源、工业生产、生态旅游、生态修复等项目类型，综合评估特定地域单元的生态效益。

第二，生态产品价值的实现存在先后顺序。根据国家对生态产品的分类，主要分为物质供给、调节服务和文化服务。其中，调节服务主要反映自然生态系统的自身恢复、生态调节能力，包括水源涵养、土壤保持、洪水调蓄、固碳释氧等，是表征生态系统功能最为根本的要求。物质供给、文化服务的价值实现，均是在生态系统发展良好的基础上衍生的，如果说调节服务是生态系统的保值部分，物质供给和文化服务则是增值部分。如大兴安岭广袤的山体和浩瀚的森林，是抵御西伯利亚寒流和蒙古高原旱风的重要屏障，维护了东北和华北的生态安全，这种维护地区安全的价值便是生态调节服务的直接体现。再如，江西赣州上犹县的森林覆盖率超过80%，为优化当地的空气质量、地表水净化、湿地养护提供了重要支撑，加上拥有多座海拔千米以上的山峰，促使当地形成了茶园、油茶林、毛竹林等资源家底，形成了物质供给的资源基础，茂密的森林催生了"森系"主题旅游产品，形成了登峰览胜赏野趣的文化服务价值。

第三，生态产品价值实现，需要在行政区域内寻找多元化的应用场景。从目前自然资源部相继发布的生态产品价值实现典型案例来看，许多应用场景集中在生态禀赋丰富的郊区或农村，不论是林下经济、农产品开发还是旅游经济，这类生态价值的实现促进了乡村经济的发展，一定程度上形成了城市经济对乡村经济的带动。即使常见的流域横向生态补偿，也是发达地区向欠发达地区的转移支付。针对行政区域内人类活动集中的城市区域，如何更广泛地释放其生态产品价值？目前，这样的案例还相对较少。从江西、浙江、安徽、内蒙古等地的实践案例来看，城市化地区的生态产品价值实现，很多是从当地历史文化中寻找灵感。如黄山、建德、淳安等地，就是以流经皖浙两省的新安江、千岛湖为载体，开发出"全域生态""花园城市""山水城市"的生态品牌，将新安江千年文化传承的瑰宝与地方山水深度结合，城市中新安画派、新安医学、新安理学、竹马茶道等随处可见，再加上流经城市的江湖山色美景，让每一个泛舟新安江上的人，都深感青绿满目、山岚点翠、绮丽静谧。这种自然风光和文化底蕴带来的美感拓宽了生态产品的价值释放路径，也是生态产品最有获得感的体现。

第四，寻求生态产品价值与金融工具的对接。编制自然产品目录、探索核算方法、建立统计报表制度，都是试图用现实世界中运行成熟的市场定价工具，来量化生态产品的价值。当前，一些地区通过划定特定地域单元生态产品，分析其市场价值，核算生态环境保护修复和生态产品合理化利用的成本以及相关生态产业经营开发未来可预期市场收益，作为经营开发、担保信贷、权益交易的依据。以项目为载体评估资源开发后的收益权价值，实现金融机构的担保信贷，这便是通过金融市场的认证反映生态产品的价值。例如，安徽黄山的祁门红茶产业链开发，银行评估其生态价值和收益权，形成全国首单 VEP 绿色金融贷款项目，并已投放 1.83 亿元。再如，福建省三明市推出林业资源资产票证化，通过评估森林资源资产价值，转化为具有收益权的资产票据，实现林票可流通、可交易、可变现；同时，将林木的生长增量换算为碳减排量，进一步开发了林业碳票，带动碳汇交易近 3000 万元。

当然，创新生态产品价值实现的方式不应仅仅停留在发掘存量，更要探索那些原有经济市场无法解释的新经济模式。对外部性价值进行更加精确的测量，使增量的价值发现模式成为生态产品独有的价值体系，是新时代绿色发展最值得深入改革的方向。

附　　录

表 1 　　　　　　　　　　2018~2023 年生态产品价值相关政策

年份	政策文件	发文机关	内容摘要
2018	《乡村振兴战略规划（2018－2022 年）》	中共中央、国务院	明确至 2020 年全面建成小康社会和 2022 年召开党的二十大时的目标任务，细化实化工作重点和政策措施，部署重大工程、重大计划、重大行动，确保乡村振兴战略落实落地
2018	《建立市场化、多元化生态保护补偿机制行动计划》	国家发展改革委、财政部、自然资源部、生态环境部、水利部、农业农村部、人民银行、市场监管总局、林草局	计划明确到 2020 年，市场化、多元化生态保护补偿机制初步建立，全社会参与生态保护的积极性有效提升；到 2022 年，市场化、多元化生态保护补偿水平明显提升，生态保护补偿市场体系进一步完善，生态保护者和受益者互动关系更加协调。计划还提出了建立生态保护补偿机制的重点任务
2018	《生态扶贫工作方案》	国家发展改革委、国家林业局、财政部、水利部、农业部、国务院扶贫办	坚持扶贫开发与生态保护并重，采取超常规举措，通过实施重大生态工程建设、加大生态补偿力度、大力发展生态产业、创新生态扶贫方式等，切实加大对贫困地区、贫困人口的支持力度，推动贫困地区扶贫开发与生态保护相协调、脱贫致富与可持续发展相促进，使贫困人口从生态保护与修复中得到更多实惠，实现脱贫攻坚与生态文明建设"双赢"

续表

年份	政策文件	发文机关	内容摘要
2018	《关于建立健全长江经济带生态补偿与保护长效机制的指导意见》	财政部	通过统筹一般性转移支付和相关专项转移支付资金，建立激励引导机制，明显加大对长江经济带生态补偿和保护的财政资金投入力度。到2020年，长江流域保护和治理多元化投入机制更加完善，上下联动协同治理的工作格局更加健全，中央对地方、流域上下游间生态补偿效益更加凸显，为长江经济带生态文明建设和区域协调发展提供重要的财力支撑和制度保障
2019	《关于培育发展现代化都市圈的指导意见》	国家发展改革委	探索生态保护性开发模式，建立生态产品价值实现机制、市场化生态补偿机制
2019	《关于建立健全城乡融合发展体制机制和政策体系的意见》	中共中央、国务院	通过政府采购、权益交易等方式，构建更多运用经济杠杆进行生态保护和环境治理的市场体系
2019	《国家生态文明试验区（海南）实施方案》	中共中央办公厅、国务院办公厅	探索生态产品价值实现机制，增强自我造血功能和发展能力，实现生态文明建设、生态产业化、脱贫攻坚、乡村振兴协同推进，努力把绿水青山所蕴含的生态产品价值转化为金山银山
2019	《关于统筹推进自然资源资产产权制度改革的指导意见》	中共中央办公厅、国务院办公厅	针对当前自然资源资产底数不清、所有者不到位、权责不明晰、权益不落实、监管保护制度不健全等问题明确现阶段主要任务，加快健全自然资源资产产权制度，进一步推动生态文明建设
2020	《2020年新型城镇化建设和城乡融合发展重点任务》	国家发展改革委	在长江流域开展生态产品价值实现机制试点
2020	《支持引导黄河全流域建立横向生态补偿机制试点实施方案》	财政部、生态环境部、水利部、国家林草局	黄河全流域横向生态补偿机制实施范围为沿黄九省（区），具体包括山西省、内蒙古自治区、山东省、河南省、四川省、陕西省、甘肃省、青海省、宁夏回族自治区。2020~2022年开展试点，探索建立流域生态补偿标准核算体系，完善目标考核体系、改进补偿资金分配办法，规范补偿资金使用
2020	《全国重要生态系统保护和修复重大工程总体规划（2021－2035年)》	国家发展改革委、自然资源部	该文件提出了到2035年推进森林、草原、荒漠、河流、湖泊、湿地、海洋等自然生态系统保护和修复工作的主要目标，以及统筹山水林田湖草一体化保护和修复的总体布局、重点任务、重大工程和政策举措

续表

年份	政策文件	发文机关	内容摘要
2021	《关于建立健全生态产品价值实现机制的意见》	中共中央办公厅、国务院办公厅	为加快推动建立健全生态产品价值实现提出总体要求，建立生态产品调查监测机制、评价机制、价值实现推进机制、健全生态产品经营开发机制、保护补偿机制、价值实现保障机制
2021	《成渝地区双城经济圈建设规划纲要》	中共中央、国务院	支持万州及渝东北地区探索三峡绿色发展新模式，在生态产品价值实现、生态保护和补偿、绿色金融等领域先行先突破，引导人口和产业向城镇化地区集聚，走出整体保护与局部开发平衡互促新路径，保护好三峡库区和长江母亲河
2021	《关于鼓励和支持社会资本参与生态保护修复的意见》	国务院办公厅	鼓励和支持社会资本参与生态保护修复项目投资、设计、修复、管护等全过程，围绕生态保护修复开展生态产品开发、产业发展、科技创新、技术服务等活动，对区域生态保护修复进行全生命周期运营管护。重点鼓励和支持社会资本参与以政府支出责任为主（包括责任人灭失、自然灾害造成等）的生态保护修复
2021	《关于加强自由贸易试验区生态环境保护推动高质量发展的指导意见》	生态环境部、商务部、国家发展和改革委员会、住房和城乡建设部、中国人民银行、海关总署、国家能源局、国家林业和草原局	鼓励自贸试验区企业参与碳排放权交易。支持地方自主开展林业碳汇等具有明显生态修复和保护效益的温室气体自愿减排项目。鼓励培育发展排污权交易市场，积极探索建立跨区域排污权交易机制。鼓励开展环境综合治理托管服务。探索绿色债券、绿色股权投融资业务，支持生态环境治理和节能减排。开展生态产品价值核算试点，支持安徽自贸试验区建立生态产品价值实现机制。推动湖南等自贸试验区完善异地开发生态保护补偿机制
2021	《关于全面推动长江经济带发展财税支持政策的方案》	财政部	加大重点生态功能区转移支付力度，完善中央对地方重点生态功能区转移支付办法，加大对沿江省市的生态保护补偿力度。鼓励地方开展沿江省（市）际间流域横向生态补偿机制建设。支持引导沿江省市在干流和重要支流建立偿机制，推广新安江流域横向生态保护补偿试点经验，推动建立长江全流域横向生态保护补偿机制，加强生态环境保护修复。鼓励地方探索建立市场化多元化生态补偿机制，构建受益者付费、保护者得到合理补偿的政策体系。加快建立生态产品价值实用世界银行、亚洲开发银行等国际金融组织和外国政府贷款，支持开展生态环境系统性保护修复、污染治理与生态环境监测、绿色发展示范、生态产等项目

续表

年份	政策文件	发文机关	内容摘要
2021	《关于支持浙江高质量发展建设共同富裕示范区的意见》	中共中央、国务院	拓宽绿水青山就是金山银山转化通道，建立健全生态产品价值实现机制，探索完善具有浙江特系统生产总值（GEP）核算应用体系。高标准制定实施浙江省碳排放达峰行动方案。推进排污权、用能权、用水权市场化交易，积极参与全国碳排市场。大力发展绿色金融
2021	《关于深化生态保护补偿制度改革的意见》	中共中央办公厅、国务院办公厅	完善生态文明领域统筹协调机制，加快健全有效市场和有为政府更好结合、分类补偿与综合补偿统筹兼顾、纵向补偿与横向补偿协调推进、强化激励与硬化约束协同发力的生态保护补偿制度，做好碳达峰、碳中和工作，加快推动绿色低碳发展，促进经济社会发展全面绿色转型
2021	《2030 年前碳达峰行动方案》	国务院	提出"碳汇能力巩固提升行动"重点任务，坚持系统观念，推进山水林田湖草沙一体化保护和修复，提高生态系统质量和稳定性，提升生态系统碳汇增量。包括巩固生态系统固碳作用、提升生态系统碳汇能力、加强生态系统碳汇基础支撑、推进农业农村减排固碳
2021	《关于完整准确全面贯彻新发展理念做好碳达峰碳中和工作的意见》	中共中央、国务院	处理好发展和减排、整体和局部、短期和中长期的关系，把碳达峰、碳中和纳入经济社会发展全局，以经济社会发展全面绿色转型为引领，以能源绿色低碳发展为关键，加快形成节约资源和保护环境的产业结构、生产方式、生活方式、空间格局，坚定不移走生态优先、绿色低碳的高质量发展道路，确保如期实现碳达峰、碳中和
2021	《关于建立健全生态产品价值实现机制的行动方案》	江西省委、江西省人民政府	明确江西省生态产品价值实现机制重点任务和目标，充分挖掘江西省绿色生态这个最大财富、最大优势、最大品牌的价值，以体制机制改革创新为核心，以产业化利用、价值化补偿、市场化交易为重点，加快完善绿水青山转化为金山银山的多元实现路径和政策制度体系，为推动形成具有中国特色的生态产品价值实现机制提供"江西方案"

续表

年份	政策文件	发文机关	内容摘要
2021	《关于建立健全生态产品价值实现机制的实施意见》	浙江省委、浙江省人民政府	明确浙江省生态产品价值实现机制重点任务和目标。浙江省将着力破解绿水青山度量难题，加快探索完善 GEP 核算应用体系，彰显生态产品价值；破解绿水青山抵押难题，丰富绿色金融政策工具，支持银行机构创新金融产品，激活沉睡的生态资产；破解绿水青山交易难题，积极搭建政府引导、企业和社会各界参与市场化运作的生态资源运营服务体系，推动生态产品供需精准对接，打通生态资源转化的"最后一公里"；破解绿水青山变现难题，加快推进生态产业化和产业生态化，积极培育生态工业，打造具有全国影响力的区域公用品牌，大力提升生态产品附加值，加快生态惠民富民
2022	《贵州省建立健全生态产品价值实现机制行动方案》	贵州省委、贵州省人民政府	明确贵州省生态产品价值实现机制重点任务和目标。到 2025 年，基本建立科学合理的生态产品价值评价机制、生态产品市场交易机制、生态保护补偿机制等体制机制，绿水青山与金山银山双向转换的深层次体制机制障碍进一步破解。建立生态产品调查监测机制、构建生态产品价值评价机制、健全生态产品经营开发机制、健全生态产品保护补偿机制、健全生态产品价值实现保障机制、建立生态产品价值实现推进机制
2022	《关于建立健全生态产品价值实现机制的实施方案》	内蒙古自治区党委、内蒙古自治区人民政府	明确内蒙古自治区生态产品价值实现机制重点任务和目标。立足建设"两个屏障""两个基地""一个桥头堡"的战略定位，完善生态产品价值实现政策制度，打通"绿水青山"与"金山银山"双向转化通道及实现路径，推进生态产业化、产业生态化，构建生态优先、绿色发展的生态文明建设新模式，为把祖国北部边疆这道风景线打造得更加亮丽提供有力支撑
2022	《巴中市生态产品价值实现机制试点实施方案》	四川省巴中市人民政府	构建起以总体要求、实现基础、转化路径、关键支撑、推进机制为框架的"1＋4"工作体系。明确到 2025 年，全市生态产品价值核算评估体系初步建立，生态产品价值实现多元化路径稳步拓展，绿色生产生活方式广泛普及，建成全省生态产品价值实现引领区
2022	《关于开展森林资源价值核算试点工作的通知》	国家林业和草原局、国家统计局	在内蒙古自治区、福建省、河南省、海南省、青海省等五省区开展森林资源价值核算试点工作

续表

年份	政策文件	发文机关	内容摘要
2022	《广西现代林业产业示范区实施方案》	广西壮族自治区人民政府、国家林业和草原局	探索建立林业生态产品价值实现机制，指导广西编制林业碳汇发展中长期规划，推动自治区、市、县林业碳汇计量监测，支持开展区域性林业碳汇交易
2023	《关于建立健全生态产品价值实现机制的意见》辅导读本	国家发展改革委组织编写	第一部权威解读中共中央办公厅、国务院办公厅《关于建立健全生态产品价值实现机制的意见》的重要文献，主要围绕生态产品"难度量、难抵押、难交易、难变现"等问题，结合地方探索实践，对《意见》提出的建立生态产品调查监测机制、建立生态产品价值评价机制、健全生态产品经营开发机制、健全生态产品保护补偿机制、健全生态产品价值实现保障机制、建立生态产品价值实现推进机制等进行了深入解读，将为社会各界广泛开展生态产品价值实现机制相关理论研究和实践探索提供重要参考和借鉴
2023	《云南省九大高原湖泊流域生态产品价值核算工作方案》	云南省生态环境厅	统筹推进九大高原湖泊流域生态产品价值核算，给绿水青山"定价"，为九大高原湖泊流域高水平保护和高质量发展提供评价依据，为建立健全全省生态产品价值实现机制提供有力支撑
2023	《山东省碳金融发展三年行动方案（2023－2025年)》	山东省人民政府办公厅	力争到2023年底，山东省推进碳金融发展的制度体系初步形成，转型金融标准和激励机制基本建立，重点工业企业碳账户初步建设，碳信贷、碳债券、碳基金等碳金融产品创新取得较大进展。到2025年底，碳资产托管、碳保险等碳金融产品破题并不断丰富，碳交易市场参与度有效提升；碳账户应用场景更加多样，初步搭建起集评价、融资、数据分析等于一体的碳金融服务平台；碳债券融资规模达到100亿元以上，绿色贷款增速高于全部贷款增速；碳金融体系基本形成，为绿色低碳高质量发展先行区建设提供有力支撑
2023	《北京市密云水库上游地区空间保护规划（2021年—2035年)》	北京市规划自然资源委、北京市水务局	要划定并严格保护14个自然保护地，因地制宜分类推进矿山修复，到2035年实现生态系统格局健康稳定，水源涵养能力持续提升，水源安全坚实可靠，村镇建设取得显著成效。在密云水库上游区域生态保水绩效考评中引入GEP核算方法体系
2023	《北京市建立健全生态产品价值实现机制的实施方案》	北京市委、北京市人民政府	以GEP引导生态保护和绿色发展、探索GEP进补偿进考核、探索GEP应用场景、拓展生态优势向发展优势转化路径

表 2 　　　　　　　2018 ~ 2023 年生态产品价值核算相关技术指南

年份	指南名称	制定机关	内容摘要
2020	《陆地生态系统生产总值核算技术指南》	生态环境部环境规划院、中国科学院生态环境研究中心	陆地生态系统生产总值可为生态补偿标准制定、生态产品价值实现机制、生态投融资政策设计、领导干部离任审计、生态文明建设目标/绿色发展绩效考核、自然资源资产负债表编制、国土空间规划和土地利用变化提供技术支撑
2021	《绿色 GDP（GGDP）核算技术指南（试用)》	生态环境部环境规划院生态环境与经济核算中心	本指南规定了绿色 GDP 核算过程中的指标体系、核算方法、数据来源等内容。本指南供有关单位开展绿色 GDP（GGDP/EDP）和经济生态生产总值（GEEP）核算研究时参考使用
2021	《经济生态生产总值（GEEP）核算技术指南（试用)》	生态环境部环境规划院	本指南规定了经济生态生产总值实物量与价值量核算的技术流程、指标体系等内容
2022	《生态产品总值核算规范（试行)》	国家发展改革委、国家统计局	本规范明确了森林、草地、农田、湿地、荒漠、海洋的价值量与实物量的核算方法

表 3 　　　　　　　2018 ~ 2023 年生态产品价值实现案例

年份	文件名称	发布机关	案例摘要
2020	《生态产品价值实现典型案例》（第一批）	自然资源部	11 个案例：福建省厦门市五缘湾片区生态修复与综合开发、福建省南平市"森林生态银行"、重庆市拓展地票生态功能促进生态产品价值实现、重庆市森林覆盖率指标交易、浙江省余姚市梁弄镇全域土地综合整治促进生态产品价值实现、江苏省徐州市潘安湖采煤塌陷区生态修复及价值实现、山东省威海市华夏城矿坑生态修复及价值实现、江西省赣州市寻乌县山水林田湖草综合治理、云南省玉溪市抚仙湖山水林田湖草综合治理、湖北省鄂州市生态价值核算和生态补偿、美国湿地缓解银行
2020	《生态产品价值实现典型案例》（第二批）	自然资源部	10 个典型案例：江苏省苏州市金庭镇发展"生态农文旅"促进生态产品价值实现案例、福建省南平市光泽县"水美经济"案例、河南省淅川县生态产业发展助推生态产品价值实现案例、湖南省常德市穿紫河生态治理与综合开发案例、江苏省江阴市"三进三退"护长江生态产品价值实现案例、北京市房山区史家营乡曹家坊废弃矿山生态修复及价值实现案例、山东省邹城市采煤塌陷地治理促进生态产品价值实现案例、河北省唐山市南湖采煤塌陷区生态修复及价值实现案例、广东省广州市花都区公益林碳普惠项目、英国基于自然资本的成本效益分析案例

续表

年份	文件名称	发布机关	案例摘要
2021	《生态产品价值实现典型案例》（第三批）	自然资源部	11 个典型案例：福建省三明市林权改革和碳汇交易促进生态产品价值实现案例、云南省元阳县阿者科村发展生态旅游实现人与自然和谐共生案例、浙江省杭州市余杭区青山村建立水基金促进市场化多元化生态保护补偿案例、宁夏回族自治区银川市贺兰县"稻渔空间"一二三产业融合促进生态产品价值实现案例、吉林省抚松县发展生态产业推动生态产品价值实现案例、广东省南澳县"生态立岛"促进生态产品价值实现案例、广西壮族自治区北海市冯家江生态治理与综合开发案例、海南省儋州市莲花山矿山生态修复及价值实现案例、德国生态账户及生态积分案例、美国马里兰州马福德农场生态产品价值实现案例、澳大利亚土壤碳汇案例
2022	《广西壮族自治区生态产品价值实现典型案例》（第一批）	广西壮族自治区自然资源厅	10 个典型案例：南宁市邕宁区建设"生态壮乡"促进生态产品价值实现案例、梧州市加快六堡茶生态产业化经营助推生态产品价值实现案例、广西国有六万林场发展生态产业推动生态产品价值实现案例、河池市巴马瑶族自治县建设"深圳巴马大健康特别合作试验区"促进生态产品价值实现案例、南宁市兴宁区那考河流域综合治理及价值实现案例、桂林市漓江流域综合治理及价值实现案例、贺州市平桂区利用工矿废弃地打造"足球小镇"案例、粤桂九洲江流域上下游横向生态补偿案例、北海市合浦县榄根村红树林生态环境损害赔偿案例、广西林业碳汇案例
2022	《宁夏回族自治区生态产品价值实现典型案例》（第二批）	宁夏自然资源厅	6 个典型案例：中宁县放活林地经营权开展金融创新助推林业改革发展案例、中卫市沙坡头区探索"光伏＋"产业促进生态产品价值实现案例、青铜峡市鸽子山葡萄酒庄案例、泾源县吸引社会资本参与生态保护修复推进绿色产业发展案例、银川市兴庆区薰衣草基地生态环境建设促进生态产品价值实现案例、石嘴山市大武口区设施葡萄高干水平棚架复合栽培示范推广项目促进生态产品价值实现案例
2023	《新疆维吾尔自治区生态产品价值实现典型案例》（第一批）	新疆维吾尔自治区自然资源厅	11 个典型案例：可可托海：从"共和国功勋矿"到世界地质公园；和静：石料场变森林公园，按下脱贫攻坚"快进键"；柯柯牙：南疆戈壁孕育百万亩林海；博乐：戈壁荒滩变万亩海棠；伊宁：全国脱贫攻坚先进集体助力"塞外江南"种出天山花海；头屯河："头疼"河变幸福河；阿克陶：盐碱地变丰收田，"小蘑菇"撑起致富伞；吐鲁番：中国陆地最低点——艾丁湖"涅槃重生"；温泉："中国温泉之乡"打造草原湿地生态康养之城；精河："中国枸杞之乡"以沙育林、以林促产、以产治沙，破解荒漠化治理难题；阿勒泰：将军山"冷"资源加速"热"产业，"冰天雪地"变身"金山银山"

年份	文件名称	发布机关	案例摘要
2023	《云南省自然资源领域第一批生态产品价值实现典型案例》（陆续发布中）	云南省自然资源厅	西畴县石漠化综合治理、施甸县善洲林场擦亮高质量发展底色、昆明市西山区引入社会资本整治废弃矿山等
2023	《生态产品价值实现典型案例》（第四批）	自然资源部	11 个典型案例：浙江省杭州市推动西溪湿地修复及土地储备促进湿地公园型生态产品价值实现案例、浙江省安吉县全域土地综合整治促进生态产品价值实现案例、江苏省常州市郑陆镇整理资源发展生态产业促进生态产品价值实现案例、福建省南平市推动武夷山国家公园生态产品价值实现案例、山东省东营市盐碱地生态修复及生态产品开发经营案例、青海省海西蒙古族藏族自治州"茶卡盐湖"发挥自然资源多重价值促进生态产业化案例、北京城市副中心构建城市"绿心"促进生态产品价值实现案例、广西壮族自治区梧州市六堡茶产业赋能增值助推生态产品价值实现案例、云南省文山壮族苗族自治州西畴县石漠化综合治理促进生态产品价值实现案例、新疆维吾尔自治区伊犁哈萨克自治州伊宁县天山花海一、二、三产融合促进生态产品价值实现案例、澳大利亚新南威尔士州生物多样性补偿案例
2024	《生态产品价值实现典型案例》（第五批）	自然资源部	10 个典型案例：江西省九江市自然资源多要素组合供应促进生态产品价值实现案例、广东省深圳市福田红树林保护碳汇全链条交易促进生态产品价值实现案例、江苏省宿迁市建设"生态大公园"推动生态产品价值实现案例、内蒙古自治区牙克石市高水平保护高效率利用湿地资源促进生态产品价值实现案例、河北省雄安新区"千年秀林"营造林促进生态产品价值实现案例、河北省邢台市七里河"五态并举"综合治理促进生态产品价值实现案例、海南省五指山市水满乡发展生态和地质文旅产业促进生态产品价值实现案例、陕西省汉中市留坝县发挥资源优势促进生态保护与价值实现共同发展案例、广西壮族自治区桂林市高效利用自然资源资产推动生态旅游产业发展案例、甘肃省张掖市临泽县以沙治沙推动生态产品价值实现案例

参 考 文 献

［1］程永辉，吴淼，张锋，等．秦岭地区"产业生态化和生态产业化"融合发展战略路径研究——以蓝田县为例［C］//中国城市规划学会．人民城市，规划赋能——2022 中国城市规划年会论文集（08 城市生态规划），2023：12.

［2］代晓燕，胡香菡，阮鑫，等．生态产品价值评价体系（GEP 与 VEP）［EB/OL］.（2023 - 10 - 20）. https：//mp. weixin. qq. com/s/0LV6twnpwpwvDe317ctVdQ.

［3］戴君虎，王焕炯，王红丽，等．生态系统服务价值评估理论框架与生态补偿实践［J］. 地理科学进展，2012，31（7）：963 - 969.

［4］杜雪莲，常滨丽．我国水生态产品价值实现的研究进展与案例剖析［J］. 海峡科技与产业，2023，36（8）：11 - 14.

［5］方精云，唐志尧，张媛，等．全球生态系统功能和自然资本的价值［J］. 世界环境，1999（2）：5 - 8.

［6］高晓龙，程会强，郑华，等．生态产品价值实现的政策工具探究［J］. 生态学报，2019，39（23）：8746 - 8754.

［7］高晓龙，林亦晴，等．生态产品价值实现研究进展［J］. 生态学报，2020，40（1）：24 - 33.

［8］高艳妮，王世曦，等．基于矿山生态修复的生态产品价值实现主要模式与路径［J］. 环境科学研究，2022，35（12）：2777 - 2784.

［9］黄宝荣，欧阳志云，郑华，等．生态系统完整性内涵及评价方法研究综述［J］. 应用生态学报，2006（11）：2196 - 2202.

［10］黄喜麟，李想，等．国外典型林业 PPP 项目经验借鉴［J］. 世界林业研究，2019，32（1）：11 - 15.

[11] 江波，陈媛媛，肖洋，等．白洋淀湿地生态系统最终服务价值评估 [J]．生态学报，2017 (8)：2497 -2505.

[12] 金铂皓，冯建美，黄锐等．生态产品价值实现：内涵、路径和现实困境 [J]．中国国土资源经济，2021，34 (3)：11 -16 +62.

[13] 姜喜麟，李想，等．国外典型林业 PPP 项目经验借鉴 [J]．世界林业研究，2019，32 (1)：11 -15.

[14] 邬正鹏，崔慧芬．给绿水青山贴上"价值标签" [N]．汉中日报，2023 -06 -22 (001).

[15] 李丽锋，惠淑荣，宋红丽，等．盘锦双台河口湿地生态系统服务功能能值价值评价 [J]．中国环境科学，2013 (8)：1454 -1458.

[16] 李岩，赵庚星，王瑷玲，等．土地整理效益评价指标体系研究及其应用 [J]．农业工程学报，2006 (10)：98 -101.

[17] 李双成．生态系统服务研究思辨 [J]．景观设计学，2019，7 (1)：82 -87.

[18] 李宇亮，陈克亮．生态产品价值形成过程和分类实现途径探析 [J]．生态经济，2021，37 (8)：157 -162.

[19] 李肸，姚震，陈安国．自然资源生态产品价值实现机制 [J]．中国金融，2021 (1)：78 -79.

[20] 林成．从市场失灵到政府失灵：外部性理论及其政策的演进 [D]．辽宁大学，2007.

[21] 林良任，陈莉娜，鲁·艾德里安·福铭．增进城市地区生物多样性——以新加坡模式为例 [J]．风景园林，2019，26 (8)：25 -34.

[22] 刘芳芳．基于 CVM 的三江平原湿地生态价值评价及影响因素分析 [D]．东北农业大学，2012.

[23] 刘润．到底什么是商业模式 [EB/OL]．(2020 -11 -22)．https：//mp. weixin. qq. com/s/J4zV3BBSG4v47EnSZ2aZhA.

[24] 刘哲，裴云霞，包美玲，等．生态产品价值实现机制问题研究与案例剖析 [J]．环境科学与技术，2022，45 (S1)：337 -344.

[25] 刘增彩．基于物联网技术的生态环境监测应用研究 [J]．低碳世

界，2023，13（2）：22-24.

［26］刘瀚斌，曹泽卉．碳排放权会计核算及财务报告分析——以宝钢股份为例［J］．新会计，2022（10）：28-33.

［27］马国霞，於方，王金南，等．中国2015年陆地生态系统生产总值（GEP）核算研究［J］．中国环境科学，2017，37（4）：1474-1482.

［28］马建堂．生态产品价值实现路径、机制与模式［M］．北京：中国发展出版社，2019.

［29］马中．环境与自然资源经济学概论［M］．北京：高等教育出版社，1999.

［30］欧阳志云，王如松，赵景柱．生态系统服务功能及其生态经济价值评价［J］．应用生态学报，1999，10（5）：635-640.

［31］潘静，张颖，李秀山．森林文化价值保护支付意愿及其评估研究——以甘肃省迭部县为例［J］．干旱区资源与环境，2017，31（9）：32-37.

［32］潘家华．生态产品的属性及其价值溯源［J］．环境与可持续发展，2020，45（6）：72-74.

［33］秦国伟，董玮，宋马林．生态产品价值实现的理论意蕴、机制构成与路径选择［J］．中国环境管理，2022，14（2）：70-75.

［34］邱少俊，徐淑升，王浩聪．"生态银行"实践对生态产品价值实现的启示——以福建南平的试点探索为例［J］．中国土地，2021（6）：43-45.

［35］石敏俊．生态产品价值的实现路径与机制设计［J］．环境经济研究，2021，6（2）：1-6.

［36］石晓刚，张海燕，尹大东．基于GIS和物联网的湿地生态感知系统设计与实现［J］．物联网技术，2023，13（5）：44-46+51.

［37］沈彬．上世纪的那场"绿色觉醒"［J］．新民周刊，2021（10）：77.

［38］宋小敏．项目投资经济效益评价原理与方法研究［J］．2002.

［39］苏子龙，石吉金，范振林，等．模块化视角下生态产品价值实现路径探析［J］．中国国土资源经济，2024，37（4）：26-34+89.

［40］孙树中．森林生态功能的商品属性及其价值的实现［J］．河北林果

研究，1998（3）：67－71.

［41］谭荣. 科学编制生态产品供给规划——聚焦生态产品价值实现机制典型路径［EB/OL］.（2020－05－27）. http：//www. mtc. zju. edu. cn/2020/0608/c57734a2353385/page. htm.

［42］唐琼，蔡怀光. 杭州西溪湿地的绿色空间［J］. 森林与人类，2023（6）：112－115.

［43］涂毅，谢飞. 国际温室气体排放权市场的发展和我国应对气候变化的市场化设想［J］. 武汉金融，2008（2）：18－21.

［44］王昌海，温亚利，李强，胡崇德，司开创. 秦岭自然保护区群的社会效益计量研究［J］. 中国人口·资源与环境，2011，21（7）：113－121.

［45］王成秋. 对投资效率的界定［J］. 生产力研究，2006（9）：3.

［46］王建民，潘保田. 青藏高原东部黄土沉积的基本特征及其环境［J］. 中国沙漠，1997，17（4）：395－402.

［47］王金南，王志凯，刘桂环，等. 生态产品第四产业理论与发展框架研究［J］. 中国环境管理，2021，13（4）：5－13.

［48］王静，史精娜，李民田. 物联网技术促进智慧旅游健康发展［J］. 商业文化，2020（24）：83－84.

［49］王伟，陆健健. 生态系统服务功能分类与价值评估探讨［J］. 生态学杂志，2005（11）：1314－1316.

［50］王小飞. 用三分钟时间，让你彻底明白什么是商业模式［EB/OL］. 2018－10－20.

［51］王永安. 森林生态功能与补偿［J］. 林业资源管理，1994（3）：58－62.

［52］王振. 基于物联网技术的生态环境监测分析［J］. 中国资源综合利用，2022，40（11）：140－142.

［53］魏春飞，秦嘉龙. 生态价值会计核算框架构建［J］. 会计之友，2014（33）：25－29.

［54］吴卫星，于乐平. 美国环境保护地役权制度探析［C］//中国法学会环境资源法学研究会，海南大学. 新时代环境资源法新发展——自然保护

地法律问题研究：中国法学会环境资源法学研究会 2019 年年会论文集（中）. 南京大学法学院；江苏苏州市高新区镇湖街道办事处，2019：7. DOI：10. 26914/c. cnkihy. 2019. 096594.

[55] 吴昱. 生态产品价值实现的法治进路 [J]. 学术探索，2023（12）：85 - 90.

[56] 吴晓波，姚明明，吴朝晖，等. 基于价值网络视角的商业模式分类研究：以现代服务业为例 [J]. 浙江大学学报（人文社会科学版），2014，44（2）：64 - 77.

[57] 肖建红，丁晓婷，陈宇菲，等. 条件价值评估法自愿支付工具与强制支付工具比较研究——以沂蒙湖国家水利风景区游憩价值评估为例 [J]. 中国人口·资源与环境，2018，28（3）：95 - 105.

[58] 徐敏铭，王涵莹，郑冰艳，等. 基于理论模型与多源数据的智慧旅游景区产品层次和游客体验探究——以杭州西溪湿地国家公园为例 [J]. 旅游纵览，2023（11）：45 - 48.

[59] 徐瑞蓉. 生命共同体理念下流域生态产品市场化路径探索 [J]. 学术交流，2020（12）：9.

[60] 燕守广. 关于生态补偿概念的思考 [J]. 环境与可持续发展，2009，34（3）：33 - 36.

[61] 杨千才. 基于物联网技术的生态环境监测分析 [J]. 中国资源综合利用，2022，40（11）：140 - 142.

[62] 杨哲. 文旅融合背景下张家界天门山国家森林公园创新发展策略研究 [J]. 产业创新研究，2023（1）：84 - 86.

[63] 叶艳昆，李璐，罗斓. 土地储备视角下的生态产品价值实现——以厦门市五缘湾片区为例 [J]. 中国土地，2021（1）：34 - 35.

[64] 於方，王金南，马国霞，等. 中国 2015 年陆地生态系统生产总值（GEP）核算研究 [J]. 中国环境科学，2017，37（4）：1474 - 1482.

[65] 曾楚宏，朱仁宏，李孔岳. 基于价值链理论的商业模式分类及其演化规律 [J]. 财经科学，2008（6）：102 - 110.

[66] 曾贤刚，虞慧怡，谢芳. 生态产品的概念、分类及其市场化供给

机制 [J]. 中国人口·资源与环境, 2014, 24 (7): 12-17.

[67] 张二进. 双逻辑下乡村生态产品价值实现的路径——基于35位乡村干部访谈文本的扎根理论研究 [J]. 价格月刊, 2024 (3): 1-10.

[68] 张丽荣, 王夏晖, 李若溪, 等. 生物多样性保护助力减贫: 实践模式与案例 [J]. 中华环境, 2019 (6): 24-26.

[69] 张林波, 虞慧怡, 等. 生态产品内涵与其价值实现途径 [J]. 农业机械学报, 2019, 50 (6): 173-183.

[70] 张士海, 陈士银, 周飞. 湛江市土地利用社会效益评价与优化 [J]. 广东农业科学, 2008 (11): 43-46.

[71] 张正峰, 陈百明. 土地整理的效益分析 [J]. 农业工程学报, 2003 (2): 210-213.

[72] 赵师嘉, 胡亚琼. 海洋资源资产评价指标体系构建研究——基于领导干部离任审计 [J]. 中国国土资源经济, 2019, 32 (8): 8-14.

[73] 赵云皓, 徐志杰, 辛璐等. 生态产品价值实现市场化路径研究——基于国家 EOD 模式试点实践 [J]. 生态经济, 2022, 38 (7): 160-166.

[74] 郑博福, 朱锦奇. "两山"理论在江西的转化通道与生态产品价值实现途径研究 [J]. 老区建设, 2020 (20): 3-9.

[75] 郑鹏, 赵师嘉, 胡亚琼. 海洋资源资产评价指标体系构建研究——基于领导干部离任审计 [J]. 中国国土资源经济, 2019, 32 (8): 8-14.

[76] 周宏春. "两山"重要思想是中国化的马克思主义认识论 [J]. 中国生态文明, 2015 (3): 22-27.

[77] 周维博, 李佩成. 干旱半干旱地域灌区水资源综合效益评价体系研究 [J]. 自然资源学报, 2003 (3): 288-293.

[78] 朱晨. 陕西省森林资源资产离任审计评价指标体系构建 [J]. 中阿科技论坛 (中英文), 2021 (11): 36-38.

[79] Barbier E B. Wetlands as Natural Assets [J]. Hydrological Sciences Journal-journal Des Sciences Hydrologiques, 2011 (8): 360-373.

[80] Baral S, Basnyat B, Khanal R, et al. ATotal Economic Valuation of Wetland Ecosystem Services: An Evidence from Jagadishpur Ramsar Site, Nepal

[J]. The Scientific World Journal, 2016, 2016: 2605609.

[81] Costanza R, dArge R, deGroot R, et al. The value of the world's eco-system services and natural capital [J]. Nature, 1997, 387 (6630): 253 – 260.

[82] Ehrlich P R, Mooney H A. Extinction, substitution, and ecosystem services [J]. Bio-Science, 1983, 33 (4): 248 – 254.

[83] Katz M L, Shapiro C. Network Externalities, Competition, and Compatibility [J]. American Economic Review, 1985, 75 (3): 424 – 440.

[84] Turner K. Economics and Wetland Management [J]. Ambio, 1991, 20 (2): 59 – 63.

[85] Vaissiere A, Levrel H, Pioch S. Wetland Mitigation Banking: Negotiations with Stakeholders in a Zone of Ecological Economic Viability [J]. Land Use Policy, 2017 (69): 512 – 518.

[86] Rueda, X, E. F. Lambin. "Responding to Globalization: Impacts of Certification on Colombian Small-Scale Coffee Growers." Ecology and Society 18.

后　记

　　近年来国家对生态环境领域高度重视，"两山"理念、"双碳"战略等生态关键词应运而生。2021 年 4 月，随着《区域生态质量评价办法（试行）》《关于建立健全生态产品价值实现机制的意见》等政策相继出台，国家对生态环境领域的治理体系和治理能力现代化提出了更高要求。这些政策从源头上推动了经济社会发展的全面绿色转型，使得"生态产品价值"这一概念逐渐深入人心，同时也走进了环境会计相关的研究领域。环境会计作为一种新兴的会计分支，致力于将环境保护与经济发展相结合，为企业的绿色决策提供有力支持。在生态产品价值的推动下，环境会计的研究领域不断拓宽，为生态环境的保护和可持续发展提供了有力的支撑。在日常的教学与科研工作中，我持续深入探索与"生态产品"紧密相关的环境会计领域，不断接触并学习各种环境会计的理论知识，研究其实践应用，力求将这一领域的前沿知识融入教学中，同时也积极将这些知识应用于我的科研项目中，以期推动生态产品的可持续发展与环境保护的深度融合。

　　我自 2017 年 7 月开始在中央财经大学会计学院任教，其间主要教授政府与非营利组织会计、中级财务会计等课程，研究方向主要侧重于政府会计与内部控制，包括政府和事业单位成本核算、财务治理、全面预算绩效管理等。其中，对环境会计相关的研究方向颇有心得，曾发表《"多言寡行"的环境信息披露模式会遭摒弃吗？》（《世界经济》，2018）、《企业环境责任表现与政府补贴获取》（《财经研究》，2022）、《"多言寡行"的环境责任表现能否影响银行信贷获取——基于"言"和"行"双维度的文本分析》（《金融研究》，2021）等多篇环境会计相关论文。在积极响应国家生态环保政策号召的同时，致力于环境会计领域的深入研究，力求在这一领域实现精益求精。作为科研工作者，我不仅需要积极投身于科学研究领域，同时也肩负着推动生态文明建设、促进绿色发展的重任。因此，我将不断钻研环境会计的理论与实践，力求为国家的生态环境保护事业贡献自己的力量。

在科研项目方面，我目前正主持多项与环境会计紧密相关的课题。其中，国家自然科学基金面上项目"上市公司碳减排责任'多言寡行'的系统识别、形成机制和治理路径"是我目前研究的重点，我相信，这一研究不仅有助于推动上市公司积极履行碳减排责任，增强环境保护意识，还能为政府制定相关政策提供有力支持。此外，我还参与了中央财经大学青年创新团队项目"企业环保'多言寡行'的经济后果和治理路径研究：基于多学科融合视角"的研究，旨在从多学科的角度出发，全面分析企业环保"多言寡行"行为的经济影响，并探索有效的治理路径。通过这一研究，我们能够更深入地了解企业环保行为背后的经济逻辑，为推动企业积极履行环保责任提供有力支持。纸上得来终觉浅，绝知此事要躬行。这一系列环境会计相关的课题研究实践，不仅让我深刻感受到了环保工作的重要性与紧迫性，也让我切实体会到了环境会计与社会经济领域之间的紧密联系，更加坚定了在环境会计领域继续深入探索的决心，希望通过我的研究和实践，能够为推动环保事业与社会经济的协调发展尽一份绵薄之力。

在撰写本书的初稿之前，我在刘瀚斌博士的带领下，梳理了一系列生态产品价值相关的学术论文。这些论文不仅丰富了我对生态产品价值的认知体系，更深化了我对生态产品价值转化的相关概念与理论框架的理解。每一篇论文都为我提供了宝贵的启示，使我更加明晰了生态产品价值的形成机制、分类方法以及实现途径。在本书的撰写过程中，我深受这些学术论文的启发，不仅在研究方法上力求创新，更在理论应用上力求突破。同时，我与刘瀚斌博士也进行了深入的探讨和交流，我们共同寻求在生态产品价值研究领域的新突破，希望我们的研究成果能够为读者的研究工作提供有益的参考。此外，本书也涉及了我多年来在讲授政府会计相关课程中遇到的环境会计领域相关问题和困惑，以及破解这些问题的实战体会、经验、方法、观点、模型、工具和案例分析模板。这些经验和方法对于未来的教学工作将具有极大的参考价值。通过本书的清晰框架结构和前沿、丰富的案例内容，我将能够更好地把环境会计方面的知识点传授给学生，帮助他们更好地理解和掌握相关知识。因此，本书的撰写过程不仅是我对生态产品价值研究的一次深入探索，也包含着我对环境会计教学实践的总结和反思。我希望本书能够发挥一定的参考价值，为未来的研究工作和实践工作提供有益的借鉴和启示。

路漫漫其修远兮，吾将上下而求索。探索环境会计领域是一项充满挑战与艰辛的工作。然而，正是这份艰难与繁重，激发了我不断前行的决心。在日常的教学与科研工作中，我始终秉持着严谨的态度，致力于为学生们提供深入的指导。我时常与学生们一起探讨诸如水利工程资金会计核算、生态产品价值实现等案例，通过案例分析的方式，帮助他们更好地理解环境会计的实际应用。同时，我也与同行们共同投身于环境信息披露模式、湿地生态产品商业模式构建等领域的研究，通过交流与合作，不断拓宽自己的视野，深化对环境会计领域的认识。

总体来看，不管是在理论上还是实践中我国生态产品价值实现均处于探索阶段，其研究的范围与深度，仍然有较为广阔的空间。在与同行和学生们交流和实践的过程中，我也深刻意识到当前环境会计领域特别是"生态产品价值"相关方面的研究仍存在一定的空缺。为了填补这一空缺，我们期望通过本书的出版，能够让读者更全面、系统地认识生态产品价值实现的相关经济学属性和运行机制。我们期望通过本书，让读者深入了解生态产品价值评价体系和核算方法，认识到信息技术特别是物联网结合大数据、人工智能等在生态资源价值评估中的重要作用和广阔的应用前景。此外，我们还期望本书能够为生态产品价值实现的市场路径选择提供理论依据和实证分析，为公共性、准公共性和经营性生态产品的经济效率评估模型提供科学依据，为生态产品价值转化中存在的风险应对方式提供指导。我们希望通过这些研究，为政府、市场和社会在生态产品价值实现方面提供决策依据，为相关研究工作者提供现实案例、研究方法和学术研究基础。

然而，尽管我国生态产品价值实现的理论与实践日趋完善，正在迈向更为成熟的阶段，但我们必须清醒地认识到，随着国家对生态环境领域的日益重视及相关政策的密集出台，生态产品价值转化研究实践在持续发展中不可避免地会遭遇新问题。这些不断涌现的挑战与机遇并存，不仅要求我们持续投入更多的精力，更需要在提升生态产品价值的社会认知度的同时，积极推动环境会计研究向纵深发展。生态产品价值转化作为生态文明建设的重要组成部分，其研究与实践的深入不仅关乎我国生态环境的改善，更关系到国家经济可持续发展战略的实施。当前，我们已尽己所能使本书的语言更加生动、内容更具可读性，力求通过深入浅出的方式，帮助读者掌握生态产品价值转化的精髓，从而能够使读者从中获得一些思路启发和经验借鉴。我们衷心希望本书的出版能对读者在环境会计相关领域的研究中产生积极的影响，助推我国生态产品价值实现的研究范围与深度不断迈向新的高度。然而，我们深知，由于研究能力、编写能力以及搜集的资料和数据所限，本书难免存在不足之处和纰漏。任何一部作品的完成都是一个不断完善的过程，需要不断地接受读者的批评与指教。因此，我们恳请广大读者在阅读本书的过程中，能够不吝赐教，指出其中的不足和错误，让我们能够不断改进，提升作品的质量。未来，我们将继续深耕环境会计领域，以期为我国生态文明建设、社会建设和经济建设贡献更多的力量。我们坚信，在广大读者的支持与鼓励下，我国生态产品价值的研究必将迎来更加辉煌的未来。

感谢国家自然科学基金面上项目"上市公司碳减排责任'多言寡行'的系统识别、形成机制和治理路径"（项目批准号：72272170）、复旦大学－金光项目"关于资源依赖型企业生态产品价值实现的商业模式研究"对本书的支持。本书的编撰工作得到了我校广大师生、财经类兄弟院校、地方政府、会计师事务所的支持，正是同仁们实践积累的宝贵经验和共同创造的知识财富，为本书的撰写提供了丰富的素材和深刻的见解。这份倾力的帮助，不仅是我们不断探索环境会计领域新知的不竭动力，更是我们追求卓越、精益求精的坚实后盾。大家的倾力帮助是我们不断探索环境会计领域新知的不竭动力。中央财经大学为我们提供了广阔的交流平台，在这里我们得以与众多专家学者共同探讨、交流心得，不断丰富和完善我们的理论体系。同时，学校的热烈讨论和实践氛围，也为我们提供了丰富的案例和实践经验。此外，我想对我的家人和学生表示深深的爱意，他们对我科研工作的坚定支持和理解，生态产品价值实现的理论与实践 ···

是我能够全身心投入写作的重要保障。正是因为有了他们的关爱和支持，我才能够在学术道路上勇往直前、不断探索。最后，特别感谢经济科学出版社对本书的肯定与支持。他们的信任和鼓励，给予了本书与大家见面的机会，借此机会一并表示衷心的感谢，并期待未来能够继续合作，共同为推动我国环境会计领域的发展贡献更多力量。

中央财经大学

李哲

2025 年 1 月